COLEÇÃO CBAr

ARBITRAGEM E SETOR ELÉTRICO

COLEÇÃO CBAr

ARBITRAGEM E SETOR ELÉTRICO

Comentários à Convenção da CCEE

André Edelstein
Rômulo Greff Mariani
Coordenadores

Amanda Federico Lopes Fernandes
Ana Olivia Antunes Haddad
Augusta Vezzani Diebold
Bernard Potsch M.
Diogo Albaneze Gomes Ribeiro
Donato da Silva Filho
Ingrid De Santi
João Paulo Hecker da Silva
Joaquim Augusto Melo de Queiroz
Julio Cesar Fernandes
Lucas Soares Costa
Luis Felipe Baquedano
Mateus Pires Zottarelli
Matheus Bastos Oliveira
Maúra C. Guerra Polidoro
Murilo Matos
Rafael Villar Gagliardi
Thiago Santos Martins

Apresentação de André de Albuquerque Cavalcanti Abbud
Prefácio de Debora Visconte

ALMEDINA

Arbitragem e Setor Elétrico

ISBN: 978-85-8493-8834

Impresso no Brasil – 1ª Edição, 2025 – Edição revisada conforme o Acordo Ortográfico da Língua Portuguesa de 2009.

Dados Internacionais de Catalogação na Publicação (CIP)

E22

Arbitragem e Setor Elétrico. Organização: André Edelstein, Rômulo Greff Mariani. 1. ed. – Rio de Janeiro: Almedina Brasil, 2025.

176 p; 16 x 23 cm.

ISBN 978-85-8493-8834

1. Arbitragem. 2. Setor elétrico. 3. CCEE. 4. Contratos de energia. 5. Resolução de disputas. 6. Direito da energia. I. Edelstein, André. II. Mariani, Rômulo Greff. III. Título.

CDU 347.918(81)

Índice para catálogo sistemático:
1. Brasil : Arbitragem : Setor elétrico : Contratos : Direito público

Grupo Editorial Alta Books

Produção Editorial: Grupo Editorial Alta Books
Diretor Editorial: Anderson Vieira
Editora-Chefe: Manuella Santos de Castro
Assistente Editorial: Francielle Regina
Vendas Governamentais: Cristiane Mutüs
Diagramação: Cumbuca Studio

ALTA BOOKS
GRUPO EDITORIAL

Rua Viúva Cláudio, 291 – Bairro Industrial do Jacaré
CEP: 20.970-031 – Rio de Janeiro (RJ)
Tels.: (21) 3278-8069 / 3278-8419
www.altabooks.com.br – altabooks@altabooks.com.br
Ouvidoria: ouvidoria@altabooks.com.br

Editora **afiliada à:**

ASSOCIADO

CBL Câmara Brasileira do Livro

APRESENTAÇÃO

Desde que o projeto de publicação desta coletânea me foi apresentado pelos coordenadores Rômulo Mariani e André Edelstein, no início de 2024, recebi-o com muito entusiasmo. Afinal, a publicação de um livro sobre arbitragem e setor elétrico não poderia ser mais oportuna. E isso por ao menos duas razões distintas, mas complementares.

A primeira delas se relaciona às profundas transformações pelas quais a matriz energética e elétrica brasileira vem passando e deve passar nos próximos anos – e aos elevados investimentos necessários para tanto. No âmbito do Acordo de Paris, o Brasil se comprometeu a reduzir suas emissões de gases de efeito estufa em 43% abaixo dos níveis de 2005, até 2030. E chegar a uma participação de 45% de energias renováveis na composição da base energética.[1] Isso demandará cerca de R$ 1 trilhão em investimentos nesse período, segundo estudo do Fórum Econômico Mundial,[2] e grandes mudanças na matriz de geração de energia elétrica. O Plano Decenal de Expansão de Energia 2031, do Ministério de Minas e Energia, estima investimentos de mais de 390 bilhões em novos ativos de geração e transmissão de energia elétrica nesse período.[3] Esses números dão mostras das perspectivas para esse setor econômico e, por decorrência, para o universo de eventuais disputas entre os agentes do mercado de geração, distribuição e comercialização – que devem ser resolvidas por arbitragem.

A segunda razão está associada à importância de pesquisas e estudos focados na intersecção entre arbitragem e um campo específico de negócios ou da indústria – como o setor elétrico. É antiga a lição de que a arbitragem tem o único propósito de servir ao empresário; se ela não o faz, não é digna de estudo sério.[4] Em reflexo disso, a pesquisa feita pelo CBAr com o Instituto Ipsos em 2021 mostrou que, para os usuários finais da arbitragem, o critério mais importante para escolha de árbitro

---

1 Cf. a Pretendida Contribuição Nacionalmente Determinada para Consecução do Objetivo da Convenção-Quadro das Nações Unidas sobre Mudança do Clima (disponível em: https://www.gov.br/mre/pt-br/arquivos/documentos/clima/brasil-indc-portugues.pdf).

2 Cf. a matéria do jornal O Estado de São Paulo "Brasil precisará de R$ 1 trilhão para cumprir Acordo de Paris até 2030, mostra estudo", publicada em 24.08.2023 (disponível em: https://www.estadao.com.br/economia/brasil-1tri-cumprir-acordo-paris-2030/?srsltid=AfmBOoqYWxPNit6cKBgIzqG-VU5-wWhzk0rdz20UVgKdNIYksVWqKm276)

3 Disponível em: https://www.gov.br/mme/pt-br/assuntos/secretarias/sntep/publicacoes/plano-decenal-de-expansao-de-energia/pde-2031.

4 Michael Mustill, *The new lex mercatoria: the first twenty-five years*, p. 86. In: *Arbitration International*, v. 4, n. 2, 1988.

é o conhecimento do ramo de negócios ou da indústria das partes – à frente da especialidade jurídica, da experiência ou da disponibilidade.[5] Nessa esteira, alguns setores da economia têm regras, práticas e demandas – por vezes cambiantes – às quais a arbitragem tem que se adaptar, a fim de melhor cumprir seu papel de resolver conflitos de modo qualificado e eficiente. O desenvolvimento de arbitragens setoriais, como a arbitragem desportiva e a que envolve companhias abertas e o mercado de capitais, é fruto dessa necessidade de especialização. Essa é também a realidade da arbitragem no setor elétrico, desde a lei n. 10.848/2004 e a convenção arbitral da Câmara de Comercialização de Energia Elétrica (CCEE) de 2007, à qual todas as empresas de geração, distribuição e comercialização de energia elétrica estão vinculados.

O Grupo de Estudos de Arbitragem e Setor Elétrico do CBAr, criado em 2023, tem por foco justamente a reunião e o debate entre especialistas de temas voltados à realidade própria das disputas nesse segmento, para o desenvolvimento científico dessa área em constante evolução. Sob a batuta dos coordenadores André Edelstein e Rômulo Mariani, os integrantes do grupo se dedicaram durante mais de um ano e inúmeros encontros a estudar e refletir sobre os principais dispositivos da cláusula compromissória da CCEE, reformada também em 2023.

O livro agora publicado reflete, consolida e divulga a pesquisa e a produção acadêmica do grupo a esse respeito, em benefício dos profissionais e estudiosos do tema. A todos nós, cumpre parabenizar os organizadores e autores dessa obra.

André de Albuquerque Cavalcanti Abbud
Ex-Presidente e Conselheiro do Comitê Brasileiro de Arbitragem (CBAr).
Doutor, Mestre e Bacharel em Direito pela USP.
LL.M. pela *Harvard Law School.*
Professor da Escola de Direito da Fundação Getúlio Vargas (FGV Direito SP).
Vice-Presidente do Comitê de Arbitragem da *International Bar Association* (IBA).
Vice-Presidente do *Latin American and Caribbean Users Council* da *London Court of International Arbitration.*
Membro do Conselho Editorial do *Journal of International Arbitration.*
Sócio de BMA Advogados.

5 *Arbitragem no Brasil*, p. 44 (disponível em: https://cbar.org.br/site/wp-content/uploads/2021/09/pesquisa-cbar-ipsos-2021-arbitragem-no-brasil.pdf)

PREFÁCIO

É com grande prazer que aceitei o convite para redigir o prefácio desta coletânea, fruto do dedicado esforço do Grupo de Estudos de Arbitragem e Setor Elétrico do Comitê Brasileiro de Arbitragem – CBAr, sob a liderança de André Edelstein e Rômulo Mariani. A minha trajetória na arbitragem sempre me guiou a cruzar com inovações significativas e práticas exemplares, mas a análise aprofundada da nova Convenção de Arbitragem da Câmara de Comercialização de Energia Elétrica (CCEE) realizada por este grupo é, sem dúvidas, um marco notável.

Os artigos desta coletânea refletem uma profunda reflexão sobre a reformulação das práticas arbitrais no setor energético, abordando desde a ampliação da competitividade entre as câmaras arbitrais, esclarecimentos quanto à arbitrabilidade das disputas do setor de energia, a permissão aos tribunais arbitrais exigirem garantias financeiras adequadas em situações em que a execução de decisões arbitrais afeta outros agentes do mercado, a divulgação de ementário das decisões incrementando a previsibilidade do mercado de comercialização de energia elétrica, inovações essas que contribuem para o aprimoramento dos contratos e da tomada de decisões pelos agentes.

Este conjunto de estudos oferece *insights* valiosos sobre a interação entre a arbitragem e os atos regulatórios da ANEEL, destacando a necessidade de um entendimento claro dos casos que são adequados para arbitragem, para evitar a perda de tempo e recursos. O grupo explorou como a complexidade dos contratos no setor pode levar a disputas que exigem um mecanismo mais eficiente e especializado para sua resolução, uma necessidade atendida pelas inovações na convenção arbitral.

Ao longo de 2023 e início de 2024, os coordenadores e participantes se debruçaram sobre questões cruciais que moldam as interações no setor energético brasileiro, uma área de vital importância para o desenvolvimento sustentável do país. As reflexões e debates cuidadosos transcritos nestas páginas refletem uma combinação robusta de rigor técnico e visão estratégica, características essenciais para lidar com a complexidade e a dinâmica deste setor.

Cada capítulo desta obra representa um mosaico de ideias, cuidadosamente exploradas e articuladas pelos relatores e vice relatores, que abordaram desde a operacionalização das cláusulas arbitrais até os mecanismos de integração de terceiros nas disputas. Esta publicação não apenas captura a essência dos debates, mas também propõe soluções e caminhos para aprimorar a prática arbitral no contexto específico do comércio de energia elétrica.

Agradeço aos coordenadores do grupo, ao CBAr, e a todos os membros do grupo de estudos por seu compromisso com a excelência e por contribuírem para este importante trabalho. Sem dúvida, a publicação será uma referência para árbitros, advogados, reguladores e acadêmicos interessados nas intersecções entre a arbitragem e o setor elétrico.

Com este livro, André Edelstein e Rômulo Mariani não apenas elevam o padrão de discussão e análise na arbitragem brasileira, mas também demonstram como a especialização focada pode resultar em avanços significativos para todo o setor. É um testemunho do poder da colaboração e do estudo meticuloso.

Parabéns a todos os envolvidos por um trabalho verdadeiramente excepcional. Que esta publicação inspire e oriente muitos outros na busca pela justiça e eficácia no dinâmico campo da arbitragem.

Com estima e respeito,

Debora Visconte
Presidente do Comitê Brasileiro de Arbitragem (CBAr).
Doutora e Mestre em Direito pela USP.
LL.M, pela London School of Economics – LSE.
Bacharel em Direito pela PUC.
Membro da Corte Internacional de Arbitragem da CCI.
Membro do Grupo Latino-americano de Arbitragem da CCI .
Sócia de Visconte Advogados.

NOTA DOS COORDENADORES

A arbitragem se desenvolve a passos largos no país, e seu uso em disputas decorrentes de contratos de comercialização de energia já é uma realidade desde 2007, quando entrou em vigor a primeira Convenção Arbitral da Câmara de Comercialização de Energia Elétrica (CCEE), substituída pela versão revista e aprovada em 2023.

A presente coletânea é fruto de uma prazerosa jornada de 10 encontros, realizados no âmbito do Grupo de Estudos – Arbitragem e Setor Elétrico, que temos a honra de coordenar dentro do CBAr – Comitê Brasileiro de Arbitragem.

Durante esse período, os encontros foram dedicados a explorar um aspecto específico da nova Convenção Arbitral. Sob a valiosa liderança dos Relatores, cada tema foi inicialmente estudado e analisado em profundidade, seguido do compartilhamento das conclusões com o grupo. A partir disso, promoveram-se discussões enriquecedoras, em que os participantes puderam contribuir com suas perspectivas.

Como fruto dessas proveitosas discussões, incentivamos os Relatores a transformarem suas ideias e conclusões em artigos, que agora compõem este compilado, proporcionando uma visão panorâmica do tema.

Estamos extremamente satisfeitos com o resultado alcançado e confiamos que esta publicação contribuirá de forma significativa para os profissionais da área, assim como para o avanço do conhecimento sobre a matéria.

Agradecemos imensamente a todas e todos que participaram desse projeto, dedicando seu tempo aos encontros e à elaboração dos textos.

André Edelstein
Rômulo Mariani

SOBRE OS COORDENADORES

André Edelstein

Pós-Graduado e Bacharel em Direito pela Pontifícia Universidade Católica de São Paulo (PUC/SP).

Executive MBA pelo IE Business School.

Fellow do Chartered Institute of Arbitrators (FCIArb).

Coordenador do grupo de estudos "Arbitragem e Setor Elétrico" do Comitê Brasileiro de Arbitragem (CBAr).

Sócio de Edelstein Advogados, atuando frequentemente como advogado e árbitro em disputas de energia.

Rômulo Greff Mariani

Doutor em Direito pela Universidade de São Paulo - USP.

Coordenador do grupo de estudos "Arbitragem e Setor Elétrico" do Comitê Brasileiro de Arbitragem (CBAr).

Advogado.

SOBRE OS AUTORES

Amanda Federico Lopes Fernandes

Advogada Of Counsel nas áreas de Prevenção e Resolução de Disputas de Cescon Barrieu Advogados.

Mestre e Bacharel pela Faculdade de Direito da Universidade de São Paulo.

Professora do curso de pós-graduação da FGVlaw. Mediadora certificada pelo IMAB – Instituto de Mediação e Arbitragem do Brasil, membra das listas de mediadores do Centro Brasileiro de Mediação e Arbitragem (CBMA), da Câmara de Comércio Argentino Brasileira – CAMARBRA e do Centro de Mediação do SindusCon-SP, e atuação como árbitra.

Ana Olivia Antunes Haddad

Mestre em Direito Processual Civil pela Faculdade de Direito da Universidade de São Paulo. Sócia de Antunes Haddad Advocacia, com atuação em disputas judiciais e arbitrais nas áreas cível, empresarial e de família. Autora do livro "Transparência no Processo Arbitral", Almedina, 2021.

Augusta Vezzani Diebold

Associada Sênior de Cescon, Barrieu, Flesch & Barreto Advogados, com atuação focada em Arbitragem e Contencioso Cível. Augusta possui LLM em Commercial Law pela Universidade de Cambridge, Reino Unido. Graduada pela Universidade Federal do Rio Grande do Sul.

Bernard Potsch M.

Doutor em Direito Internacional pela Faculdade de Direito da Universidade do Estado do Rio de Janeiro. Sócio de Batista Martins Advogados, atuante como advogado, árbitro e secretário em processos arbitrais domésticos e estrangeiros. Autor de livros e artigos sobre Arbitragem Comercial e Trabalhista, Direito Civil, Direito do Comércio Internacional e Direito Internacional.

Diogo Albaneze Gomes Ribeiro

Doutorando e Mestre em Direito Administrativo pela PUC/SP. Membro do Comitê Brasileiro de Arbitragem (CBAr) e da Comissão de Arbitragem da OAB/SP.

Donato da Silva Filho

Doutor em planejamento energético, atuação como pesquisador na UNICAMP e como Fulbright Visiting Scholar na Cornell University. Engenheiro eletricista, com honras, pela Escola de Engenharia de São Carlos (USP). Diretor na Volt Robotics (especialista em utilizar ciências de dados e inteligência artificial para entender a realidade de forma inovadora, desenvolvendo soluções de alto valor no setor de energia).

Ingrid De Santi

Assistant Case Manager no Centro de Arbitragem e Mediação da Câmara de Comércio Brasil-Canadá (CAM-CCBC). Ingrid possui LLM em American and Transnational Law pela Universidade de Dayton, Ohio, EUA. Graduada pela Universidade Presbiteriana Mackenzie.

João Paulo Hecker da Silva

Doutor e Mestre em Direito Processual Civil pela Faculdade de Direito da Universidade de São Paulo. Professor, Árbitro e Advogado em São Paulo, sócio de VH Advogados.

Joaquim Augusto Melo de Queiroz

Mestrando em Engenharia Elétrica pela Escola Politécnica/USP. Possui MBA em Negócios do Setor Elétrico pela Fundação Getúlio Vargas. Bacharel em Direito pela Faculdade de Direito do Largo São Francisco (USP). Membro do Comitê Brasileiro de Arbitragem (CBAr), da Comissão de Energia do IASP e do Instituto Brasileiro de Estudos do Direito da Energia -IBDE. Sócio de Giamundo Neto Advogados.

Julio Cesar Fernandes

Doutor em Direito Processo Civil pela Universidade de São Paulo. Mestre em Contencioso, Arbitragem e Meios Alternativos de Resolução de Conflitos pela Universidade Panthéon-Assas (Paris II). Bacharel em Direito pela Pontifícia Universidade Católica de São Paulo (PUC-SP). Sócio de Dinamarco, Beraldo e Bedaque Advogados.

Lucas Soares Costa

Mestrando e Bacharel em Direito pela Pontifícia Universidade Católica de São Paulo (PUC/SP). Advogado em Thomaz Bastos, Waisberg, Kurzweil Advogados, atuante na área de resolução de disputas cíveis, comerciais e societárias complexas, em arbitragens e na prevenção de litígios.

Luis Felipe Baquedano

Mestrando e Bacharel em Direito pela Faculdade de Direito do Largo São Francisco (USP). Advogado em São Paulo.

Mateus Pires Zottarelli

Graduado pela Faculdade de Direito da Universidade Presbiteriana Mackenzie. Pós-graduado em Direito Empresarial pelo Insper - Instituto de Ensino e Pesquisa. Associado ao New Generation CAM-CCBC. Advogado em São Paulo.

Matheus Bastos Oliveira

Senior Associate da equipe de arbitragem internacional do Freshfields em Washington-DC. Possui LLM pela Universidade de Virginia (EUA) e pela Fundação Getúlio Vargas (BR). Graduado pela Universidade Federal do Rio de Janeiro (UFRJ).

Maúra C. Guerra Polidoro

Mestranda em Direito Comercial na Faculdade de Direito da USP.

Especialista em Direito Societário pelo INSPER. Bacharela em Direito pela Pontifícia Universidade Católica do Rio Grande do Sul. Membro da coordenação do New Generation CAM-CCBC.

Advogada na Manesco, Ramires, Perez e Azevedo Marques Sociedade de Advogados.

Murilo Matos

Mestrando em Direito (LL.M.) pela Bucerius Law School – Hochschule für Rechtswissenschaft em Hamburgo, Alemanha. Especialista em Direito Internacional pela Pontifícia Universidade Católica de São Paulo (PUC/SP). Bacharel em Direito pela Universidade Presbiteriana Mackenzie

Rafael Villar Gagliardi

Doutor, Mestre e Bacharel em Direito pela Pontifícia Universidade Católica de São Paulo. *Visiting Researcher* na London School of Economics – LSE. *Fellow* do *Chartered Institute of Arbitrators* – CIArb. Advogado e árbitro. Sócio de Xavier Gagliardi Inglez Schaffer – XGIVS.

Thiago Santos Martins

Associado Sênior de Cescon, Barrieu, Flesch & Barreto Advogados, com atuação focada em Arbitragem e Contencioso Cível. Possui Pós-Graduação em Direito Empresarial na Fundação Getúlio Vargas. Mestre e Bacharel em Direito pela Universidade de São Paulo.

SUMÁRIO

1. O SETOR ELÉTRICO BRASILEIRO E SUAS DISPUTAS

Donato da Silva Filho

A ENERGIA ELÉTRICA NASCE NO IMPÉRIO

A energia elétrica no Brasil tem quase 150 anos de história. Na Figura 1, pode-se observar o Imperador Dom Pedro II ao lado do presidente americano, Ulysses Grant (18º presidente dos Estados Unidos), na Feira de Tecnologia da Filadélfia, em 1876.

Da Feira, Dom Pedro II trouxe duas importantes inovações para o Brasil:

- A instalação de linhas telefônicas entre as residências dos ministros e o palácio da Quinta da Boa Vista, em 1877.
- A inauguração da iluminação elétrica da Estação Central da Estrada de Ferro Dom Pedro II, em 1889.

Figura 1 - O Imperador Dom Pedro II na Feira de Tecnologia da Filadélfia, em 1876[1].

Desde 1889, a energia elétrica se desenvolveu rapidamente, primeiro com aplicações em iluminação e força motriz, depois foi conquistando espaço em todas as aplicações imagináveis. Atualmente, utilizamos a energia elétrica sem perceber, com celulares, computadores, elevadores, veículos, televisões etc.

Apesar da eletricidade estar em todo lugar, muitas vezes é difícil entender o seu modelo de negócio e as relações estabelecidas entre os diversos agentes devido à sua natureza etérea.

VAMOS FALAR SOBRE ÁGUA

Para facilitar o entendimento da evolução dos sistemas elétricos e suas relações contratuais, vamos estudar algo mais concreto: a água.

No princípio dos tempos, uma residência típica que quisesse ter acesso a água fresca, normalmente perfurava um poço no quintal, tal como ilustrado na Figura 2.

1 Fonte: www.alamy.com

Figura 2 – No início dos tempos, a água fresca vinha de um poço perfurado no próprio quintal.

Mas este sistema tinha lá suas fragilidades, pois de tempos em tempos o poço secava, a água ficava turva, e a água perdia sua qualidade. Além disso, o volume às vezes era insuficiente, com o poço se esvaziando antes de haver água suficiente para as necessidades de toda a família. Uma fonte mais segura e perene seria a coleta de água de um rio, instalando uma bomba elétrica e uma tubulação para trazê-la até a residência, tal como ilustrado na Figura 3.

Figura 3 – Instalação de uma bomba elétrica e de uma tubulação para levar maiores volumes de água[2].

Mesmo com esta sofisticação, a casa ainda ficava sujeita às variações de nível do rio, ou à disponibilidade de água com um fluxo instável. Para garantir o "casamento" entre as necessidades da casa e a disponibilidade do rio, inovou-se criando um sistema de armazenamento, uma caixa d'água, tal como ilustrado na Figura 4.

2 Figura elaborada pelo próprio autor.

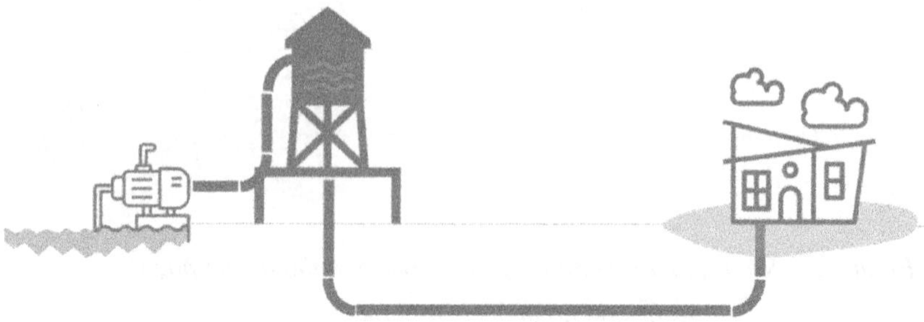

Figura 4 – Instalação de um sistema de armazenamento de água[2].

Um sistema tão robusto e tão eficiente, proporcionando conforto com segurança, logo começou a ser replicado por vários moradores da localidade, originando vários sistemas distribuídos, tal como ilustrado na Figura 5.

Figura 5 – Vários sistemas de água distribuídos[2].

Não demorou muito para que empreendedores notassem que esses vários sistemas não eram eficientes, pois demandam peças em estoques, mão de obra especializada para manter operantes as diversas bombas e os diversos sistemas de escoamento, além dos custos de higienização e limpeza das diversas caixas d'água. Tudo começou a ficar muito complexo e caro.

Entendendo essas dificuldades, empreendedores passaram a ofertar água a um preço muito barato a partir da centralização da coleta, do tratamento e do armazenamento da água em grandes estações, com bombas potentes e caixas d'água volumosas, além de uma rede de distribuição. Entendendo a eficiência da oferta, os consumidores aderiram a esta nova realidade, e o sistema passou a operar como ilustrado na Figura 6.

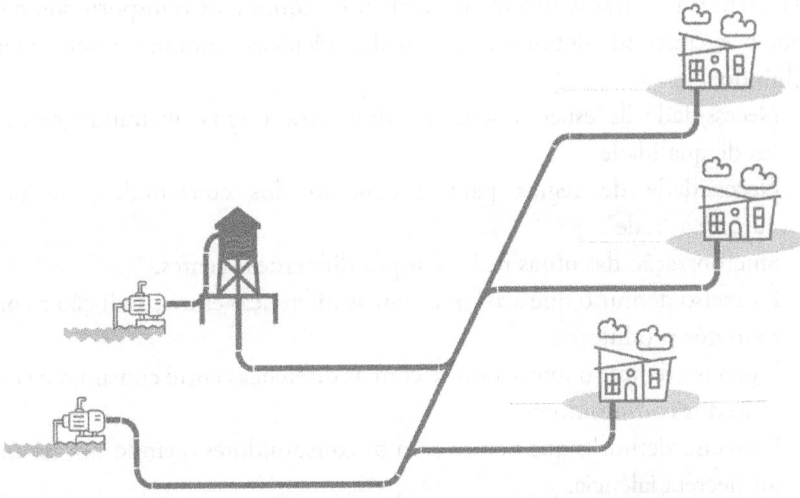

Figura 6 – Sistema centralizado de distribuição de água[2].

Conforme a demanda por água foi aumentando, bem como a diversidade dos consumidores, novos ofertantes, produtores de água, entraram no mercado, e um sistema de medição teve que ser instalado para identificar os volumes injetados na rede por cada produtor, bem como o consumo de cada residência.

Atualmente, com a tecnologia de telecomunicação, passou-se a ter um sistema semelhante ao da Figura 7, em que contratos são celebrados entre as partes, e a medição determina os valores efetivamente produzidos e consumidos.

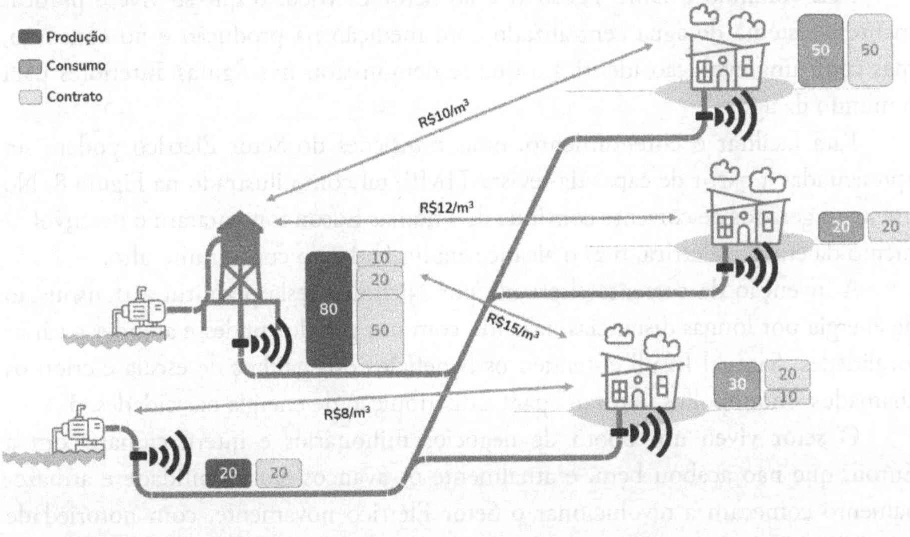

Figura 7 – Sistema centralizado com medição na produção e no consumo[2].

Obviamente, a utilização de uma infraestrutura comum de transporte somente poderá obter sucesso se algumas necessidades técnicas mínimas forem atendidas, incluindo:

- Necessidade de especificações técnicas para a água, incluindo requisitos de qualidade.
- Necessidade de regras para a conexão dos consumidores e produtores à "rede".
- Sincronização das obras realizadas por diferentes agentes.
- É preciso definir o que acontece com as diferenças entre produção e contrato dos produtores.
- É preciso definir o que acontece com as diferenças entre consumo e contrato dos consumidores.
- É preciso definir o que ocorre com os consumidores quando um produtor decreta falência.
- É preciso definir o que ocorre com os produtores quando um consumidor se torna inadimplente.
- É preciso definir critérios de priorização para situações de escassez de água.

E mais um infinidades de normas e regras que não são necessárias à discussão em pauta, mas que com certeza devem fazer parte das normas de um sistema de distribuição de água bem regulado.

VOLTANDO À ENERGIA ELÉTRICA

Mas voltando a Dom Pedro II e ao Setor Elétrico, o que se vive é praticamente o sistema de água centralizado com medição na produção e no consumo, mas com uma evolução idêntica a que se demonstrou nas figuras anteriores para o mundo da água.

Para facilitar o entendimento, essas transições do Setor Elétrico podem ser apresentadas a partir de capas da revista TIME, tal como ilustrado na Figura 8. No início, os gerados de corrente contínua de Thomas Edson fomentaram o desenvolvimento da energia elétrica, mas o alcance era limitado e o custo muito alto.

A invenção da corrente alternada por Nicholas Tesla permitiu a transmissão de energia por longas distâncias, fazendo com um gerador pudesse atender a várias localidades. Samuel Insull entendeu os benefícios dos ganhos de escala e criou os chamados "monopólios naturais" para a distribuição de energia nas cidades. 3

O setor viveu um boom de negócios milionários e internacionais com a Enron, que não acabou bem, e atualmente os avanços em mobilidade e armazenamento começam a revolucionar o Setor Elétrico novamente, com notoriedade para Elon Musk.

Figura 8 – O Setor Elétrico explicado pelas capas da Revista TIME[3].

De uma forma bem abrangente, o Setor Elétrico hoje possui uma cadeia de valor centralizada, com empresas de geração, transmissão, distribuição e comercialização, e uma cadeia de valor descentralizada, com empresas de geração distribuída, armazenamento e mobilidade, tal como ilustrado na Figura 9.

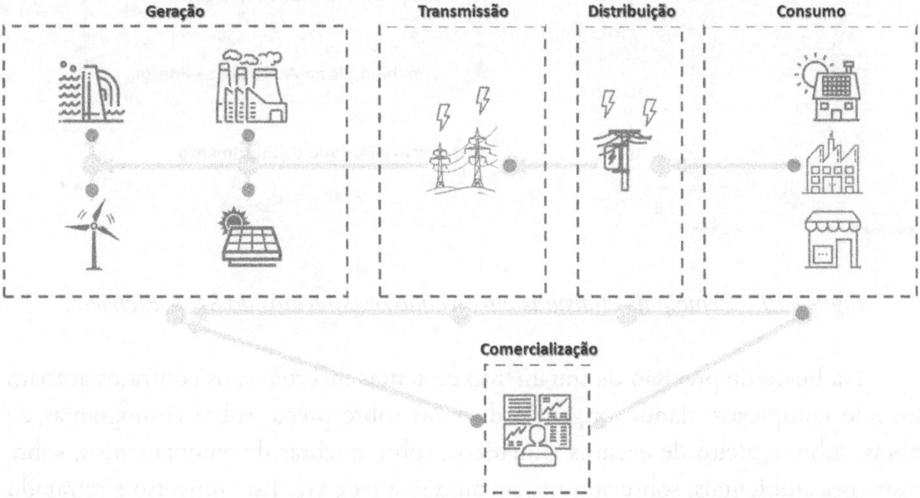

Figura 9 – Cadeias de valor centralizada e descentralizada no Setor Elétrico atual[2].

3 Fonte: www.time.com

AS RELAÇÕES CONTRATUAIS E AS DISPUTAS

As relações entre geradores, transmissores, distribuidores, comercializadores e consumidores são sempre estabelecidas por meio de contratos, sujeitos a regulação da Agência Nacional de Energia Elétrica (ANEEL), além do atendimento a critérios técnicos estabelecidos pelo Operador Nacional do Sistema Elétrico (ONS), e de critérios técnicos e comerciais da Câmara de Comercialização de Energia Elétrica (CCEE).

As principais cláusulas desses contratos referem-se ao volume de energia; aos preços estabelecidos e as condições de reajuste; à flexibilidade na alocação da energia ao longo dos meses, das semanas ou das horas; bem como ao início e fim de suprimento, normalmente dependentes de obras de grande porte. Essas condições são ilustradas na Figura 10.

Figura 10 – Principais cláusulas envolvendo os contratos do Setor Elétrico[2].

Na busca de previsão de tratamento de tantas incertezas, os contratos acabam ficando complexos, dando origem a disputas sobre preço, sobre cronogramas de obras, sobre o efeito de eventos climáticos, sobre quebras de equipamentos, sobre restrições ambientais, sobre atrasos na conexão à rede etc. Este universo é retratado de forma ilustrativa na Figura 11.

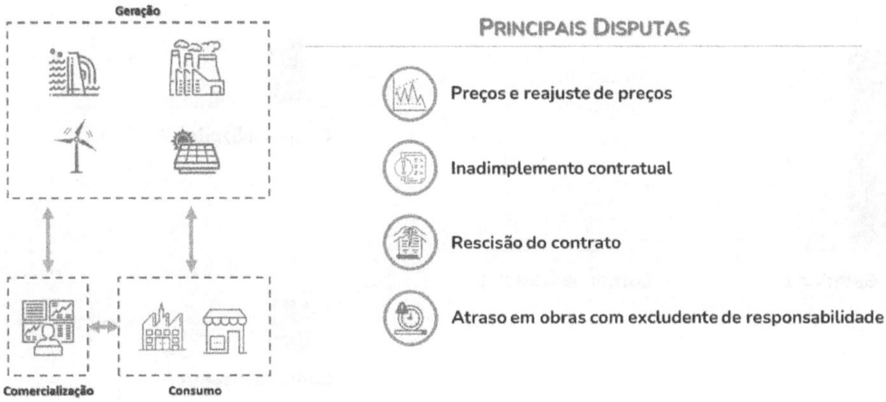

Figura 11 – Grandes causas de disputas no Setor Elétrico[2].

Um exemplo de disputa é retratado de forma simplifica na Figura 12, em que o Comercializador 1 contrata energia do Gerador 1 e a revende, também por meio de contratos, aos Comercializadores 2 e 3, que fecham novos negócios com outros agentes.

Conforme indicado na Figura 13, se o Gerador 1 deixa de honrar o contrato, o Comercializador 1 perde sua fonte de energia, devendo recorrer a outros agentes de geração ou comercialização para continuar a honrar seus compromissos de venda, ou podendo ainda solicitar o rompimento dos seus contratos, desencadeando um efeito "dominó" sobre os demais agentes.

Dependendo das condições dessas rupturas de contrato, os agentes sofrerão perdas e danos relevantes, originando diversas disputas.

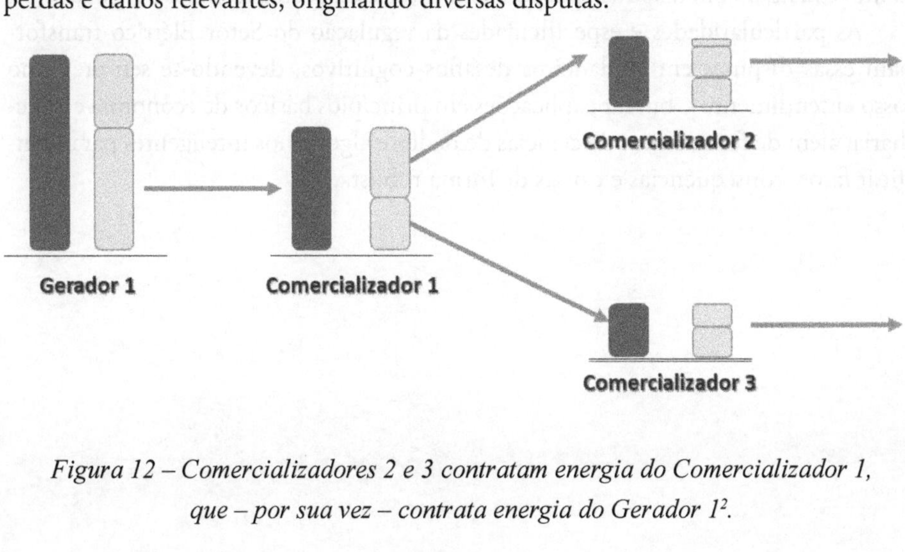

Figura 12 – Comercializadores 2 e 3 contratam energia do Comercializador 1, que – por sua vez – contrata energia do Gerador 1[2].

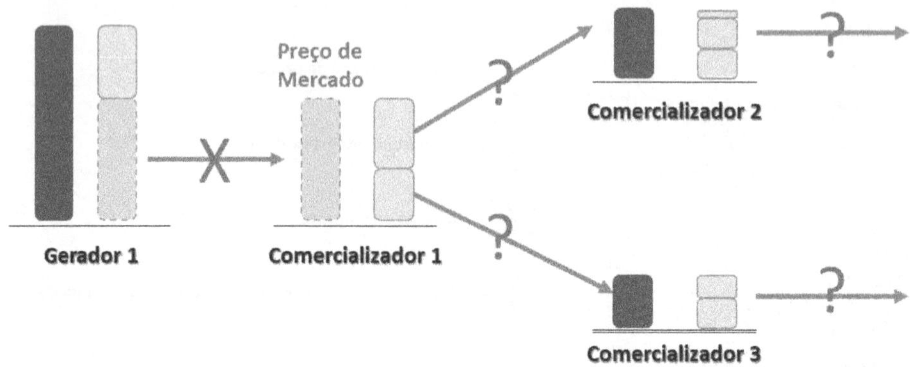

Figura 13 – O Gerador deixa de honrar o contrato com o Comercializador 1. Se este deixar de fornecer energia aos demais, disputas se estabelecem para determinar como ficam os custos associados de cada parte[2].

CONSIDERAÇÕES FINAIS

No Setor Elétrico Brasileiro convivem milhares de agentes e milhões de consumidores, todos estabelecendo suas relações por meio de contratos relativamente longos e complexos, sujeitos a regulações próprias e diversas normas técnicas.

É neste contexto que as arbitragens têm se estabelecido no Setor Elétrico, justamente para lidar com disputas que possuem diversos aspectos técnicos e regulatórios.

As particularidades e especificidades da regulação do Setor Elétrico transformam essas disputas em verdadeiros desafios cognitivos, devendo-se sempre – no nosso entendimento – buscar explicações em princípios básicos de economia e engenharia, além de ferramentas de ciências de dados e algoritmos inteligentes para identificar fatos, consequências e causas de forma robusta.

2. ESCOPO OBJETIVO DA CONVENÇÃO ARBITRAL DA CCEE: CONFLITOS ARBITRÁVEIS E CASOS SUJEITOS AO PODER JUDICIÁRIO

Luis Felipe Baquedano

1. INTRODUÇÃO

Em razão das limitações ao escopo objetivo da Convenção Arbitral da CCEE impostas por sua Cláusula 1ª, a eleição da arbitragem como método padrão de resolução das controvérsias do setor de comercialização de energia elétrica não afasta totalmente a participação do Poder Judiciário na pacificação dos conflitos vivenciados pelos agentes, de modo que é fundamental compreender os exatos limites objetivos da Convenção Arbitral para que se decida de forma correta sobre a forma de exercício da jurisdição a ser utilizada pelas partes de um conflito a depender das circunstâncias de cada caso concreto.

A eleição da arbitragem como o mecanismo padrão para o setor foi escolha feita pelo legislador no Novo Marco do Setor Elétrico, a Lei 10.848/2004, que dispõe em seu art. 4º, § 5º:

> "As regras para a resolução das eventuais divergências entre os agentes integrantes da CCEE serão estabelecidas na convenção de comercialização e em seu estatuto social, que deverão tratar do mecanismo e da convenção de arbitragem, nos termos da Lei nº 9.307, de 23 de setembro de 1996."

A Convenção de Comercialização[1] (Resolução Normativa ANEEL nº 957, de 07.12.2021), estipula, por sua vez, em seu art. 32 que "*a energia elétrica no SIN , ressalvado o disposto no § 1º*[2]*, é necessariamente comercializada no âmbito da CCEE*"; ao passo que o art. 37, VII, da referida Convenção determina que os agentes da CCEE deverão "*aderir à Convenção Arbitral*". O Estatuto Social da CCEE reforça essa obrigação ao impor aos agentes o dever de "*providenciar e firmar os documentos necessários para sua atuação na CCEE e aderir à Convenção Arbitral*", nos termos de seu art. 8º, inciso VI.

Assim, os agentes do setor associados à CCEE, em sede da 68ª Assembleia Geral Extraordinária, realizada em cumprimento do art. 11, VIII, do Estatuto Social da instituição, aprovaram a Convenção Arbitral que veio a ser homologada pela Resolução Homologatória ANEEL nº 3173, de 14.02.2023[3].

Por ser cláusula compromissória estatutária à qual aderem todos os agentes do mercado de comercizalização de energia elétrica associados à CCEE, a Convenção Arbitral é mecanismo de solução de disputas padrão que será aplicada caso um conflito emane da relação travada entre dois agentes, ou entre um ou mais agentes e a CCEE, com fulcro no Estatuto Social da instituição; bem como caso não haja previsão específica de cláusula arbitral num contrato bilateral entre agentes.

Assim, é relevantes analisar o recorte objetivo dos litígios que podem ser resolvidos mediante exercício privado da jurisdição feito na cláusula 1ª da Convenção Arbitral, uma vez que litígios que não se enquadram nos requisitos da Convenção Arbitral serão resolvidos pelo Poder Judiciário.

A eleição da arbitragem é medida adotada pelo legislador para otimização dos fluxos de capital no setor, haja vista que a solução de litígios por tal método tende a ser mais célere em razão da ausência de recursos para rediscussão do mérito, bem como mais adequada, pois pela arbitragem pode-se obter prestação de tutela jurisdicional por profissionais especializados e habituados com as idiossincrasias dos litígios do setor.

Tais preocupações do legislador e dos agentes do mercado devem ser ponderadas à luz da necessária e condizente seriedade que lhes é própria, de modo que a decisão por qual via jurisdicional adotar (judicial ou arbitral) deve ser cuidadosamente

---

1 Editada pela ANEEL em cumprimento à determinação do art. 1º, § 1º, inciso I, do Decreto 5.163/2004, que regulamenta a comercialização de energia elétrica. A Resolução Normativa ANEEL nº 957, de 07.12.2021 revogou a anterior convenção de comercialização que era instituída pela Resolução Normativa ANEEL nº 109, de 26.10.2004.

2 Art. 32, § 1º, da Resolução Normativa ANEEL nº 957, de 07.12.2021: "Os demais detentores de concessão, permissão, autorização e registro de geração não discriminados no caput também podem, voluntariamente, desempenhar a comercialização no âmbito da CCEE".

3 A Convenção Arbitral hoje vigente serviu a dirimir diversas dúvidas e sedimentar no texto da convenção práticas que já vinham sendo consolidadas sob a égide de sua predecessora, a qual fora homologada pela Resolução Homologatória ANEEL º 531/2007.

tomada. O tempo é um ativo essencial que não pode ser desperdiçado, bem como os custos podem ser elevados caso um tribunal arbitral venha a ser constituído para apenas e tão somente declarar a ausência de sua jurisdição sobre o tema.

Portanto, é essencial analisar a redação da Cláusula 1ª da Convenção Arbitral de modo a buscar compreender o exato escopo objetivo da cláusula que afeta a todos os agentes do setor que a ela têm de aderir.

2. OS CONFLITOS ABARCADOS PELO ESCOPO OBJETIVO DA CONVENÇÃO ARBITRAL DA CCEE (CLÁUSULA 1ª, *CAPUT*)

A definição dos litígios abarcados pela Convenção Arbitral consta do *caput* da cláusula 1ª por remissão à Convenção de Comercialização. *In verbis*:

> **CLÁUSULA 1ª.** Nos termos da legislação e regulamentação vigentes, são considerados conflitos ("CONFLITOS") passíveis de resolução através da Arbitragem aqueles definidos na Convenção de Comercialização vigente.

Na Convenção de Comercialização atualmente vigente, o art. 44 se ocupa da definição dos conflitos que serão sujeitos à jurisdição arbitral nos seguintes termos:

> Art. 44. Os Agentes da CCEE e a CCEE deverão dirimir, por intermédio da Câmara de Arbitragem, todos os conflitos que envolvam direitos disponíveis, nos termos da Lei nº 9.307, de 23 de setembro de 1996, nas seguintes hipóteses:
> I - conflito entre dois ou mais Agentes da CCEE que não envolva assuntos sob a competência direta da ANEEL ou, na hipótese de tratar, já tenha esgotado todas as instâncias administrativas acerca do objeto da questão em tela;
> II - conflito entre um ou mais Agentes da CCEE e a CCEE que não envolva assuntos sob a competência direta da ANEEL ou, na hipótese de tratar, já tenha esgotado todas as instâncias administrativas acerca do objeto da questão em tela; e
> III - sem prejuízo do que dispõe cláusula específica nos CCEARs, conflito entre Agentes da CCEE decorrente de Contratos Bilaterais, desde que o fato gerador da divergência decorra dos respectivos contratos ou de Regras e Procedimentos de Comercialização e repercuta sobre as obrigações dos agentes contratantes no âmbito da CCEE.

A literalidade dos dispositivos utiliza conceitos que requerem pormenorização, uma vez que não revelam seu preciso significado numa primeira leitura.

Primeiro: o conceito de "competência direta da ANEEL" não é definido na norma, nem há remissão a outro dispositivo em que conste tal definição. Tabém não há clareza se a atividade da CCEE estaria enquadrada na "competência direta" da Agência.

Segundo: causa espécie que a redação pareça levar à conclusão de que a arbitragem poderia funcionar como meio de revisão das decisões administrativas proferidas pela ANEEL, haja vista que dispõe que há possibilidae de resolver conflito que "*envolva assuntos sob a competência direta da ANEEL*" caso "*já tenha esgotado todas as instâncias administrativas acerca do objeto da questão em tela*". Tal conclusão não parece adequada à luz da indisponibilidade, e consequente inarbitrabilidade, de atos de império do Estado.

Terceiro: num mercado em que a infraestrutura material de distribuição de energia obriga os agentes a compartilharem o fio do Sistema Interligado Nacional e a lidarem com os aspectos mul\tilaterais que eventual inadimplência de um agente pode provocar[4], há necessidade de se investigar o real significado da *repercussão* mencionada no inciso III.

2.1. A competência direta da ANEEL

Os incisos I e II do art. 44 da Convenção de Comercialização impõem como limitação do escopo objetivo da Convenção Arbitral que o litígio "*não envolva assuntos sob a competência direta da ANEEL*".

As competências da ANEEL são elencadas no art. 3º da Lei nº 9.427/1996 (com a redação dada pela Lei nº 10.848/2004). Do rol ali constante, destacamos as competências previstas nos incisos V, XIV e XVII, por serem mais evidentemente relacionadas à resolução de controvérsias e às operações da CCEE:

> "V - dirimir, no âmbito administrativo, as divergências entre concessionárias, permissionárias, autorizadas, produtores independentes e autoprodutores, bem como entre esses agentes e seus consumidores;
> XIV - aprovar as regras e os procedimentos de comercialização de energia elétrica, contratada de formas regulada e livre; (Incluído pela Lei nº 10.848, de 2004)
> XVII - estabelecer mecanismos de regulação e fiscalização para garantir o atendimento à totalidade do mercado de cada agente de distribuição e de comercialização de energia elétrica, bem como à carga dos consumidores que tenham exercido a opção prevista nos arts. 15 e 16 da Lei no 9.074, de 7 de julho de 1995; (Incluído pela Lei nº 10.848, de 2004)"

O inciso V, ao arrolar como competência da ANEEL a solução de divergências entre os agentes do mercado e entre estes e seus consumidores, poderia levar à conclusão de que a ANEEL teria a primazia para decidir toda e qualquer controvérsia

4 SOUZA, Luiz Felipe Falcone de. *Aspectos bilaterais e multilaterais da comercialização de energia elétrica* in Temas Relevantes no Direito de Energia Elétrica, Tomo V. Rio de Janeiro: Synergia, 2016, pp. 466-493.

entre agentes da CCEE, haja vista que tal atribuição estaria abarcada pela competência direta da Agência.

Contudo, não se deve olvidar de que a Convenção Arbitral também decorre de uma opção legislativa para todo o mercado, de sorte que não se pode compreender que as competências da ANEEL definidas na Lei nº 9.427/1996 tornariam letra morta a opção pela arbitragem levada a cabo na Lei nº 10.848/2004.

Logo, a disciplina da lei anterior deve ser interpretada à luz da lei posterior para se concluir que os litígios sujeitos a arbitragem são apenas aqueles referentes a relações respaldadas no estatuto social da CCEE, que dizem respeito ao cumprimento de regras e procedimentos de comercialização ou de alguma forma afetem as relações travadas em seu âmbito. O comando do inciso V do art. 3º da Lei nº 9.427/1996, a seu turno, continua eficaz quanto a quaisquer outros litígios de natureza diversa daqueles abarcados pela cláusula estatutária da CCEE, e. g., aqueles relativos a procedimentos licitatórios ou a questões de regularidade na prestação dos serviços de geração, transmissão e distribuição de energia elétrica a consumidores cativos.

As competências da ANEEL arroladas nos incisos XIV e XVII, por sua vez, saltam aos olhos em razão de tratarem de matérias atinentes à aplicação e fiscalização das regras e procedimentos de comercialização do mercado, matéria especialmente relevante aos litígios com a conformação subjetiva tratada no inciso II do art 44 da Convenção de Comercialização (i.e., aqueles entre agentes e a própria CCEE).

Logo, uma leitura que desconsiderasse a opção legislativa pela celeridade e dinamismo que a arbitragem oferece poderia concluir pela necessidade de se exaurir as instâncias administrativas para, apenas então, poder solicitar tutela jurisdicional a um árbitro caso o litígio verse sobre a aplicação das regras e procedimentos de comercialização pela CCEE.

Entretanto, porque o propósito do legislador ao adotar a arbitragem é reduzir custos e dinamizar o setor, propomos que o art. 44 da Convenção de Comercialização seja interpretado de forma a se compreender que a arbitragem deve ser o mecanismo utilizado para a resolução de controvérsias referentes à *aplicação* das regras e procedimentos de comercialização pela CCEE, o que, embora seja atividade delegada pela ANEEL, não está arrolado dentre os incisos do art. 3º da Lei nº 9.427/1996.

Logo, caso um agente busque se insurgir contra a aplicação de determinada regra ou procedimento de comercialização pela CCEE por entender que houve equívoco da instituição na realização de seu mister, deverá fazê-lo por arbitragem. Contudo, caso a insurgência se volte contra o teor da norma aplicada pela CCEE, caberá ao agente litigar contra a ANEEL perante o Poder Judiciário, pois o conflito não terá respaldo no estatuto da CCEE.

A conclusão é corroborada pelo fato de que a insurgência ao conteúdo de uma norma editada pela ANEEL será combatida com fundamento em algum vício da atividade administrativa ou na incompatibilidade da norma com o ordenamento pátrio, matérias que não possuem natureza patrimonial nem disponível.

Outro aspecto que reforça a adequação da conclusão ora extraída diz respeito ao escopo do processo que a arbitragem é capaz de realizar. Como subsistema do ramo processual do direito, a arbitragem compartilha de caracteres do processo judicial, mas dele difere em vários aspectos. Quanto aos escopos do processo, a arbitragem é capaz de realizar em igual medida aos tribunais estatais, e inclusive com maior eficiência (pois mais célere), o escopo social, isto é, aquele voltado à pacificação dos litígios entre jurisdicionados[5]. Contudo, a arbitragem, por ser meio privado de exercício da jurisdição, não é mecanismo adequado à realização do escopo político do processo, isto é, aquele que se ocupa da defesa das instituições e da autoridade dos comandos do Estado. Assim, porque a arbitragem não se presta à realização de tal escopo, revela-se adequada a conclusão pelo afastamento da jurisdição arbitral caso o mérito do litígio verse sobre o conteúdo de uma norma regulatória editada pela ANEEL.

Nos casos em que houver alegação de aplicação equivocada de norma pela CCEE, o litígio poderá ser decidido pelos árbitros. A conclusão pode ensejar alguma perplexidade em razão da ausência de autonomia da CCEE, que apenas exerce atividade delegada pela ANEEL. Entretanto, analisada mais atentamente, a questão é solucionada de forma singela.

Embora a CCEE deva fiscalizar o respeito às regras e procedimentos de comercialização e aplicar multas em caso de violação destes, não se pode dizer que a CCEE exerce poder de polícia, uma vez que, conforme ensina Maria Sylvia Zanella Di Pietro, para que se configure o poder de polícia devem estar presentes "*a discricionariedade, a autoexecutoriedade e a coercibilidade*"[6], atributos ausentes na atividade da CCEE, que somente aplica de maneira objetiva as regras exaradas pela ANEEL.

Contudo, cabe notar que a vinculação da CCEE à ANEEL não é completa, havendo espaço para que aquela possa valorar as condutas dos agentes quando da aplicação das sanções. O Módulo 6, Submódulo 6.2, dos Procedimentos de Comercialização[7] ("PdC 6.2"), prevê procedimento no qual é viabilizado o contraditório (em escopo estritamente técnico) que precede a efetiva aplicação da multa. Nesse procedimento, a CCEE emite o Termo de Notificação ao agente (item 3.2 do PdC 6.2), o qual deve apresentar contestação em até 15 dias úteis após o recebimento (item 3.3 do PdC 6.2). Se a contestação for apresentada, o Conselho de Administração da

5 CARMONA, Carlos Alberto; MACHADO FILHO, José Augusto Bitencourt. *Arbitragem: jurisdição, missão e justiça*. In: ARABI, Abhner M.; MALUF, Fernando; MACHADO NETO, Marcello L. *Constituição da República 30 anos depois: uma análise prática da eficiência dos direitos fundamentais. Estudos em homenagem ao Ministro Luiz Fux*. Fórum: Belo Horizonte, 2019, pp. 209-225.

6 PIETRO, Maria Sylvia Zanella di. *Direito Administrativo*. São Paulo: Atlas, 2002. p.113

7 Câmara de Comercialização de Energia Elétrica. *PDC 6.2: Procedimentos de Comercialização - Módulo 6 - Submódulo 6.2*. São Paulo: Ccee, 2014. Disponível em: https://www.ccee.org.br/documents/80415/919498/6.2%20-%20Notifica%C3%A7%C3%A3o%20e%20gest%C3%A3o%20pagamento%20penalidades%20e%20multas_v3.0.pdf/a2637e0a-5362-bc0a-3034-f6711fa7acab. Acesso em: 16 de abril de 2024.

CCEE deliberará a respeito, podendo decidir pelo não provimento ou pelo provimento parcial ou integral (itens 3.6 e ss. do PdC 6.2).

O PdC 6.2 revela algum grau de discricionariedade da CCEE para tomada de decisão quando do exercício de suas atribuições, podendo incorrer em equívocos quando da aplicação dos preceitos da ANEEL e ensejar impactos nos créditos e débitos dos agentes. Por não haver subordinação administrativa entre CCEE e ANEEL, não se poderia cogitar de recurso administrativo para reverter uma decisão do Conselho de Administração da CCEE tomada com base nos Procedimentos de Comercialização[8]. Logo, a arbitragem é a alternativa que se apresenta ao agente para se insurgir contra a aplicação que reputar equivocada de regra ou procedimento de comercialização pela CCEE.

Portanto, ainda que a atividade da CCEE seja vinculada aos ditames da ANEEL (conforme art. 4º, *caput*, da Lei nº 10.848/2004[9] e art. 4º, *caput*, da Convenção de Comercialização[10]), fato é que existe margem de discricionariedade para que a CCEE exerça a sua atividade delegada, de sorte que não parece adequado tratar de tais casos como assuntos atinentes à competência direta da ANEEL.

2.2. A arbitragem como meio de acesso à jurisdição após esgotamento das instâncias administrativas

Os incisos I e II do art. 44 da Convenção de Comercialização determinam que a arbitragem é cabível para os casos em que os litígios tenham como objeto matérias de competência direta da ANEEL desde que já tenham sido esgotadas *"todas as instâncias administrativas acerca do objeto da questão em tela"*.

A redação não pode ser compreendida como outorga de jurisdição a árbitros para revisão do mérito de decisões da ANEEL na sua competência administrativa, uma vez que, além de a ANEEL não ser signatáia da Convenção Arbitral, a arbiragem é inadequada para tal fim, tendo em vista a indisponibilidade dos direitos que seriam discutidos.

A decisão administrativa de agência reguladora é nítido ato de império do Estado, praticado com supremacia sobre os particulares, e que não possui cunho patrimonial e disponível, de sorte que não pode ser sujeito à cognição de um árbitro

---

8 GONÇALVES, João Alfredo Serra Baetas. *Possível Conflito de Competências entre a ANEEL e a CCEE quanto à Aplicação de Penalidades*. In: CASTRO, Marcus Faro de; LOUREIRO, Luiz Gustavo Kaercher. *Direito da Energia Elétrica no Brasil: Aspectos Institucionais, Regulatórios e Socioambientais*. Brasília: Aneel, 2010, p. 76.

9 *"Art. 4º Fica autorizada a criação da Câmara de Comercialização de Energia Elétrica - CCEE, pessoa jurídica de direito privado, sem fins lucrativos, sob autorização do Poder Concedente e regulação e fiscalização pela Agência Nacional de Energia Elétrica - ANEEL, com a finalidade de viabilizar a comercialização de energia elétrica de que trata esta Lei."*

10 *"Art. 4º Compete ao Poder Concedente a autorização e à ANEEL a regulamentação e a fiscalização da CCEE."*

para sua desconsituição ou ratificação. Ainda que seja permitido aos agentes a utilização da arbitragem para solucionar conflitos emanados de suas relações no mercado, não se pode concluir que uma decisão da ANEEL (evidente *ato de império* que deve preponderar sobre a vontade dos particulares) possa ser revista pelos árbitros investidos de jurisdição com base na cláusula compromissória estatutária da CCEE.

Nesses termos, a norma deve ser interpretada como uma autorização para que sejam julgadas por árbitros as demandas que versem sobre reflexos patrimoniais decorrentes dos atos da ANEEL que tenham sido objeto de decisão após exaurimento de todas as instâncias administrativas[11]. Esta parece ser a solução adequada, uma vez que, muito embora não se possa questionar em arbitragem a regularidade do *ato de império* da ANEEL, a disciplina contratual e alocação dos custos decorrentes dos impactos de uma norma na relação privada pode ser objeto da cognição dos árbitros, havendo inclusive a possibilidade de que estipulações contratuais disciplinem como serão distribuídos os ônus decorrentes de eventual regulação superveniente.

Nesses termos, cogita-se de caso em que há crise de certeza sobre a correta interpretação de uma nova resolução normativa editada pela ANEEL no curso da execução de um contrato de fornecimento de energia com vigência de 10 anos. A crise de certeza sobre a correta interpretação da norma será resolvida pela ANEEL, mediante procedimento administrativo. Caso uma das partes se insurja quanto à legalidade ou constitucionalidade da solução dada pela Agência, caberá pleitear tutela perante o Poder Judiciário. Solucionada a crise de certeza, as repercussões patrimoniais da aplicação da norma deverão ser discutidas em arbitragem com fulcro na Convenção Arbitral caso a relação das partes seja respaldada no estatuto da CCEE.

A jurisdição dos tribunais arbitrais que tenham como objeto da sua atividade litígios no âmbito da CCEE que tenham por causa de pedir uma decisão da ANEEL, ou como que tenham questão prejudicial objeto de decisão da agência reguladora, deve ser exercida com cautela, de modo a evitar que qualquer decisão proferida em uma arbitragem contenha comando contraditório ao ato administrativo (*ato de império*) ou impacte indevidamente o mercado.

2.3. O critério da repercussão do fato gerador do litígio

O inciso III do art. 44 da Convenção de Comercialização trata de uma outra gama de conflitos que poderão ser resolvidos por arbitragem, quais sejam, aqueles decorrentes de contratos bilaterais firmados entre agentes do mercado, desde que *"o fato gerador da*

---

11 Nesse sentido: ANDRADE, Gustavo Fernandes de. *Algumas Reflexões sobre as Arbitragens e as Regras da Câmara de Comercialização de Energia - CCEE.* In: LANDAU, Elena (Org.). *Regulação Jurídica do Setor Elétrico.* Rio de Janeiro: Lumen Juris, 2011. p. 225-250. Tomo II..

divergência" (i) "decorra dos respectivos contratos ou de Regras e Procedimentos de Comercialização" e *(ii) "repercuta sobre as obrigações dos agentes contratantes no âmbito da CCEE"*.

Antes de adentrar na análise dos requisitos, ressalta-se que o dispositivo fornece uma importante chave interpretativa do teor dos incisos I e II, uma vez que faz um recorte inédito em relação às demais hipóteses, qual seja, a expressa possibilidade de litígios decorrentes de contratos bilaterais serem sujeitos à arbitragem com fulcro na cláusula setorial (e não em eventual cláusula compromissória constante do respectivo contrato bilateral).

Uma interpretação sistemática dos incisos, e que se preocupe com a coerência das diferentes hipóteses, leva à conclusão de que os incisos I e II abrem as portas da arbitragem setorial para veicular pretensões que não sejam fundadas em contratos bilaterais ou mesmo em eventual descumprimento de regras e procedimentos de comercialização. Portanto, a Convenção Arbitral permite concluir que uma pretensão fundada na lesão provocada pela conduta de um agente da CCEE à esfera jurídica de outro pode ser apreciada e julgada por um árbitro, ainda que se trate de pretensão que não tenha lastro num contrato bilateral ou no descumprimento de regras ou procedimentos de comercialização aplicados pela CCEE.

Quanto à aplicação dos requisitos do inciso III do art. 44 da Convenção de Comercialização, o que apresenta maior desafio hermenêutico é o da *repercussão*. Na antiga convenção arbitral já constava do inciso II do Parágrafo 3º da Cláusula 1ª que a arbitragem não seria aplicável a *"conflitos oriundos de Contratos Bilaterais que envolvam unicamente os signatários de referidos contratos"*. A redação antiga padecia do problema de aplicar terminologia genérica ao mencionar conflitos que "*envolvam unicamente os signatários*" de um contrato bilateral, sem determinar precisamente o que se deveria entender por tal "envolvimento".

A atual Convenção Arbitral traz redação mais precisa para se compreender o significado da repercussão *"sobre as obrigações dos agentes contratantes no âmbito da CCEE"* ao dispor, no Parágrafo 1º da Cláusula 1ª, que a Convenção "*não se aplica a conflitos entre Agentes da CCEE, decorrentes de contratos bilaterais, que não **afetem direitos de terceiros estranhos ao negócio jurídico objeto do conflito** e, por consequência, não **repercutem nas operações da CCEE**"* (grifei).

Depreende-se da redação que o significado de repercussão para aplicação da Convenção Arbitral é amplo, haja vista que tal atributo é consequência de afetação, qualquer que seja, a direitos de terceiros estranhos ao negócio jurídico *sub judice*. Dissipou-se, assim, qualquer ambiguidade que a menção a envolvimento do terceiro poderia ensejar, haja vista que, para aplicação da cláusula compromissória a um litígio bilateral, não se faz necessário que haja comportamento do terceiro para "envolvê-lo" no litígio. A repercussão diz respeito apenas à percepção de efeitos decorrentes do litígio, ainda que o terceiro tenha uma postura totalmente alheia ou mesmo ignore os fatos do caso concreto.

Contudo, tal amplitude é conformada pela necessidade de se verificar impacto às operações da CCEE. Não é qualquer repercussão do fato gerador do litígio que pode autorizar a jurisdição arbitral, mas somente aqueles efeitos incidentes no cumprimento das regras e procedimentos de comercialização da CCEE e, por conseguinte, nos processos de contabilização[12] e liquidação das diferenças[13] realizados por esta, além de outros deveres dos agentes referentes a garantias financeiras, registros de contratos perante a câmara etc.

Outro aspecto que não é evidente na literalidade da norma é o momento da repercussão, isto é, se esta deve ser aferida quando da instauração da arbitragem (i.e., no presente) ou quando da prolação da sentença arbitral (i.e., no futuro). Em outros termos: a redação não esclarece se a repercussão deve tratar de uma situação já consumada quando da instauração da arbitragem ou se consiste em uma potencialidade dos fatos discutidos no caso que pode vir a se concretizar ou não.

A melhor interpretação parece ser aquela que favorece a arbitragem ao viabilizar que sejam julgados por árbitros os conflitos referentes a fatos que possam potencialmente repercutir na esfera jurídica de terceiros estranhos ao negócio jurídico litigioso.

A interpretação literal do inciso III do art. 44 da Convenção de Comercialização ruma nessa direção, uma vez que, embora trate da repercussão como um atributo do fato gerador do conflito (ou seja, um fato já consumado quando da instauração da arbitragem), fato é que o tempo verbal utilizado não é o pretérito perfeito composto do subjuntivo (i.e., "tenha repercutido"), que indicaria uma situação exaurida no passado, mas sim o presente do subjuntivo (i.e., "que repercuta"), tempo verbal este que indica uma possibilidade. Logo, a letra da norma nos revela que se trata de atributo do fato gerador que pode ser verificado em certos casos apenas quando da prolação da sentença arbitral ao final do procedimento.

A interpretação teleológica da norma, a seu turno, corrobora a conclusão extraída da interpretação literal, pois é a clara intenção do regulador fazer com que os litígios do setor cuja resolução possa repercutir sobre a esfera jurídica de terceiros alheios ao negócio jurídico litigioso sejam sujeitos ao juízo especializado e célere que

---

12 "*Periodicamente, a Câmara de Comercialização de Energia Elétrica (CCEE) realiza a contabilização do mercado de energia, que consiste em verificar as diferenças entre os recursos e requisitos de um agente, ou seja, comparar a energia medida e a contratada. São incluídos na contabilização os valores a serem liquidados de Encargos de Serviço do Sistema (ESS), recontabilizações, penalidades e ajustes financeiros*". Disponível em: https://www.ccee.org.br/en/web/guest/contabilizacao. Acesso em: 16 de abril de 2024.

13 "*As liquidações financeiras são realizadas mensalmente pela Câmara de Comercialização de Energia Elétrica (CCEE) e consiste no pagamento e recebimento dos débitos e créditos apurados. As compensações são realizadas por uma instituição financeira autorizada pelo Banco Central, contratada pela CCEE – atualmente é o Banco Bradesco. A CCEE não é contraparte na liquidação, tendo somente o papel de viabilizar a realização das compensações financeiras. Não há emissão de notas fiscais pela CCEE aos agentes, e os resultados das operações são divulgados por meio de relatórios mensais disponíveis na plataforma DRI e no painel Gestão de Liquidação*". Disponível em: https://www.ccee.org.br/en/web/guest/mercado/liquidacao. Acesso em: 16 de abril de 2024.

a arbitragem pode prover, sem restrições indevidas e imposição de áridos e infrutíferos debates sobre a existência ou não de repercussão antes mesmo da instauração de uma arbitragem. A arbitragem é ontologicamente um mecanismo eleito para a redução de custos[14], jamais para a sua indevida majoração.

Assim, caso haja fundado receio de que um litígio entre agentes do setor com base num contrato bilateral verse sobre fatos que tenham a aptidão de repercutir na esfera jurídica de terceiros estranhos ao negócio jurídico litigioso, a conclusão deve ser favorável à adoção da arbitragem como método para sua resolução.

3. OS CONFLITOS NÃO ABARCADOS PELO ESCOPO OBJETIVO DA CONVENÇÃO ARBITRAL DA CCEE (CLÁUSULA 1ª, §§ 1º A 4º)

A Convenção Arbitral inovou em relação à sua predecessora ao se ocupar com disciplina expressa dos litígios que não são abarcados pelo escopo objetivo da cláusula compromissória estatutária, conforme consta dos parágrafos 1º a 4º da Cláusula 1ª.

O Parágrafo 1º, por tratar de reforço de cunho didático à norma do inciso III do art. 44 da Convenção de Comercialização, já foi objeto de comentário no capítulo precedente.

O Parágrafo 2º afasta expressamente a sujeição da ANEEL à Convenção Arbitral. Trata-se de norma que também serve de mero reforço didático ao que já ocorreria caso inexistisse, uma vez que ANEEL não é agente da CCEE e, por conseguinte, não está sujeita à sua cláusula estatutária (i.e., a Convenção Arbitral). Logo, qualquer insurgência contra ato praticado pela ANEEL deverá ser resolvida nas instâncias administrativas ou perante o Poder Judiciário.

Claramente, isso não afasta a possibilidade de a ANEEL, enquanto Poder Concedente, ser parte de uma arbitragem sobre determinado contrato de concessão. É evidente que, em tal hipótese, a cláusula compromissória que outorgará jurisdição ao árbitro ou tribunal arbitral será aquela constante do referido contrato de concessão, sem qualquer relação com a Convenção Arbitral da CCEE.

Os Parágrafos 3º e 4º da Cláusula 1ª refletem a consolidação da prática já levada a cabo pela CCEE para a cobrança de valores inadimplidos por agentes. Eis a explicação oferecida pela própria CCEE na carta CT-CCEE05644/2021 enviada à ANEEL (reproduzida no voto da Resolução Homologatória nº 3.173. de 14.02.2023), em que foram resumidas as alterações feitas à Convenção Arbitral:

14 TIMM, Luciano Benetti; GUANDALINI, Bruno; RICHTER, Marcelo de Souza. *Reflexões sobre uma análise econômica da ideia de arbitragem no Brasil.* In: CARMONA, Carlos Alberto; LEMES, Selma Ferreira; MARTINS, Pedro Batista. *20 Anos da Lei de Arbitragem: homenagem a Petrônio R. Muniz.* São Paulo: Atlas, 2017, pp. 83-102.

> "Consolidação da prática pela CCEE de cobrança judicial de valores inadimplidos: com o objetivo de deixar expresso no texto da Convenção Arbitral a prática da CCEE e evitar discussões sobre qual seria a via adequada para a CCEE cobrar valores inadimplidos, foi inserido o texto presente na cláusula 1ª, §§ 3º e 4º. Esses dispositivos ratificam e tornam explícita a utilização da via judicial pela CCEE para cobrança de valores inadimplidos por agentes ou não agentes, inclusive penalidades"

Eis a literalidade dos dispositivos ora comentados:

> Parágrafo 3º. Esta CONVENÇÃO não se aplica às demandas em que a CCEE exija valores inadimplidos de agentes ou não agentes, incluindo penalidades, as quais são promovidas exclusivamente perante o Poder Judiciário.
> Parágrafo 4º. Com base no art. 113, § 2º, e no art. 421-A, I, Código Civil, as partes declaram que a CCEE, ao exigir valores inadimplidos, age na condição de substituta processual da coletividade, com base nos arts. 18, Código de Processo Civil, art. 4º, Lei n. 10.848/2004, art. 2º, VII, do Decreto 5.177/2004, art. 3º do Decreto 5.163/2004; art. 47, §2º, da Resolução Normativa/ANEEL 957/2021; em razão disso, as respectivas ações serão propostas perante o Poder Judiciário.

A regra foi também reiterada na Cláusula 25, parágrafo 2º, que possui redação que deixa evidente o intuito de consolidação de uma prática da CCEE que vinha sendo contestada por agentes que se insurgiam contra cobranças na esfera judicial. Eis a redação do referido dispositivo:

> "As Partes ratificam a exclusividade do Poder Judiciário para as demandas descritas no parágrafo 3º e 4º da Cláusula 1ª, prática legítima desde o início da vigência da Convenção Arbitral anterior e que se mantém com a vigência da presente CONVENÇÃO"

Resta nítido que a intenção do regulador, da CCEE e de seus agentes foi reduzir custos à coletividade para a cobrança de valores inadimplidos, uma vez que presume-se que em tais hipóteses a cognição a ser realizada pelo julgador será de menor complexidade, haja vista a existência de documento que fundamenta o crédito e que terá sido objeto de procedimento administrativo anterior no âmbito da CCEE. Logo, não se revela prejudicial ao sistema multiportas do setor a utilização do Poder Judiciário para a cobrança de valores pela CCEE.

A jurisprudência do Tribunal de Justiça do Estado de São Paulo revela que este entendimento já vinha sendo aplicado, como consta dos exemplos a seguir:

> AÇÃO MONITÓRIA. Processo extinto, na forma do art. 485, VII, do CPC. Sentença terminativa anulada. **Reconhecimento de que a cobrança da penalidade não deve ser feita pelo Tribunal Arbitral. Competência da Justiça**

Comum para processar e julgar as demandas em que a CCEE esteja cobrando valores inadimplidos de agentes ou não agentes, incluindo as cobranças de penalidades. Extinção afastada. Causa madura. A apelada foi chamada a aportar garantias financeiras em razão da sua posição devedora na contabilização. Como não realizou esse aporte no valor apurado, em observância ao disposto na Resolução Normativa 622/2012 (art. 23), os seus contratos foram efetivados para garantir a liquidez da contabilização, com incidência da multa pelo descumprimento da resolução. Rejeição dos embargos ao mandado monitório. Constituição de pleno direito do título executivo judicial. Recurso provido.
(TJSP; Apelação Cível 1012218-48.2021.8.26.0506; Relator (a): Gilson Delgado Miranda; Órgão Julgador: 35ª Câmara de Direito Privado; Foro de Ribeirão Preto - 10ª Vara Cível; Data do Julgamento: 12/12/2022; Data de Registro: 13/12/2022)

Apelação. Ação de cobrança. Ilegitimidade ativa. Inocorrência. **Atuação da Câmara de Comercialização de Energia Elétrica CCEE como substituta processual na representação dos interesses de seus agentes**, por expressa disposição legal, especificamente na cobrança da energia elétrica adquirida no Mercado de Curto Prazo sem o pagamento devido, a par da atuação em nome próprio em relação à aplicação de penalidades. Inteligência da Resolução Normativa nº 545/2013. Precedentes. **Preliminar rejeitada**. Mérito. Insurgência contra valor cobrado, penalidades, juros de mora e correção monetária. Insubsistência. Legalidade da quantia e dos encargos pleiteados. Identificação de venire contra factum proprio. Procedência mantida. Recurso desprovido.
(TJSP; Apelação Cível 0000488-75.2015.8.26.0471; Relator (a): Airton Pinheiro de Castro; Órgão Julgador: 29ª Câmara de Direito Privado; Foro de Porto Feliz - 1ª Vara; Data do Julgamento: 11/03/2020; Data de Registro: 12/03/2020)

Entretanto, ressalta-se que a disciplina dos Parágrafos 3º e 4º não parece afastar a possibilidade de instauração de arbitragem pelo agente que é réu de eventual ação de cobrança, ação monitória ou execução ajuizada pela CCEE para pleitear a declaração de invalidade do título que lastreia o crédito cobrado pela CCEE ou a inexigibilidade deste. A literalidade dos dispositivos trata de "*demandas em que a CCEE exija valores inadimplidos*" e que "*a CCEE, ao exigir valores inadimplidos, age na condição de susbstituta processual da coletividade*", nada constando sobre vedação ao agente de exercer seu direito de ação pela via arbitral caso deseje se insurgir contra a pretensão da CCEE. Além disso, conforme excerto da carta CT-CCEE05644/2021, a própria CCEE entende que o propósito dos Parágrafos 3º e 4º é "*evitar discussões sobre qual seria a via adequada **para a CCEE cobrar** valores inadimplidos*" (grifei). Em nenhuma passagem há menção à vedação à instauração de arbitragem pelo agente cujo objeto seja a invalidação ou declaração de inexigibilidade do título que lastreia a cobrança pela CCEE.

Trata-se de conclusão coerente com o desenho do sistema multiportas de resolução de controvérsias do setor, pois, na hipótese em que a prentensão anulatória partisse do agente (i.e., sem que houvesse anterior cobrança pela CCEE mediante utilização de qualquer dos meios processuais para tanto), o agente necessariamente teria de instaurar arbitragem contra a CCEE com fulcro na Cláusula 1ª, *caput*, da Convenção Arbitral, e art. 44, inciso II, da Convenção de Comercialização. O simples fato de CCEE ter iniciado a cobrança em momento anterior ao exercício do direito de açã pelo agente não suprime a possibilidade de este eleger a arbitragem como o método para a resolução do conflito com fulcro na Convenção Arbiral.

Ademais, a conclusão também parece guardar coerência com a teleologia da escolha da arbitragem para o setor, uma vez que, por um lado, o agente poderá contar com a especialização dos árbitros para, em sede de cognição exauriente, ponderar seus fundamentos sobre a invalidade ou inexigibilidade do título que fundamenta a pretensão da CCEE; e, por outro lado, como em tal arbitragem não haverá pedido da CCEE, esta não terá de recolher custas da câmara arbitral e não terá de arcar com os honorários dos árbitros, de sorte que a ela não serão impostos custos desnecessários aos seus propósitos e potencialmente lesivos aos interesses da coletividade de agentes.

Portanto, pode-se concluir que é facultada ao agente a escolha entre veicular sua insurgência à cobrança da CCEE perante o Poder Judiciário (aduzindo exceções e formulando eventualmente pedido reconvencional) ou perante um Tribunal Arbitral (mediante ação autônoma na qual formulará seus pedidos). Caso se observe a última hipótese, caberá ao agente alegar perante o juízo competente do Poder Judiciário a prejudicialidade externa da arbitragem para que seja suspenso processo judicial[15], uma vez que aquela necessariamente versará sobre questão prejudicial deste.

CONCLUSÕES

Por se tratar de cláusula compromissória estatutária à qual os agentes têm de aderir, e porque a limitação do escopo objetivo se dá mediante construção complexa que requer atenta interpretação, nem sempre há plena compreensão dos agentes sobre o significado dos termos aplicados na Convenção Arbitral e sobre seus respectivos desdobramentos.

Portanto, este estudo buscou contribuir para a melhor utilização da arbitragem pelos agentes do setor de comercialização de energia elétrica para solução de seus litígios mediante esclarecimento dos conceitos e elaboração sobre as nuances interpretativas da Cláusula 1ª da Convenção Arbitral da CCEE.

---

15 Nesse sentido já decidiu o STJ acerca de suspensão de execução em razão de arbitragem instaurada a título de embargos: REsp n. 1.949.566/SP, relator Ministro Luis Felipe Salomão, Quarta Turma, julgado em 14/9/2021, DJe de 19/10/2021.

3. CCEE E MULTICAMERALISMO: NOVIDADES E DESAFIOS

Diogo Albaneze Gomes Ribeiro
Joaquim Augusto Melo de Queiroz

1. INTRODUÇÃO

Dentre os setores regulados, não há como negar que o de energia elétrica corresponde a um dos mais complexos, sobretudo por conta das consideráveis alterações regulatórias que impactaram de forma relevante a estrutura das relações contratuais envolvendo os seus agentes.

Basta verificar que, inicialmente, todas as etapas do fornecimento de energia elétrica (geração, transmissão, distribuição e comercialização) eram, quase na sua totalidade, prestadas em regime de monopólio por um único agente – realidade essa que veio a ser alterada com a constatação de que essas atividades não precisariam continuar sendo prestadas em ciclo único, por um único concessionário.

Esse fato levou o setor a um processo de desintegração vertical (*unbundling*), distinguindo-se as atividades monopolizadas das suscetíveis de serem prestadas em regime de competição. Como consequência, o número de agentes atuando no setor foi majorado de forma considerável.

Ou seja, enquanto as atividades de geração, transmissão, distribuição e comercialização eram prestadas em regime de monopólio, com a desverticalização do setor, passou a existir agentes específico atuando em cada uma dessas etapas, trazendo consigo toda uma complexidade de relações contratuais.

Por tal razão, fazia-se necessário instituir um mecanismo de solução de controvérsias célere, eficiente e especializado, essencial para conferir segurança e homogeneidade de tratamento às relações jurídicas firmadas entre os agentes do setor. Foi, contudo, no âmbito da comercialização de energia que a arbitragem foi efetivamente inserida no setor elétrico.

Levando em conta dados fornecidos pela própria Câmara de Comercialização de Energia Elétrica – CCEE,[1] há atualmente mais de quinze mil agentes associados firmando diversos contratos envolvendo as mais variadas e complexas relações jurídicas relacionadas à comercialização de energia.

2. A INSERÇÃO DA ARBITRAGEM DO SETOR DA COMERCIALIZAÇÃO DE ENERGIA ELÉTRICA

A utilização da arbitragem como mecanismo adequado para a solução de controvérsias foi objeto de preocupação desde a criação do setor e comercialização como atividade independente.

A Lei n.º 10.848/04, que autorizou a criação da Câmara de Comercialização de Energia Elétrica – CCEE, consignou que as regras para a resolução das eventuais divergências entre os agentes integrantes da CCEE já deveriam tratar do mecanismo e da convenção de arbitragem, nos termos da Lei n.º 9.307/96 (art. 4º, § 5º).

A partir dessa previsão, houve toda uma construção regulatória buscando implementar a utilização da arbitragem no setor de comercialização de energia elétrica.

Após a entrada em vigor da Lei de criação da CCEE, editou-se a Resolução Normativa n.º 109, de 26 de outubro de 2004, que instituiu a *convenção de comercialização*. Por meio dela ficou consignado que os agentes da CCEE e a CCEE *deveriam* dirimir todos os conflitos pertinentes a direitos disponíveis mediante a utilização da arbitragem, nos termos da Lei n.º 9.307/96.

De forma semelhante e reforçando esse regramento, o Estatuto Social da CCEE impôs a obrigação de os agentes aderirem à Convenção Arbitral (art. 8º, inc. VI).

Com isso ficou estabelecido que os eventuais conflitos fundados nas relações estabelecidas ao amparo do Estatuto Social da CCEE, ou decorrentes da comercialização de energia elétrica no âmbito da CCEE, seriam dirimidos pela via da arbitragem, *no âmbito da Câmara de Arbitragem definida pela Assembleia Geral dos Agentes*, sem prejuízo da atuação da ANEEL ou do Conselho de Administração da CCEE, conforme normas regulatórias aprovadas pela ANEEL (art. 38 do Estatuto Social).

Após a aprovação do texto da convenção de arbitragem na 32ª Assembleia Geral Extraordinária da CCEE, foi eleita, na mesma Assembleia, a Câmara FGV de

---

1 Disponível em: https://www.ccee.org.br/nossos-associados. Acesso em 17/04/2024.

Conciliação e Arbitragem para conduzir todo e qualquer litígio arbitral instaurado entre os agentes integrantes da CCEE.

Todo esse percurso para a instituição da arbitragem no setor de energia elétrica pode ser sintetizado na imagem abaixo:

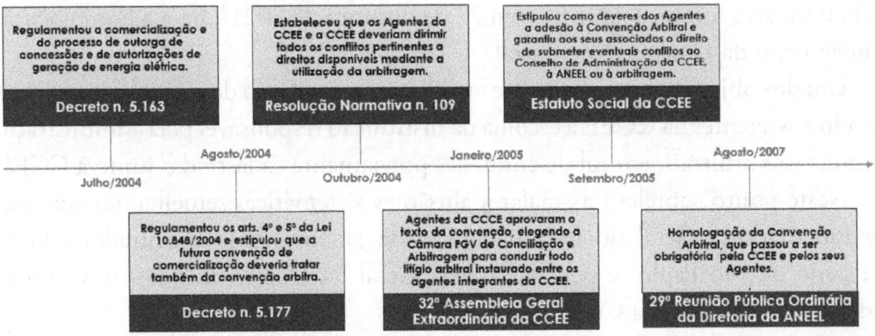

Temos, portanto, que desde o ano de 2007 a Câmara FGV de Conciliação e Arbitragem veio atuando com exclusividade nos litígios envolvendo o setor de comercialização de energia elétrica.

3. A APROVAÇÃO DA NOVA CONVENÇÃO ARBITRAL E A INSERÇÃO DA PLURALIDADE DE CÂMARAS ARBITRAIS

A opção pela exclusividade de uma Câmara Arbitral única, muito embora tenha se dado em Assembleia Geral, com a participação dos próprios agentes da CCEE, passou a ser questionada e logo emergiu uma demanda para viabilizar uma competição entre as Câmaras Arbitrais, demanda essa que veio a se materializar com a aprovação da nova convenção arbitral.

A partir de 2016 iniciaram-se as discussões para a revisão da Convenção. Após a instituição de um grupo de trabalho, com a participação de entidades associativas e agentes do mercado, foram construídas as premissas gerais para a revisão da Convenção Arbitral. As reuniões foram inclusive realizadas com as áreas técnicas da ANEEL para a apresentação da proposta[2].

2 "Em 20 e 30.09.2021, a CCEE informou às Superintendências de Regulação Econômica e Estudos de Mercado e de Mediação Administrativa, Ouvidoria Setorial e Participação Pública e à Procuradoria Federal sobre a condução dos trabalhos de revisão da Convenção Arbitral vigente desde sua homologação em 15.08.2007, e apresentou as principais alterações propostas para o novo documento" – Doc. SIC. 48513.030027/2021-1. Disponível em https://sicnet2.aneel.gov.br/sicnetweb/pesquisa.asp. Acesso em 12.01.2024.

Mais precisamente, na 68ª Assembleia Geral Extraordinária da CCEE, ocorrida em 19 de outubro de 2021, foi aprovada a alteração da Convenção Arbitral para, dentre outros aspectos, viabilizar a pluralidade de Câmaras Arbitrais para resolução de divergências, desde que previamente homologadas e credenciadas pela CCEE.

Após a aprovação do texto em Assembleia Geral Extraordinária, a CCEE encaminhou missiva formal à ANEEL, em 27 de outubro de 2021[3], para a homologação do novo texto da Convenção Arbitral.

Um dos objetivos era justamente viabilizar a estipulação de cláusula aberta, permitindo aos agentes da CCEE a escolha da instituição responsável pela administração dos processos arbitrais, em rol de entidades previamente cadastradas junto à CCEE.

Neste ponto sobreleva assinalar a alusão às sistemáticas semelhantes adotadas pela Procuradoria Geral do Estado do Rio de Janeiro[4], pela Procuradoria Geral do Estado de São Paulo[5] e pela Advocacia Geral da União[6], as quais serviram de modelo referencial para a CCEE.

A materialização dessa alteração se deu por meio da Resolução Homologatória nº 3.173, de 14 de fevereiro de 2023[7], que referendou a nova convenção arbitral. Por meio dela, ficou estipulado em sua cláusula 2ª[8] que qualquer conflito arbitrável, nos termos do artigo 44 da Convenção de Comercialização, deve ser dirimido por arbitragem a ser regulamentada e administrada *por uma das câmaras de arbitragem homologadas pela CCEE.*

Tratou-se, como já exposto, de modificação que buscou atender a uma demanda de parte do setor que ansiava pela implementação de uma competitividade

---

3 Doc. SIC. 48513.030027/2021-1. Disponível em https://sicnet2.aneel.gov.br/sicnetweb/pesquisa.asp. Acesso em 12.01.2024.

4 PROCURADORIA GERAL DO ESTADO DO RIO DE JANEIRO. Resolução PGE nº 4.219, de 11 de junho de 2018. Cria a Comissão de Cadastramento dos órgãos arbitrais institucionais, dispõe sobre a sua composição e altera a redação da Resolução PGE nº 4.213, de 21 de maio de 2018. Disponível em: https://pge.rj.gov.br/comum/code/MostrarArquivo.php?C=Mzc0Mw%2C%2C. Acesso em 13.01.2024.

5 PROCURADORIA GERAL DO ESTADO DE SÃO PAULO. Resolução PGE nº 45, de 16 de dezembro de 2019. Disciplina o cadastramento de câmaras arbitrais pelo Estado de São Paulo. Disponível em: http://www.pge.sp.gov.br/Portal_PGE/Portal_Arbitragens/paginas/Res_PGE_45_2019.pdf. Acesso em 13.01.2024.

6 ADVOCACIA-GERAL DA UNIÃO. Portaria Normativa AGU nº 21, de 22 de julho de 2021. Dispõe sobre o credenciamento de câmaras arbitrais na Advocacia-Geral da União, na forma em que especifica, e dá outras providências. Disponível em: https://www.in.gov.br/en/web/dou/-/portaria-normativa-agu-n-21-de-22-de-julho-de-2021-334055608. Acesso em 13.01.2024.

7 AGÊNCIA NACIONAL DE ENERGIA ELÉTRICA. Resolução Homologatória n. 3.173, de 13 de fevereiro de 2023. Disponível em: https://www2.aneel.gov.br/cedoc/reh20233173ti.pdf. Acesso em 05.01.2024.

8 CLÁUSULA 2ª. Conforme resultado da 68ª Assembleia Geral Extraordinária, qualquer conflito arbitrável, nos termos do Artigo 44 da Convenção de Comercialização deve ser dirimido por arbitragem a ser regulamentada e administrada por uma das câmaras de arbitragem homologadas pela CCEE segundo critérios por esta estabelecidos.

entre as Câmaras Arbitrais, de modo a permitir a qualquer Câmara homologada pela CCEE aderir à Convenção Arbitral, semelhante ao modelo que hoje já é utilizado pela Advocacia Geral da União – AGU. E esta mudança produziu efeitos. Diversas câmaras pleitearam o seu credenciamento junto à CCEE.

3.1. Câmaras arbitrais homologadas e credenciadas

Atualmente existem oito câmaras arbitrais aprovadas pelo Conselho de Administração da CCEE: Câmara FGV de Mediação e Arbitragem; Câmara de Mediação e Arbitragem Empresarial Brasil (CAMARB)[9]; Centro Brasileiro de Medição e Arbitragem – CBMA[10]; Câmara de Conciliação, Mediação e Arbitragem CIESP-FIESP[11]; Centro de Arbitragem e Mediação da Câmara de Comércio Brasil-Canadá – CAM-CCBC[12]; Conselho Arbitral do Estado de São Paulo – CAESP[13]; Secretaria Internacional da Corte de Arbitragem (SCIAB) – ICC Brasil[14]; e Câmara de Mediação e Arbitragem da Associação Comercial do Paraná – ARBITAC[15].

Com o objetivo de regular as diretrizes para a homologação e o credenciamento de Câmaras Arbitrais, a CCEE expediu cartilha orientativa (Módulo 1 dos Procedimentos de Arbitragem[16]). Cinco eixos centrais são detalhadamente regulamentados nesse documento: (i) Solicitação de Homologação e Credenciamento; (ii)

---

9 Conforme a Ata de Reunião Ordinária da 1315ª Reunião do Conselho de Administração da CCEE: Disponível em: https://www.ccee.org.br/documents/80415/919507/Ata_1315_reuniao_CAd_28_02_23.pdf/6a30afdc-9a9a-7ec6-446a-62f50cb930f3. Acesso em 10.01.2024.

10 Conforme a Ata de Reunião Ordinária da 1316ª Reunião do Conselho de Administração da CCEE: Disponível em: https://www.ccee.org.br/documents/80415/919507/Ata_1316_reuniao_CAd_07_03_23_anexos.pdf/5dde7416-7d22-1ed9-5c96-51a652566238. Acesso em 10.01.2024.

11 Conforme a Ata de Reunião Ordinária da 1317ª Reunião do Conselho de Administração da CCEE: Disponível em: https://www.ccee.org.br/documents/80415/919507/Ata_1317_reuniao_CAd_14_03_23.pdf/6a3b6b0a-928f-4b60-779a-1e78cca2054e. Acesso em 10.01.2024.

12 Conforme a Ata de Reunião Ordinária da 1319ª Reunião do Conselho de Administração da CCEE: Disponível em: https://www.ccee.org.br/documents/80415/919507/Ata_1319_reuniao_CAd_28_03_23.pdf/85c20016-d4c4-ed42-6f2f-5a54538aece2. Acesso em 10.01.2024.

13 Conforme a Ata de Reunião Ordinária da 1324ª Reunião do Conselho de Administração da CCEE: Disponível em: https://www.ccee.org.br/documents/80415/919507/Ata_1324_reuniao_CAd_25_04_23.pdf/500fbf2b-a879-3a2f-8461-3dcbb47d6b48. Acesso em 10.01.2024.

14 Conforme a Ata de Reunião Ordinária da 1327ª Reunião do Conselho de Administração da CCEE: Disponível em: https://www.ccee.org.br/documents/80415/919507/Ata_1327_reuniao_CAd_09_05_23.pdf/40a81149-fa90-05c0-f682-91cb692f0d53. Acesso em 10.01.2024.

15 Conforme a Ata de Reunião Ordinária da 1344ª Reunião do Conselho de Administração da CCEE: Disponível em: https://www.ccee.org.br/documents/80415/25781858/Ata_1344_reuniao_CAd_01_08_23.pdf/61dc9e04-b574-bed7-d160-ca6b1182155b. Acesso em 10.01.2024.

16 Disponível em: https://www.ccee.org.br/documents/80415/919498/Modulo_1_-_Homologacao_e_Credenciamento_de_Camaras_Arbitrais_v1.0.pdf/71be041b-2cff-dbbc-bb74-795031da1e7f. Acesso em 10.01.2024.

Requisitos para a Homologação e Credenciamento; (iii) Decisão de Homologação e Credenciamento; (iv); Manutenção e Descredenciamento; e (v) Publicidade das Câmaras Arbitrais Credenciadas.

A seguir, examinaremos estas regras, com enfoque nos requisitos para a homologação e credenciamento de Câmaras Arbitrais. Serão ainda apontadas observações práticas e reflexões sobre questões ainda pendentes de definição.

4. REQUISITOS PARA A HOMOLOGAÇÃO E CREDENCIAMENTO

O credenciamento de novas câmaras exige a observância a uma série de requisitos cumulativos. Eles são a essência do processo de avaliação conduzido pela CCEE.

Inicialmente, deve ser elogiada a metodologia eleita pela CCEE de exigir a apresentação formal de apenas dois documentos para a comprovação da conformidade às condicionantes para a homologação e credenciamento da nova câmara[17]. Optou-se pela adoção de uma sistemática de natureza meramente declaratória, a partir dos enunciados constantes no formulário preenchido pela requerente. Essa abordagem é benéfica e deve ser reverenciada. Com efeito, torna muito mais simples, e expedido, o processo de submissão e avaliação do requerimento. E não afasta a prerrogativa da CCEE de eventualmente fiscalizar, e descredenciar, a câmara que não atender aos predicados exigidos pelo regramento.

4.1. Solicitação de Homologação e Credenciamento

O primeiro passo a ser adotado pela Câmara Arbitral interessada em ser credenciada junto à CCEE é o envio de requerimento formal, cujo texto-padrão encontra-se anexo ao Módulo 1.

O formulário necessita ser firmado pelo representante legal da câmara requerente por meio de certificado digital. Trata-se de singela etapa burocrática, mas que pode protelar o processo de análise e homologação, pelas razões adiante indicadas. O requerimento deve ser elaborado em formato nato-digital, isto é, criado originariamente em meio eletrônico, e enviado a endereço eletrônico específico da Central de Documentos da CCEE[18] (CEDOC). Excepcionalmente, o formulário pode ser entregue em via física na própria CEDOC, desde que com firma reconhecida do representante legal da Câmara requerente.

Este requerimento deve ser instruído com todos os anexos elencados na seção de "Requisitos para Homologação e Credenciamento" do Módulo 1 dos

17 São eles: a comprovação de funcionamento da câmara e o seu regulamento em língua portuguesa.
18 Disponível em: cedoc@ccee.org.br. Acesso em: 18.04.2024.

Procedimentos de Arbitragem. E ainda estar acompanhado de documento apto a indicar a qualificação do representante legal da câmara.

Especificamente neste ponto (comprovação dos poderes do representante legal) repousa uma primeira providência que, na prática, tem causado atrasos no processo de homologação e credenciamento de novas câmaras.

De acordo com informações disponibilizadas pela CCEE, algumas requerentes encaminharam os seus pedidos com a assinatura de pessoas que não detinham poderes para representá-las legalmente. Em realidade, estes subscritores apenas pertenceriam às áreas jurídicas das postulantes, sendo responsáveis pelas providências jurídico-administrativas daquelas instituições. A partir da conferência dos documentos constitutivos das câmaras averiguou-se quais eram os seus efetivos representantes legais, o que carreou atrasos a alguns processos, haja vista a necessidade de reenvio do formulário com a devida correção.

Este exemplo prático evidencia que mesmo questões intrinsicamente simples podem tumultuar o processo de credenciamento e homologação de novas câmaras.

4.2. Funcionamento regular como Câmara Arbitral, no Brasil ou exterior, há, no mínimo, 3 (três) anos

A comprovação de regular funcionamento da câmara pelo prazo de, no mínimo, três anos ocorre por meio de simples apresentação da cópia dos seus atos constitutivos ou por qualquer outro meio que ateste tal fato.

4.3. Idoneidade, competência e experiência na condução de processos arbitrais

Já o requisito de idoneidade é comprovado por declaração, na forma do requerimento, de que a Câmara desfruta de reconhecida idoneidade no mercado e que não possui contra si e seus dirigentes, no país ou no exterior, condenação em processo administrativo ou judicial por ilícito contra a Administração Pública e tampouco situação de impedimento e/ou suspensão previstas na Lei n.º 12.846/2013 e no Decreto n.º 8.240/2015. Adicionalmente, deve haver a manifestação de observância às normas aplicáveis sobre privacidade e proteção de dados pessoais.

Os requisitos de competência e experiência, por seu turno, são aferíveis pela apresentação de mera planilha comprobatória de que a Câmara administrou, no mínimo, quinze processos arbitrais, nos últimos doze meses, ainda que não iniciados ou sentenciados neste período. Há a ainda a exigência de que ao menos um desses processos tenha valor de causa superior a R$ 20.000.000,00 (vinte milhões de reais).

4.4. Regulamento próprio, disponível em língua portuguesa

Conforme adiantado, o segundo documento cuja apresentação formal é efetivamente exigida pela CCEE é o regulamento da câmara arbitral, em nosso vernáculo. A inclusão da existência de regulamento próprio da câmara requerente, disponível em língua portuguesa, adquire relevância no contexto de gradual atração de câmaras arbitrais estrangeiras para a instalação de escritórios no país[19].

A adequação destas câmaras, com a disponibilização de versões em língua portuguesa de seus regulamentos, pode eventualmente afastar o credenciamento de novas instituições, algumas delas com amplo prestígio na administração de processos arbitrais envolvendo disputas de energia[20]. De todo modo, a mera apresentação de tradução juramentada, à revelia da existência de um regulamento oficial traduzido para a língua portuguesa, tem por objetivo garantir que os associados da CCEE tenham fácil conhecimento às regras das câmaras credenciadas.

4.5. Administração dos processos arbitrais no Brasil, em língua portuguesa

Em relação à regra de administração dos processos arbitrais no Brasil, em língua portuguesa, a justificativa decorre da racionalização e eficiência dos atos do processo arbitral em prol dos associados da CCEE.

4.6. Designação de espaço para a realização de audiências, e outros atos, na cidade sede da arbitragem ou, eventualmente, em outras localidades

A obrigação aqui, como já adiantado, é de natureza puramente declaratória. A Câmara não é compelida a comprovar as instalações de que dispõe. Há apenas o seu *compromisso* de disponibilizar, sempre que exigido, infraestrutura física para a realização de audiências e outros atos necessários ao prosseguimento do processo. A existência de espaço físico em outras localidades pode se mostrar útil em diligências

---

19 A propósito, vale assinalar a abertura do escritório brasileiro da Corte Internacional de Arbitragem da ICC: https://iccwbo.org/news-publications/news/sao-paulo-state-confirms-icc-as-registered-institution/ e https://iccwbo.org/wp-content/uploads/sites/3/2021/03/icc-note-on-the-functioning-of-the-brazilian-office-english.pdf.

20 The London Court of International Arbitration – LCIA; International Centre for Dispute Resolution (ICDR); The Arbitration Institute of the Stockholm Chamber of Commerce – The SCC Arbitration Institute.

específicas e excepcionais, sobretudo considerando-se a consolidação de audiências remotas e híbridas.

4.7. Decisão de Homologação e Credenciamento

Após a submissão do requerimento e da sua análise pela área jurídica da CCEE, há a elaboração de um parecer sobre o atendimento ou não das formalidades para o credenciamento da nova instituição. Este parecer é então submetido ao Conselho de Administração da CCEE, o qual possui o prazo de até vinte dias para deliberação, prazo este prorrogável desde que haja motivação expressa para tanto.

A rigor, o Conselho de Administração apenas chancela a aferição cartorial realizada pela área jurídica. E, de todo modo, é ainda facultado à CCEE requerer a instrução suplementar do processo, em caso de dúvida ou lacuna na documentação apresentada pela câmara.

Para que haja a devida publicidade, a decisão do Conselho de Administração deve ser publicada no site da CCEE e encaminhada ao endereço eletrônico informado pela requerente.

Contra esta decisão, o regulamento prevê a possibilidade de interposição de pedido de reconsideração ao próprio Conselho de Administração da CCEE. O recurso pode ser manejado tanto pelos outros agentes da CCEE quanto pela câmara postulante que teve seu pedido indeferido. No caso de recurso aviado pelos agentes, ele deverá ser protocolado em até cinco dias úteis, contados da publicação da ata de reunião do Conselho de Administração no site da CCEE. Já na hipótese de recurso da câmara requerente, ela também dispõe do prazo de cinco dias úteis, contados da data de confirmação da comunicação expedida pela CCEE.

5. OBRIGAÇÕES IMPOSTAS ÀS CÂMARAS HOMOLOGADAS

Uma vez concluído o processo de credenciamento, diversas obrigações passam a ser incorporadas à Câmara Arbitral, conforme procuraremos tratar adiante daquelas que consideramos serem as principais.

5.1. Disponibilização de banco de jurisprudência

A obrigação de disponibilização de banco de jurisprudência, *acessível ao público*, encerra uma das novidades mais interessantes, e controversas sob o prisma operacional, da nova Convenção de Arbitragem da CCEE.

A Convenção de Arbitragem anterior estabelecia que os extratos da sentença arbitral deveriam ser disponibilizados aos árbitros do Tribunal Arbitral e aos signatários da convenção[21].

A nova Convenção de Arbitragem trouxe promissora novidade ao prescrever que as ementas das sentenças definitivas deverão ser disponibilizadas no sítio eletrônico da câmara[22]. A inovação deve ser enaltecida por conferir ampla publicidade às ementas. Trata-se de providência que trará maior previsibilidade sobre o entendimento dos tribunais arbitrais acerca de disputas muitas vezes complexas, e recorrentes, no segmento de comercialização de energia elétrica. Contudo, não está claro ainda se (i) a CCEE será a administradora central deste repositório de ementas; e (ii) se a CCEE, ou cada câmara, será a responsável pela uniformização dos parâmetros para divulgação dos precedentes.[23] É certo, no entanto, que já há um modelo de ementa da sentença arbitral adotado pela CCEE, o que contribui para os esforços de uniformização:

---

21 AGÊNCIA NACIONAL DE ENERGIA ELÉTRICA. Anexo à Resolução Homologatória n. 531, de 7 de agosto de 2007. Disponível em: https://www2.aneel.gov.br/cedoc/reh2007531.pdf. Acesso em 17.01.2024:

"CLÁUSULA 16 - A Câmara disponibilizará aos árbitros do Tribunal Arbitral os extratos de sentenças já proferidas decorrentes desta CONVENÇÃO, que poderão ser consideradas para efeito meramente orientativo.

(...)

CLÁUSULA 19 - Caberá à Câmara divulgar o extrato da sentença arbitral a todos os SIGNATÁRIOS, exceto aqueles que tenham sido parte no procedimento arbitral, no prazo de 5 (cinco) dias contados da data em que foi proferida, observado o disposto na CLÁUSULA 18".

22 " CLÁUSULA 16. As Câmaras de Arbitragem homologadas deverão, no prazo de até 15 (quinze) dias após a data na qual forem disponibilizadas às PARTES a decisão arbitral definitiva, disponibilizar em seus respectivos sítios eletrônicos o ementário de todas as sentenças proferidas em decorrência desta CONVENÇÃO.

Parágrafo único. O extrato deve conter entendimento sobre o tema litigioso, contendo elementos mínimos e sintéticos, omitindo dados pessoais e comerciais das respectivas partes, devendo ser considerado para fins meramente informativos".

23 Divergências surgirão acerca dos critérios para a parametrização das informações essenciais sobre o caso. Em relação ao tema central da sentença, uma única palavra-chave seria suficiente para uma classificação adequada? Haverá limitação de caracteres para a exposição da tese, do dispositivo da sentença e da norma que a fundamentou?

ANEXO I – MODELO DE EMENTA DE SENTENÇA ARBITRAL

<NÚMERO DA SENTENÇA>

<TEMA CENTRAL DA SENTENÇA (PALAVRAS-CHAVE)>

<Em poucas linhas, sintetizar a tese e o dispositivo da sentença, citando a norma jurídica que fundamentou tal decisão>

<Data da decisão MM/AAAA>

Fonte: Anexo I da Convenção de Arbitragem

5.2. Responsabilização pelo atendimento de todos os dispositivos e prazos previstos na Convenção Arbitral, Convenção de Comercialização e regulamentos aplicáveis

O acatamento dos dispositivos e prazos assinalados nestes documentos, e demais normas e regulamentos aplicáveis, soa intuitivo. De certo modo, a natural familiarização dos árbitros e das secretarias das câmaras arbitrais em temas complexos do setor elétrico, com especial enfoque naqueles concernentes à comercialização de energia elétrica, viabilizará o pleno atendimento à exigência sem maiores dificuldades.

5.3. Obrigação de instituição de processo de mediação no âmbito privado e de forma prévia ao processo arbitral

Embora não seja uma novidade, a obrigação de instituição de mediação previamente ao processo arbitral continuará a trazer desafios[24]. Dentre as indagações que

24 CÂMARA DE COMERCIALIZAÇÃO DE ENERGIA ELÉTRICA, Procedimentos de Arbitragem, Módulo 1: "VII. Responsabilizar-se pelo atendimento de todos os dispositivos e prazos previstos na Convenção Arbitral, Convenção de Comercialização e regulamentos aplicáveis à matéria e à atuação da Câmara Arbitral, bem como à obrigação de instituição de processo de mediação no âmbito privado e de forma prévia ao procedimento arbitral".

exsurgem desta obrigação estão (i) a definição da extensão da obrigação imposta à câmara[25]; e (ii) os efeitos em caso de inobservância.

Na prática, a Convenção de Comercialização,[26] ao obrigar a Câmara Arbitral a instituir processo de mediação de forma prévia ao processo arbitral, acabou por estabelecer uma sistemática de cláusula escalonada do tipo *med/arb*.

5.3.1. A cláusula escalonada

As cláusulas escalonadas são aquelas que combinam uma ou mais formas de resolução de controvérsias, prevendo fases sucessivas para a solução do conflito.

As cláusulas escalonadas mais comuns são aquelas denominadas *arb/med* (arbitragem-mediação) e *med/arb* (mediação-arbitragem). Pela cláusula *arb/med*, primeiro se instaura o processo arbitral, seguido de um meio consensual (mediação). Ou seja, iniciada a arbitragem, o processo poderá vir a ser suspenso para que, dentro de determinado prazo previamente estipulado, as partes tentem se conciliar.

Pela cláusula *med/arb* ocorre o inverso. As partes submetem suas controvérsias primeiramente à mediação, seguida da arbitragem, na hipótese de não terem chegado ao acordo total acerca da controvérsia. Essa foi a solução adotada no âmbito da comercialização de energia elétrica.

Esse modelo adotado pelo setor elétrico confirma a sua busca pela adoção de meios adequados para solucionar seus conflitos. Até porque, ninguém melhor do que as próprias partes para conhecerem detalhes do litígio e, com base nesse conhecimento, chegarem a uma composição que seja efetivamente justa e razoável para elas.

5.3.2. Os efeitos jurídicos da cláusula escalonada

A imposição de instauração de processo de mediação prévio à arbitragem pode ser de difícil aplicação prática, porque uma solução amigável pressupõe que todas as partes envolvidas estejam dispostas a buscá-la. Contudo, não podemos ignorar que a adesão à convenção arbitral deve produzir os efeitos desejados.[27] Em outros

---

25 Qual a natureza da determinação dirigida à câmara no sentido de *instituir* o processo de mediação? A mera oferta do processo de mediação às partes, previamente ao processo arbitral, seria suficiente? Nos parece que esta deveria ser a correta acepção desta prescrição.

26 "Art. 45. Fica obrigada a Câmara de Arbitragem a instituir processo de mediação com o objetivo de promover, no âmbito privado e de forma prévia ao procedimento arbitral, uma solução amigável de Conflitos".

27 RIBEIRO, Diogo Albaneze Gomes. Arbitragem no setor de comercialização de energia elétrica *in Revista de Direito Administrativo Contemporâneo*, São Paulo: Editora Revista dos Tribunais, 2015, ano 3, vol. 21, p. 83-94.

termos, a "cláusula de mediação não é mera alegoria contratual e seu cumprimento é mandatório e sendo assim, sua inobservância tem implicações no campo contratual, nos termos do regime jurídico do descumprimento das obrigações"[28]

As partes não podem, de fato, ser obrigadas a mediar, mas podem (caso assim tenham consentido previamente) ser compelidas a participar de uma reunião inicial de mediação, sob pena de serem sancionadas, como veremos no item seguinte.[29]

Essa consequência decorre do fato de que se tem entendido a cláusula *med/arb* como tendo natureza arbitral, "possuindo efeitos processuais vinculantes, inclusive no que se refere à etapa da mediação, desde que esse efeito esteja efetivamente previsto na redação da cláusula e/ou nas regras procedimentais da entidade arbitral, constando a participação na mediação (entendida como a presença das partes à primeira reunião) como pressuposto prévio procedimental ao processo arbitral"[30].

5.3.3. Consequências pela inobservância do processo de mediação

Fazendo uma análise tanto do direito alemão quanto do direito inglês, Paula Costa e Silva identifica que, enquanto na Alemanha o não cumprimento da fase de mediação prévia impede o acesso imediato aos tribunais, a Inglaterra criou penalidades financeiras relacionadas às custas do processo para a parte que descumprir esta fase prévia.[31]

No âmbito da comercialização de energia elétrica, além de a não observância do processo de mediação corresponder a um descumprimento expresso da Convenção de Comercialização, cabe saber se tal fato poderia ocasionar efeitos processuais. Mais especificamente: poderia o árbitro, por exemplo, condicionar a instauração do processo arbitral à realização prévia do processo de mediação?

Francisco José Cahali, ao analisar situação análogo, destaca o seguinte:

> "Polêmica a questão, inclusive além das nossas fronteiras, parece que o cenário atual onde se busca prestigiar cada vez mais os meios amistosos de solução de conflitos (v.g., a previsão contida na Res. CNJ 125/2010, e o Projeto do novo Código de processo Civil, analisados respectivamente, nos Capítulos 2 e 3), a tendência

---

28 LEVY, Fernanda Rocha Lourenço. Cláusulas escalonadas. São Paulo: Saraiva, 2013, p. 253.

29 RIBEIRO, Diogo Albaneze Gomes. Arbitragem no setor de comercialização de energia elétrica *in Revista de Direito Administrativo Contemporâneo*, São Paulo: Editora Revista dos Tribunais, 2015, ano 3, vol. 21, p. 83-94.

30 LEVY, Fernanda Rocha Lourenço. Cláusulas escalonadas. São Paulo: Saraiva, 2013, p. 215.

31 A nova face da justiça: os meios extrajudiciais de resolução de controvérsias: relatório sobre conteúdo, programa e método de ensino, Portugal: Lisboa, Coimbra Ed, 2009, p. 49.

> será considerar impedido o acesso à arbitragem enquanto não cumprida a etapa voluntariamente eleita pelas partes. Porém, registre-se que mesmo neste contexto, para eventuais medidas de urgência, certamente estarão abertas as portas do Judiciário para garantir eventual direito da parte, com jurisdição nos limites da tutela cautelar pretendida, como se admite previamente a instauração da arbitragem em qualquer situação."[32]

Como se pode observar, para além da configuração de um descumprimento expresso à Convenção de Comercialização, há aspectos processuais relevantes decorrentes da não observância do sistema multietapas.

5.4. Avaliação e recebimento das garantias financeiras eventualmente apresentadas pelas partes quando determinadas pelo Tribunal Arbitral

Outra obrigação relevante imposta às Câmaras Arbitrais se refere à tarefa de avaliar e receber garantias financeiras, quando determinada pelo Tribunal Arbitral.

De acordo com o parágrafo 2° da cláusula 3ª da Convenção de Arbitragem, na eventualidade de a operacionalização da decisão impactar outros agentes, a CCEE poderá informar ao Tribunal Arbitral, solicitando a prestação de garantia idônea no valor integral da exposição[33].

Ocorre que a avaliação e o recebimento da garantia ficarão a cargo da Câmara Arbitral. Esta situação é capaz de ensejar dúvidas acerca (i) da validade da garantia apresentada; e (ii) da sua suficiência frente ao valor integral da exposição.

Especificamente em relação ao montante da garantia necessária para cobertura integral da exposição financeira, quer parecer que o procedimento adequado seria a própria CCEE informar expressamente o montante da garantia ao Tribunal Arbitral, para que a Câmara Arbitral avalie e adote as providências cabíveis. Este fluxo procedimental, no entanto, ainda poderá suscitar incertezas, caso, por exemplo, seja prestada garantia em modalidade não usual.

Adicionalmente, a aferição da extensão da garantia financeira necessária para salvaguardar a operacionalização da decisão pode ser passível de questionamentos.

---

32 CAHALI, Francisco José. Curso de arbitragem. 2ª ed. Revisada, atualizada e ampliada. São Paulo: Revista dos Tribunais, 2012, p. 129.

33 "Parágrafo 2º. Na hipótese de ser verificado que a operacionalização da decisão proferida pelo Tribunal Arbitral impactará outros agentes, a CCEE poderá informar tal situação ao Tribunal Arbitral requerendo efetiva prestação de garantia idônea no valor integral da exposição".

Com efeito, considerando-se a sistemática atualmente vigente[34] de ajuste no volume de contratos de energia em caso de não aporte de garantias financeiras, há de avaliar, caso a caso, se a efetivação da decisão arbitral poderá impactar terceiros ou se o risco será meramente bilateral, restrito às partes do processo arbitral.

5.5. Manutenção de lista atualizada de árbitros tecnicamente qualificados e conhecedores do setor elétrico brasileiro

Há um movimento notável de fomento à diversidade no corpo de árbitros que compõem as listas das instituições de arbitragem. Especificamente em relação àqueles com qualificação e expertise no setor elétrico, embora existam diversos profissionais no país, é salutar que haja a ampliação deste rol, com a disseminação de conhecimento, formação e capacitação de novos árbitros. Há inclusive iniciativas louváveis para a promoção de diversidade e inclusão de gênero que poderiam ser incorporadas de forma regular pelas câmaras arbitrais[35].

34 AGÊNCIA NACIONAL DE ENERGIA ELÉTRICA, Resolução Normativa n. 957, de 7 de dezembro de 2021. Disponível em: https://www2.aneel.gov.br/cedoc/ren2021957.pdf. Acesso em 15.01.2024.

" Art. 104. A cada ciclo de contabilização e liquidação financeira do MCP, a CCEE deverá verificar a condição potencial de inadimplência de cada agente vendedor ou cedente, em termos de garantias financeiras constituídas, observado o disposto no inciso II do art. 102, para fins de efetivação de registros validados de seus contratos de venda.

§ 1º Para os fins dispostos neste Capítulo, considera-se agente vendedor o agente da CCEE que efetue registro de venda de montantes de energia elétrica nos sistemas da CCEE, assim como de cessão de montantes.

§ 2º A verificação de que trata o caput deverá ser realizada após o encerramento do prazo para aumento do limite operacional ou constituição de garantias avulsas, assim como deverá considerar os dados de medição advindos do SCDE para o mês de referência.

Art. 105. A CCEE deve promover a efetivação dos registros de montantes de energia elétrica validados pelas contrapartes apenas quando suportados por garantias financeiras, montantes de geração medidos ou por outros montantes de compra já registrados e validados.

§ 1º Para a efetivação a que alude o caput, caso o agente vendedor ou cedente não constitua garantias financeiras para o mês de referência, a CCEE deverá promover ajuste nos volumes de energia elétrica associados a seus contratos de venda ou cessão validados pela parte compradora ou cessionária, de modo a compatibilizar a exposição financeira negativa apurada com os recursos financeiros aportados pelo agente vendedor ou cedente para honrar suas obrigações no âmbito da liquidação financeira do MCP, conforme disposto no art. 106.

35 A propósito, o movimento "Sim, elas existem". https://www.linkedin.com/company/sim-elas-existem/about/.

5.6. Reembolso das despesas suportadas pela CCEE para auxiliar na promoção de treinamento para os árbitros

Até mesmo como mecanismo de ampliar o rol de árbitros tecnicamente qualificados, está sendo incentivada e difundida a realização de treinamentos de árbitros pela CCEE. Para tanto, incumbe à Câmara Arbitral formalizar esta solicitação, o que de acordo com a CCEE, até o momento de elaboração do presente trabalho, não havia ocorrido. Naturalmente, a Câmara Arbitral deve assumir a obrigação de reembolso das despesas incorridas para a consecução deste treinamento. Trata-se inovação extremamente interessante, considerando que a CCEE possui experiência na coordenação de treinamentos sobre o setor elétrico, inclusive para o Poder Judiciário[36].

5.7. Envio trimestral, ou em prazo menor quando requerido pela CCEE, de relatório gerencial e confidencial sobre processos arbitrais geridos

A obrigação do envio de relatório gerencial sobre os processos arbitrais administrados pela Câmara Arbitral vem sendo corretamente flexibilizada. Isso porque, pelas informações fornecidas pela CCEE, não houve até o momento de elaboração do presente trabalho a divulgação da instauração de processos arbitrais pelas novas câmaras homologadas. Logo, não há sentido lógico na obrigação de envio de relatórios gerenciais desprovidos de qualquer dado, por mero capricho burocrático. Definiu-se, assim, que esta obrigação somente se iniciará após o primeiro processo arbitral instaurado pela nova câmara arbitral.

5.8. Atendimento eficiente e especializado à CCEE e aos signatários da Convenção Arbitral

Por fim, a prestação de serviço eficiente e especializado consubstancia premissa indissociável da homologação e da manutenção da condição de câmara credenciada pela CCEE. Não haveria justificativa para que fosse mantida nos quadros de entidades credenciadas uma câmara incapaz de prover atendimento minimamente eficiente e especializado à CCEE e aos signatários da Convenção Arbitral.

Examinandos os requisitos para a homologação e credenciamento de novas câmaras, cumpre investigar os aspectos correlacionados à avaliação e deliberação pela CCEE.

36 https://www.ccee.org.br/documents/80415/919507/Ata_591_reuni%C3%A3o_cad_site_21_05_2012%20.pdf/3ad6fbf9-3475-2bdc-2233-e63bdd751712. Acesso em 12.01.2024.

6. MANUTENÇÃO E DESCREDENCIAMENTO

Uma vez efetivado o credenciamento e homologação da câmara arbitral inicia-se a responsabilidade diuturna de apresentar imediatamente à CCEE quaisquer elementos ou documentos que ocasionem a atualização ou alteração das condições de obediência aos requisitos para a sua manutenção como câmara credenciada.

E é neste contexto que se inserem as hipóteses de descredenciamento. Há a expressa previsão de que ao Conselho de Administração compete promover o descredenciamento das câmaras arbitrais. E em apenas três hipóteses (i) em caso de notório descumprimento das condições previstas na seção 2 ("Requisitos para Homologação e Credenciamento") do Módulo 1 de Procedimentos de Arbitragem; (ii) mediante provocação dos agentes, quando constatado o não atendimento dos requisitos previstos no mesmo módulo; e (iii) mediante solicitação da própria Câmara Arbitral credenciada, da CCEE ou dos agentes, com antecedência de trinta dias.

Algumas reflexões decorrem da avaliação destas hipóteses de descredenciamento.

Em primeiro lugar, a delimitação do que configuraria o *notório descumprimento* aos requisitos declinados na Seção 2. O caráter aberto da regra pode eventualmente dar margem a interpretações mais comedidas ou mais elásticas em relação ao efetivo desrespeito aos encargos confiados à câmara arbitral, a ponto de justificar, ou não, o seu descredenciamento.

Eventuais deslizes procedimentais, como por exemplo o lapso para o envio tempestivo do relatório gerencial de processos arbitrais, seriam suficientes para aplicar a punição? Qual referencial, nesta hipótese específica, deveria ser razoável? Seria adequada uma definição objetiva do que configuraria reiteradas transgressões? Estas serão questões a serem disciplinadas na prática pela CCEE.

A provocação de agentes, solicitando o descredenciamento da câmara, ensejará a instauração de processo público, acessível a todos os associados da CCEE? Pondere-se a hipótese de um agente insatisfeito com o desfecho de determinado processo arbitral (ou até mesmo da decisão proferida em mais de um) com intenções de retaliar a Câmara Arbitral. Nesta hipótese, haverá alguma punição para o agente que, de modo infundado, provocar a CCEE para instauração de processo de descredenciamento da câmara arbitral?

Note-se que a segunda hipótese de descredenciamento ostenta alcance ainda mais amplo do que a primeira, haja vista a referência à infração de qualquer requisito previsto no documento.

E embora não conste expressamente no Módulo 1, deve-se avaliar se eventual violação da obrigação de envio de cópia do requerimento de arbitragem a todos os associados da CCEE[37] poderia ocasionar o descredenciamento da Câmara Arbitral. Esta reflexão afigura-se ainda mais pertinente tendo em vista a absoluta inviabilidade operacional do envio da cópia do requerimento a cada um dos mais de quinze mil associados da CCEE. É essencial, portanto, a adoção de um procedimento que seja efetivamente exequível, tal como a expedição de comunicado formal na área de acesso restrita aos associados da CCEE.

Adicionalmente, pelas regras atualmente vigentes, a decisão de descredenciamento poderá ser desafiada pela interposição de pedido de reconsideração ao próprio Conselho de Administração. O prazo aplicável é o mesmo: pelos agentes, em até cinco dias úteis, contados do primeiro dia útil após a publicação da ata da reunião do Conselho de Administração no site da CCEE. Ou pela Câmara Arbitral requerente, no prazo de até cinco dias úteis, contados da data da confirmação do recebimento da comunicação da CCEE. Há aqui outra problemática. Recentemente foram aprovadas as regras para a nova governança corporativa da CCEE[38][39].

---

37 CLÁUSULA 14. Ao receber o requerimento de arbitragem, e mantendo a confidencialidade de informações, quando requerido expressamente pelo Agente, a Câmara de Arbitragem enviará a todos os SIGNATÁRIOS cópia do requerimento de arbitragem, no prazo de 10 (dez) dias úteis a contar de seu recebimento, para que os interessados, no prazo de 5 (cinco) dias úteis a contar de seu recebimento, manifestem a intenção de integrar um dos polos da relação arbitral.

Parágrafo único. A CCEE deverá manter junto à Câmara a relação atualizada dos SIGNATÁRIOS, com respectivos endereços e representante credenciado.

38 PRESIDÊNCIA DA REPÚBLICA, Decreto n. 11.835, de 20 de dezembro de 2023, que alterou o Decreto n. 5.177, de 12 de agosto de 2004:

"Art. 7º A CCEE será constituída pelos seguintes órgãos: Assembleia Geral, Conselho de Administração, Conselho Fiscal e Diretoria, cada qual com as atribuições previstas neste Decreto, em regulação da ANEEL e no estatuto social da Câmara.

(...)

Art. 9º O Conselho de Administração será responsável por acompanhar e orientar o planejamento estratégico da CCEE, com a atribuição de definir as diretrizes de planejamento orçamentário e de deliberar sobre as propostas orçamentárias apresentadas pela Diretoria, dentre outras definidas em seu estatuto social.

§ 1º O Conselho de Administração será integrado por oito membros, eleitos em Assembleia Geral, com mandatos de dois anos, não coincidentes, permitidas duas reconduções, e indicados, em conjunto com os respectivos suplentes, da seguinte forma:

I - o Presidente será indicado pelo Ministério de Minas e Energia;

II - quatro membros serão indicados pelos agentes das categorias de geração, de distribuição, de comercialização e de consumo, sendo um membro por categoria; e

III - três membros serão indicados pelo Ministério de Minas e Energia.

§ 1º-A O Presidente do Conselho de Administração terá o voto de qualidade nos casos de empate nas deliberações.

§ 1º-B O Conselho de Administração poderá ser composto, no máximo, por trinta por cento de membros da Diretoria, hipótese em que acumularão os cargos e deverão optar por uma das remunerações".

39 AGÊNCIA NACIONAL DE ENERGIA ELÉTRICA. Disponível em: https://www2.aneel.gov.br/aplicacoes_liferay/noticias_area/dsp_detalheNoticia.cfm?idNoticia=14400&idAreaNoticia=425. Acesso em 16.04.2024:

Em decorrência da reformulação dessa estrutura de governança, será necessária a adequação das regras sobre o credenciamento e homologação de câmaras arbitrais (hoje sob deliberação do Conselho de Administração e que deveriam passar a ser da Diretoria da CCEE).

É de se refletir ainda a possibilidade de eventual conflito de interesses nos casos de prolação de decisões e sentenças arbitrais contrárias à CCEE por uma mesma câmara. Nestes casos, seria recomendável a elaboração de estruturas para salvaguardar a própria CCEE (*chinese wall*) em caso de descredenciamento da mesma câmara, justamente para blindar a CCEE contra possíveis questionamentos acerca da presença de conflito de interesses.

6.1. Efeitos do descredenciamento

Finalmente, há a previsão de que o descredenciamento de uma câmara arbitral não obstaria a sua utilização, caso formalmente escolhida pelos agentes. Cabe indagar aqui qual seria o momento específico da definição da escolha da Câmara Arbitral. Seria a data do contrato firmado, no caso em que há cláusula compromissória cheia? Nos casos de cláusula arbitral vazia, o momento seria a formalização do Termo de Arbitragem?

São provocações importantes e que podem ocasionar implicações práticas relevantes.

CONCLUSÕES

A nova Convenção de Arbitragem da CCEE foi amplamente saudada pela inovação trazida no sentido de permitir o multicameralismo para a resolução de disputas de seus associados. As diretrizes de credenciamento e homologação das novas câmaras mostram-se afinadas com os regramentos já utilizados pelas Procuradorias

---

"1. Processo: 48500.000100/2024-15

Assunto: Resultado da Consulta Pública nº 5/2024, instituída com vistas a colher subsídios e informações adicionais para a regulamentação decorrente do Decreto nº 11.835/2023, que altera a governança da Câmara de Comercialização de Energia Elétrica – CCEE.

(...)

Decisão: A Diretoria, por unanimidade, decidiu: (i) alterar a Resolução Normativa nº 957/2021 e a Resolução Normativa nº 1.009/2022; (ii) aprovar as revisões dos Módulos 11, 18 e 20 das Regras de Comercialização; e (iii) aprovar as revisões dos Submódulos 1.3 e 7.1 dos Procedimentos de Comercialização.

(...)

Ato(s) Administrativo(s):Resolução Normativa nº 1.087/2024".

Gerais dos Estados do Rio de Janeiro e de São Paulo, bem como pela Advocacia Geral da União.

É certo, no entanto, a profusão de temas que ainda carecem de regulamentação mais detalhada. O presente trabalho busca, nesse sentido, fomentar os debates e contribuir para a reflexão sobre tais questões. Como se pode concluir dos pontos analisados no presente artigo, há ainda espaço para o refinamento das regras e das práticas para a administração de processos arbitrais, tanto pela CCEE quanto pelas câmaras arbitrais. Cabe à comunidade arbitral, especialmente a atuante no setor elétrico, participar destes trabalhos.

4. A POSSIBILIDADE DE SER EXIGIDA GARANTIA NAS ARBITRAGENS SUJEITAS À CONVENÇÃO DE ARBITRAGEM DA CCEE

Rafael Villar Gagliardi
Maúra C. Guerra Polidoro

1. INTRODUÇÃO

O objetivo deste artigo consiste em, sem pretender exauriente o tema, traçar um panorama da nova previsão constante da Convenção de Arbitragem da CCEE que estabelece a possibilidade de os tribunais arbitrais exigirem a *"prestação de garantia idônea no valor integral da exposição"* nas hipóteses em que a operacionalização da decisão arbitral afetará outros agentes do mercado.

A relevância do tema reside no fato de que a arbitragem segue, essencialmente, desempenhando o papel de forma principal de solução de disputas no setor, altamente regulado, dependente de pesados investimentos e com um número crescente de agentes.

O uso da arbitragem tem lugar de destaque em grande parte das atividades típicas do setor elétrico, seja no âmbito das operações realizadas pela CCEE, seja no âmbito dos contratos firmados dos ambientes livre e regulado. Tem, ainda, papel primordial nas contratações que gravitam em torno das atividades do setor, como é o caso dos grandes contratos de implantação dos empreendimentos de geração e transmissão ou, ainda, nos grandes contratos de fornecimento de equipamentos para tais empreendimentos.

Descortina-se, assim, um sem-número de relações jurídicas, estabelecidas por um número crescente de agentes e num ambiente de elevada complexidade técnica e normativa, nos quais o fio condutor deita raízes na temática da energia, cujas especificidades justificam o estudo da arbitragem nesse campo e, portanto, também a escolha do tema em questão

Esse emaranhado de relações contratuais e regulatórias fornece o pano de fundo para essa que é uma das grandes inovações da Convenção de Arbitragem da CCEE. O texto vigente enfatiza o efeito interpartes das decisões arbitrais em geral[1], impondo à CCEE a obrigação de operacionalizar o cumprimento dessas decisões "*observados os limites [nela] definidos*"[2]. Expandindo a tutela da autonomia privada e os limites subjetivos da disputa, a previsão atual estabelece a possibilidade de a CCEE dar conta ao Tribunal Arbitral de que operacionalizar o cumprimento de dada decisão impactará terceiros e "*requerer a efetiva prestação de garantia idônea no valor integral da exposição*"[3].

Com isso, pretende-se mitigar os riscos de decisões arbitrais atingirem outros agentes alheios à disputa, numa ultratividade da autoridade jurisdicional que, se por um lado é efeito colateral do já mencionado emaranhado de relações, de outro compromete a segurança das operações no Mercado de Curto Prazo. Sendo essa circunstância inevitável, tem lugar a exigência de garantia idônea para fazer frente a esses impactos.

Ao mesmo tempo, o regramento suscita importantes questões e fomenta possíveis novos focos de litigiosidade especificamente em torno do pedido de prestação de garantia e da decisão que o apreciar. Por isso, é relevante o presente artigo.

2. CONTEXTUALIZAÇÃO HISTÓRICA DO ATUAL MODELO DE COMERCIALIZAÇÃO DE ENERGIA ELÉTRICA

A história recente do setor elétrico brasileiro pode ser recontada a partir da década de 1990, quando o intervencionismo intenso passa a dar claros sinais de esgotamento pela falta de capacidade estatal de manutenção dos investimentos mínimos necessários. Essa incapacidade tornou-se mais aguda dadas as dificuldades

1 Cláusula 3, *caput*, da Convenção Vigente.
2 Cláusula 3, §1º, da Convenção Vigente.
3 Cláusula 3, 21º, da Convenção Vigente.

de obtenção de financiamento e as sucessivas crises econômicas motivadas por fatores internos e externos[4].

Segue-se, então, a criação do Projeto de Reestruturação do Setor Elétrico, para determinar a nova concepção do modelo do mercado de energia. Desse esforço nasceria, por força da Lei Federal 9.427/1996, a Agência Nacional de Energia Elétrica ("ANEEL"), para regular e fiscalizar o setor. O Estado passava de ator principal a mero regulador dos serviços públicos de energia.

Surgem as iniciativas para introdução da competição no ambiente de comercialização de energia[5], ensejando a desverticalização das atividades de energia[6]. Como parte desse mesmo movimento, são criadas diversas entidades relevantes para tornar viável e minimamente segura essa atividade: o Mercado Atacadista de Energia ("MAE"), a quem caberia operacionalizar a comercialização de energia; e o

4 "O Brasil teve, após a segunda crise do petróleo de 1979, dificuldades cada vez maiores com sua balança de pagamentos, além de necessidades consideráveis de investimento para completar a infraestrutura e planos de desenvolvimento dos anos de 1970. As vigorosas taxas de crescimento que o país apresentou nessa década começaram a cair. A explosão na taxa de juros norte-americana levou a uma grave crise de nossa dívida externa e afetou fortemente o financiamento do setor elétrico. De um lado, como o país apresentava um crescimento econômico débil, os mercados elétricos planejados não se realizavam, ocasionando sobras de energia e receitas menores que as previstas. Por outro lado, nos anos de 1980, no plano interno de funcionamento do setor, a política tarifária constituiu-se no mais grave dos problemas, visto que os preços da eletricidade eram sistematicamente contidos em nome do combate à inflação. Como consequência houve a queda da remuneração média do setor, que ficou muito abaixo da remuneração legal1 permitida pelo "serviço pelo custo". A essa situação juntou-se o uso das empresas elétricas estatais como instrumento de cobertura de déficits da balança de pagamentos, obrigando-as a captar recursos no exterior para a cobertura das altas faturas da "conta petróleo", provocadas pela crise de 1979" (GOLDENBERG, José; PRADO, Luiz Tadeu Siqueira. Reforma e crise do setor elétrico no período FHC. *Tempo social*, v. 15, 2003, p. 222).

5 "O MAE, como proposto pela Coopers & Lybrand, irá substituir o antigo sistema de comando regulatório na fixação das tarifas e dos termos dos contratos de energia elétrica existentes. O MAE será o foro para a fixação de um preço de referência para a energia vendida através de contratos bilaterais entre gencos e empresas distribuidoras ou relacionados a um IPP e seus consumidores livres. O MAE irá também estabelecer um preço à vista da energia que irá refletir o custo adicional de curto prazo da geração de energia marginal; esse preço à vista será determinado pelas empresas de serviços públicos e o regulamentador. O preço à vista irá refletir apenas os custos de geração, com o pagamento em separado dos custos de transmissão pela empresa de distribuição" (FERREIRA, Carlos Kawall Leal. *Privatização do setor elétrico no Brasil.* 2000. p. 199). Vide também GAGLIARDI, Rafael Villar, HATEKEYAMA, Oscar e GUZZO, Laura Isabelle. *Arbitragem no setor elétrico. In* VENOSA, Sílvio de Salvo, GAGLIARDI, Rafael Villar e TABET, Caio. *Tratado de Arbitragem.* São Paulo: Foco, 2023, p. 768-769.

6 Separação entre as atividades de geração e transmissão das atividades de distribuição e o incentivo à prestação dos serviços de energia por meio da iniciativa privada. Vide GAGLIARDI, Rafael Villar, HATEKEYAMA, Oscar e GUZZO, Laura Isabelle. *Arbitragem no setor elétrico. In* VENOSA, Sílvio de Salvo, GAGLIARDI, Rafael Villar e TABET, Caio. *Tratado de Arbitragem.* São Paulo: Foco, 2023, p. 769.

Operador Nacional do Sistema ("ONS")[7], responsável por coordenar e controlar a operação de geração e transmissão de energia elétrica nos sistemas interligados.

O passo seguinte consistiu na concepção do "Novíssimo Modelo do Setor Elétrico"[8], fundado na (i) expansão da oferta de energia; (ii) modicidade tarifária; e (iii) universalização do serviço público de energia. A essa altura, já se cristalizava a partição do setor elétrico geração, transmissão, distribuição e comercialização e a Câmara de Comercialização de Energia Elétrica ("CCEE") sucedia o MAE na missão de viabilizar a última dessas atividades.

Estabeleceu-se, além disso, os dois ambientes para contratação hoje conhecidos, a saber, o Ambiente de Contratação Livre ("ACL") e o Ambiente de Contratação Regulado ("ACR"). Este, destinado à livre contratação, pelo mercado, dos montantes para suprir a própria demanda. Aquele, dedicado à demanda de distribuidoras, atendida via leilões organizados pela ANEEL. As sobras da operação em ambos os ambientes passaram a ser liquidadas no Mercado de Curto Prazo ("MCP") ou mercado de diferenças, gerido pela CCEE.

A Convenção de Arbitragem da CCEE estabelece um sistema robusto para resolver disputas no contexto da comercialização de energia, posicionando-se como ponto de intersecção entre um mecanismo eminentemente individual, lastrado na autonomia privada, e um sistema de atividades essencialmente interligado de comercialização de energia.

3. A NECESSIDADE DE REGISTRO DOS CONTRATOS NA CCEE

Dentro desse universo complexo da compra e venda de energia, ocorre uma divisão entre a realidade física, que diz respeito à geração e distribuição efetiva de energia, e a realidade contábil, que envolve o registro e liquidação das transações relacionadas a essa energia.

A inviabilidade de armazenamento de energia uma vez gerada, com a necessidade de consumo de todo o volume despejado nos sistemas de transmissão e distribuição, aliadas à necessidade de remuneração de toda operação e preservando um mercado de soma zero, torna a interação entre uma e outra realidade particularmente trabalhoso.

Para garantir a integridade do sistema contábil, todos os contratos de compra e venda de energia elétrica, sejam eles contratos no ACL ou no ACR, devem ser

7 Precedido pelo Grupo Coordenador das Operações Interligadas ("GCOI"), criado pela Lei 5.899/1973 com a finalidade de coordenar a operação dos sistemas interligados das Regiões Sudeste e Sul.

8 Essencialmente implementado por meio das Leis Federais nº10.847/2004 e 10.848/2004.

devidamente registrados na CCEE. Por meio desse registro e das constantes medições de consumo, a CCEE é capaz de apurar a posição de cada agente no mercado.

As discrepâncias entre a energia contratada e a energia efetivamente consumida são resolvidas no MCP, onde ocorre a liquidação financeira das transações. Esse mercado opera sob o princípio de soma zero, o que significa que toda a energia medida deve ser devidamente paga, garantindo a integridade e estabilidade do sistema como um todo. Para que a soma possa ser sempre zero, a inadimplência no MCP é rateada entre os agentes que sejam credores em cada mês, ressalvado o direito destes de cobrança contra o(s) agente(s) originalmente inadimplentes[9].

A interconexão entre os agentes e transações no mercado de energia faz com que ele se assemelhe a um organismo vivo, onde mudanças ou eventos ocorridos em um ponto podem reverberar e afetar outras partes do sistema.

Exemplo que bem ilustra essa interconexão diz respeito à disputa entre um vendedor "A" e um comprador "B" sobre a existência e/ou eficácia de um dado contrato no ACL. No jargão de mercado, discute-se a "obrigação de registrar" perante a CCEE esse contrato, cujo montante serviu de lastro para que B revendesse a energia a um novo comprador "C". O cancelamento do contrato entre A e B pode impactar C, caso B não tenha em seu portfólio montante de energia para substituir aquele montante representado pelo contrato em disputa.

A convenção de comercialização estabelece as regras e procedimentos que regem as relações entre os agentes do mercado de energia elétrica, incluindo os mecanismos de resolução de disputas, como a arbitragem. A Convenção de Comercialização fornece um quadro jurídico para resolver conflitos que possam surgir no contexto da atividade de comercialização de energia elétrica.

Trata-se de laço setorial necessário para ampliar os horizontes da arbitragem enquanto mecanismo de solução de disputas. Como o mercado opera de forma multilateral, a existência de uma convenção que paire sobre todos os agentes crie um vínculo entre aqueles que não possuem um pacto específico reduz os entraves decorrentes do fundamento negocial da arbitragem.

Nesse contexto, fala-se em impactos a terceiros para referir à possibilidade de decisões arbitrais e as operações na CCEE poderem ter consequências que vão além das partes diretamente envolvidas numa contratação e/ou num litígio. Afinal, uma decisão arbitral que afete a contabilização e liquidação das operações na CCEE pode ter efeitos sobre outros agentes do mercado de energia elétrica, podendo gerar riscos ou custos adicionais.

---

9 Conforme artigo 37, inciso IV, da Convenção de Comercialização aprovada pela Resolução Normativa ANEEL nº. 957/2021.

Vejam-se os artigos 82 e 83 da Convenção de Comercialização. O artigo 82[10] trata da liquidação financeira das operações de compra e venda de energia elétrica realizadas no MCP. Ele estabelece que essa liquidação será feita de forma multilateral, com periodicidade máxima mensal, de acordo com os Procedimentos de Comercialização ("PdCs") específicos. Além disso, ele permite que a CCEE contrate uma instituição financeira para prestar serviços de liquidação financeira e custódia de garantias, proporcionando maior eficiência e segurança ao processo.

Por sua vez, o artigo 83[11] trata da execução das garantias financeiras dos agentes da CCEE que se encontram inadimplentes no processo de liquidação financeira do MCP, incluindo a aplicação de penalidades. O parágrafo 1º estabelece que, caso as garantias financeiras executadas não sejam suficientes para cobrir os compromissos financeiros dos agentes inadimplentes, os demais agentes da CCEE serão responsáveis pelos efeitos dessa inadimplência, na proporção de seus créditos líquidos de operações efetuadas no MCP no mesmo período de contabilização. Os parágrafos 2º e 3º preveem que as penalidades e encargos moratórios vinculados ao não cumprimento das obrigações de liquidação financeira serão estabelecidos em regulamentação da ANEEL e nos PdCs específicos.

Esses artigos destacam a importância da liquidação financeira no MCP e da eficácia da execução das garantias financeiras como mecanismos fundamentais para garantir a integridade e o funcionamento adequado do mercado de energia elétrica, protegendo os interesses dos agentes e assegurando o cumprimento das obrigações estabelecidas nos contratos de comercialização.

A característica dinâmica e interconectada da atividade de comercialização de energia enfatiza a relevância do artigo 3º da Convenção de arbitragem da CCEE. Cuida-se da necessidade de a parte de em um litígio fornecer garantia financeira

---

10 "Artigo 82. A Liquidação Financeira das operações de compra e venda de energia elétrica realizadas no âmbito MCP far-se-á de forma multilateral, com periodicidade máxima mensal, conforme Procedimentos de Comercialização específicos.

Parágrafo único. A CCEE poderá contratar instituição financeira para fins de prestação de serviços de Liquidação Financeira e custódia de Garantias Financeiras".

11 "Artigo 83. Serão executadas as garantias financeiras dos agentes da CCEE inadimplentes no processo de Liquidação Financeira do MCP, incluindo penalidades.

§ 1º Caso as Garantias Financeiras executadas não sejam suficientes para a cobertura dos compromissos financeiros dos agentes inadimplentes, os demais Agentes da CCEE responderão pelos efeitos de tal inadimplência, na proporção de seus créditos líquidos de operações efetuadas no MCP no mesmo período de Contabilização.

§ 2º As penalidades vinculadas ao não cumprimento das obrigações relativas à liquidação financeira serão estabelecidas em regulação da ANEEL, e em Regras e Procedimentos de Comercialização específicos.

§ 3º Sem prejuízo das Penalidades aplicáveis pela ANEEL, sobre os montantes inadimplidos serão aplicados os encargos moratórios previstos em Procedimentos de Comercialização específicos".

da sua exposição quando beneficiária por decisão arbitral cujo cumprimento pela CCEE cause efeitos sobre terceiros alheios ao litígio.

4. A VONTADE COMO FUNDAMENTO DA ARBITRAGEM E A EFICÁCIA SUBJETIVA DAS DECISÕES ARBITRAIS

Rios de tinta já foram escritos sobre a natureza jurídica da arbitragem, que combina elementos contratuais e jurisdicionais[12]. No ordenamento jurídico brasileiro, o elemento jurisdicional da arbitragem está marcadamente presente, como se depreende dos artigos 18 e 31 da Lei 9.307/1996[13], bem como do artigo 485, VII, Código de Processo Civil[14], pelos quais o legislador pátrio colocou o árbitro e o juiz no mesmo patamar hierárquico.

A cláusula arbitral é um negócio jurídico processual, eis que a vontade manifestada pelas partes produz desde logo efeitos (negativos) em relação ao processo (estatal) e positivos, em relação ao processo arbitral já que, com a cláusula, atribui-se jurisdição aos árbitros). Essa particularidade desse método de resolução de disputas faz com que a jurisdição dos árbitros seja confinada aos limites do acordo de vontades de onde emana a jurisdição dos árbitros.

Mas, se a cláusula compromissória possui efeitos jurisdicionais, não deixa de ser um negócio jurídico, o que é revelado pelo papel preponderante da autonomia da vontade nas questões arbitrais. Em síntese, se a vontade de arbitrar decorre da declaração de vontade nesse sentido, então também a autoridade decorrente dessa declaração está por ela limitada, o que torna imperativo que a decisão dessa autoridade esteja confinada aos mesmos limites.

No caso das disputas relativas às operações de comercialização de energia realizadas no âmbito da CCEE, a opção ocorre quando os agentes, tendo subscrito o Estatuto Social da CCEE, subscrevem também a Convenção Arbitral, que é parte da documentação cuja assinatura é exigida no processo de adesão ao quadro de associados à CCEE. Por meio desse ato, o agente aceita arbitrar as suas disputas decorrentes da atividade de comercialização de energia, ainda que não tenha originalmente

12 "Mesmo pautada no negócio jurídico realizado entre as partes, e sendo dele decorrente, não se pode desenvolver a arbitragem fora de um sistema jurídico, pois este método de solução submete-se à ordem legal existente, embora não controlada inteiramente por este sistema" (CAHALI, Francisco José. *Curso de arbitragem*, 5ª Ed. São Paulo: Revista dos Tribunais, 2015, p. 126).

13 "Artigo 18 - O árbitro é juiz de fato e de direito [...]".

"Artigo 31 - A sentença arbitral produz, entre as partes e seus sucessores, os mesmos efeitos da sentença proferida pelos órgãos do Poder Judiciário e, sendo condenatória, constitui título executivo.

14 "Artigo 485- O juiz não resolverá o mérito quando: [...] VII - acolher a alegação de existência de convenção de arbitragem ou quando o juízo arbitral reconhecer sua competência".

participado da criação da aludida convenção arbitral[15]. Trata-se de um contrato aberto ao qual o agente livre e espontaneamente opta por aderir e ao qual, portanto, fica vinculado.

Assim, o contrato de comercialização de energia com cláusula compromissória é apenas mais um instrumento por meio do qual o agente concorda em resolver disputas por meio de arbitragem[16]. No entanto, essa cláusula não é originária, como seria comum em outras relações contratuais. No contexto da CCEE, os agentes aderem a um mercado específico de energia e a inexistência de cláusula compromissória específica no contrato de compra e venda não exclui, necessariamente, a jurisdição do tribunal arbitral.

Nesse caso, a jurisdição arbitral decorrerá da aceitação e adesão do participante à convenção arbitral quando, observados, contudo, os limites da própria convenção. Vale dizer, nos casos que forem regidos pela convenção de arbitragem da CCEE[17], o acesso à via arbitral dependerá apenas da vigência e eficácia dessa própria convenção. Porém, nos casos em que a convenção arbitral não for aplicável, a ausência de cláusula arbitral será tratada como escolha das partes pela jurisdição estatal.

---

15 Similarmente, Carlos Alberto Carmona reconhece que os acionistas signatários de qualquer ato societário posterior à constituição da companhia estão vinculados à arbitragem quando houver renúncia à competência do juiz togado. (CARMONA, Carlos Alberto. *Arbitragem e processo: um comentário à Lei nº 9.307/96*. 4ª ed. Barueri: Atlas, 2023. p. 111).

16 O uso de Arbitragem pela Administração Pública, sobretudo em setores regulados e de infraestrutura, não é novidade. A possibilidade do uso de arbitragem nos contratos de concessão foi prevista no artigo 23-A da Lei 8.987/1995, que dispõe sobre as concessões de serviços públicos em geral. Também já vinha previsto na legislação setorial de infraestrutura de transporte terrestre (ÁVILA, Natália Resende Andrade; NASCIMENTO, Priscila Cunha do. *A Arbitragem nas concessões federais de infraestrutura de transportes terrestres: uma análise das cláusulas compromissórias*. Concessões e Parcerias Público-Privadas: políticas públicas para provisão de infraestrutura. Brasília: IPEA, 2022, p. 337-367), aquaviário, instituída pelo § 2º, do artigo 62 da Lei 12.815/2013 Lei de Portos, regulamentada pelo Decreto 8.465/2015, no setor de óleo e gás (SCHMIDT, Gustavo da Rocha. *A arbitragem no setor de óleo e gás. Considerações sobre as cláusulas compromissórias inseridas nos contratos de concessão celebrados pela ANP*. Revista de Arbitragem e Mediação, 2016, RArb, v. 50, jul./set. 2016) dentre outros. Especificamente no setor elétrico, a arbitragem vem sendo utilizada desde o início dos anos 2000. A primeira Convenção de Arbitragem da CCEE data de 2007. Foi editada na vigência da Convenção de Comercialização de Energia Elétrica instituída pela ANEEL pela Resolução Normativa nº 109, de 26 de outubro de 2004. Os agentes da CCEE, segundo o artigo 37, inciso VII, são obrigados a aderir à Convenção Arbitral. A Convenção de Comercialização de 2004 foi substituída, nos termos da Resolução Normativa nº 957, de 2021, homologada pela ANEEL em 14 de fevereiro de 2023, por ocasião da 4ª Reunião Pública Ordinária da Diretoria de 2023.

17 A cláusula 1ª da Convenção Arbitral da CCEE regula seu âmbito de aplicação. Estabelece serem arbitráveis os conflitos definidos como tal na Convenção de Comercialização vigente. Estabelece, ainda, não estarem sujeitos a seu regramento aqueles conflitos descritos nos §§1º a 3º da mesma cláusula 1ª. São eles os conflitos meramente bilaterais, sem impactos a terceiros, os conflitos entre agentes e a CCEE e, por fim, disputas pelas quais a CCEE exija valores devidos por agentes ou não agentes.

Também é importante mencionar que se observa uma gradação entre negócios que contêm a presença da heteronomia regulatória mais forte e contratos com a atuação da autonomia privada mais prevalecente. Dentre os contratos com maior heteronomia regulatória, cite-se os Contratos de Comercialização de Energia no Ambiente Regulado ("CCEAR") firmados entre geradoras e distribuidoras no ACR. Os CCEARs decorrem de leilões e suas minutas, portanto, já integram o edital publicado pela ANEEL. No momento da assinatura do contrato, suas cláusulas já estão totalmente estabelecidas pelo poder público.

Outros tipos de contratos que se caracterizam por forte heteronomia regulatória são os contratos de alocação compulsória das cotas de energia homologadas pela ANEEL, provenientes de: (i) Itaipu Binacional; (ii) usinas enquadradas no Programa de Incentivo às Fontes Alternativas de Energia Elétrica – PROINFA; (iii) usinas nucleares de Angra I e II; e (iv) usinas hidrelétricas com concessões prorrogadas por meio de "Cotas de Garantia Física e de Potência". Por meio desses contratos, as distribuidoras dos Subsistemas Sul e Sudeste/Centro-Oeste são obrigadas a adquirir uma determinada cota de energia proveniente dessas fontes.

Mesmo nestes contratos, não há que se falar em assinatura da cláusula compromissória em apartado como estabelece o artigo 4º, §2º, da Lei 9.307/1996, regra esta que serve para os contratos de adesão que contenham cláusula arbitral. Isso porque, como explicado acima, o contrato de comercialização de energia com cláusula compromissória é apenas mais um instrumento por meio do qual o agente concorda em resolver disputas por meio de arbitragem, já tendo as partes explicitamente aceitado e aderido à convenção arbitral da CCEE[18].

No outro lado do espectro, estão os contratos em que prevalece a autonomia privada, que são, por excelência, os contratos bilaterais firmados no ACL entre agentes vendedores (geradores e comercializadores) e compradores (consumidores livres e especiais). Nesse ambiente, as relações comerciais são livremente pactuadas, podendo as partes decidir sobre preço, prazos, volumes, flexibilidade, índices de correção, penalidades etc. Para estes casos já se explicou que a arbitragem não é obrigatória, nos limites do disposto na Cláusula 1º, §1º.

A foz das operações de comercialização, onde desembocam as operações dos ambientes livre regulado é o MPC, onde são liquidadas as diferenças observadas nas

18 "Trata-se de um tema controverso. (...) Entretanto, há outros pontos caracterizadores do contrato de adesão que não se enquadram nas características de um contrato administrativo. Por essa razão, defendemos o entendimento de que os contratos administrativos (pelo menos os contratos de concessão, permissão e aqueles firmados nos termos da Lei 8.666/93 e 12.462/14) não se enquadram no conceito de contrato de adesão, o que afasta, por conseguinte, a regra do §2º do artigo 4º da Lei de Arbitragem [...] os contratos de concessão e permissão firmados (também no setor de energia elétrica) não se caracterizam verdadeiros contratos de adesão". (RIBEIRO, Diogo Albaneze Gomes. *Arbitragem no setor de energia elétrica.* São Paulo: Almedina, 2017. p.183).

transações realizadas nos dois ambientes. Nessa foz é que a interconexão entre os agentes do mercado se faz sentir em sua expressão máxima. É aí que se materializam os efeitos do mecanismo de rateio de inadimplência[19] e de outros instrumentos de mitigação de risco. Não por coincidência, esse é, por excelência, o âmbito de aplicação da Convenção de Arbitragem da CCEE.

Neste ponto, importa tratar da eficácia subjetiva da sentença arbitral. Em termos simples, a cláusula compromissória vincula quem dela seja parte e que, por meio da adesão ao pacto, assume a obrigação de arbitrar suas disputas dele decorrentes, em vez de recorrer aos tribunais judiciais tradicionais. Se a arbitragem exige e pressupõe uma manifestação de vontade, é apenas nos limites objetivos e subjetivos dessa manifestação[20] que a cláusula compromissória – e a sentença que nela busca fundamento – poderão ter eficácia[21].

Neste sentido, uma relevante alteração na Convenção Vigente consiste no reconhecimento expresso de que, a despeito das intrincadas relações que formam o setor elétrico, as decisões proferidas nas arbitragens regidas pelo texto em questão vincularão apenas as partes e seus sucessores[22]. Não sendo admitida a intervenção de quaisquer "terceiros" no procedimento, a sentença será eficaz e vinculante apenas para quem dele tiver participado.

A cláusula 13 da Convenção Arbitral anterior[23], previa que a cópia do requerimento de arbitragem seria enviada a todos os signatários para manifestação de

---

19 Conforme artigo 37, inciso IV, da Convenção de Comercialização aprovada pela Resolução Normativa ANEEL nº. 957/2021.

20 Isso não se confunde com a exigência de participação formal na celebração do pacto arbitral. Admite-se a adesão à cláusula compromissória por conduta, desde que inequívoca. Nesses casos, é comum a referência a uma extensão subjetiva da convenção de arbitragem, expressão que, contudo, tem valor apenas pedagógico. A rigor, tomada a decisão de que uma pessoa não formalmente signatária da convenção a ela aderiu por conduta inequívoca, essa pessoa não será considerada terceira, mas sim parte do negócio jurídico processual. Não há, portanto, extensão da convenção; apenas o correto dimensionamento da sua eficácia subjetiva.

21 Vide DINAMARCO, Cândido Rangel. *A arbitragem na teoria geral do processo.* São Paulo: Malheiros, 2013, p. 47-52 e 201-202; SESTER, Peter Christian. *Comentários à Lei de Arbitragem e à Legislação Extravagante.* São Paulo: Quartier Latin, 2020. p.347-348; e LEÃO, Fernanda de Gouvea e MOURA, Caroline Gomes de. *Comentário ao artigo 31 da Lei de Arbitragem. In* WEBER, Ana Carolina e LEITE, Fabiana Cerqueira (coord.). *Lei de Arbitragem comentada:* Lei nº. 9.307/1996. São Paulo: Revista dos Tribunais, 2023, p. 349. Desta última obra, lê-se: "No caso da sentença arbitral, vale destacar uma fundamentação adicional que reforça a restrição de seus efeitos aos partícipes da arbitragem. Isso porque, por se tratar de procedimento privado e contratualizado, vigora o princípio da autonomia da vontade e da relatividade dos contratos que garantem que a convenção de arbitragem apenas vincule as partes que a celebram".

22 "Cláusula 3º. Nos termos do artigo 31 da Lei de Arbitragem, qualquer decisão e/ou a sentença arbitral a ser proferida durante o curso da arbitragem, somente obrigarão as respectivas partes e seus sucessores."

23 Objeto da Resolução Homologatória Aneel nº. 531/2007.

eventual interesse em integrar a disputa[24], à semelhança do previsto na cláusula 14 da Convenção Arbitral vigente[25]. Contudo, naquele texto ora superado, a omissão do agente precluía a alegação do agente omisso de que, como terceiro, não estaria sujeito aos efeitos da sentença arbitral ou a seus impactos[26].

É nítida a guinada em direção a uma maior bilateralização dos riscos e das consequências da arbitragem, à semelhança do que ocorre com a própria regulação da atividade de comercialização de energia. Nesta também se observa uma tendência de bilateralização do risco de cada transação, a fim de reduzir as chances de impactos a terceiros.

Essa ênfase na bilateralização reflete a tentativa de minimizar as hipóteses de impactos multilaterais e setoriais de vicissitudes localizadas. Ela se reflete também no sistema de comercialização de energia transborda também para o mecanismo típico de solução de disputas do setor, isto é, a arbitragem, por meio dos dispositivos aqui lembrados. Suscita-se, então, a questão dos impactos que o cumprimento de uma decisão arbitral pela CCEE tenha sobre terceiros.

Nesses casos, não previsto o ônus de manifestação do terceiro – cujo descumprimento, lembre-se, implicava a sujeição do terceiro aos efeitos da decisão oriunda de arbitragem alheia -, incumbe buscar saídas pragmáticas. Isso porque, por outro lado, tampouco se pode – *prima facie* – impedir a parte de pleitear uma dada medida liminar pelo simples fato de que poderia, por força da regulação, acabar impactando terceiros.

Se as operações de comercialização de energia no âmbito da CCEE ocorrem em um ecossistema interligado e com efeitos multilaterais, como tutelar os direitos das partes e, ao mesmo tempo, respeitar os limites subjetivos de cada disputa? É neste contexto que se prevê a possibilidade de a CCEE instar o Tribunal Arbitral a exigir a prestação de garantias no âmbito se a decisão que vier a proferir tiverem o condão de impactar terceiros, tema que será aprofundado adiante[27].

---

24 "Cláusula 13 - Ao receber o requerimento de arbitragem, e mantendo a confidencialidade de informações, quando requerido expressamente pelo Agente, a Câmara enviará a todos os signatários cópia do requerimento de arbitragem, no prazo de 10 (dez) dias a contar de seu recebimento, para que os interessados, no prazo de 5 (cinco) dias a contar de seu recebimento, manifestem a intenção de integrar um dos polos da relação arbitral."

25 "Cláusula 14. Ao receber o requerimento de arbitragem, e mantendo a confidencialidade de informações, quando requerido expressamente pelo Agente, a Câmara de Arbitragem enviará a todos os SIGNATÁRIOS cópia do requerimento de arbitragem, no prazo de 10 (dez) dias úteis a contar de seu recebimento, para que os interessados, no prazo de 5 (cinco) dias úteis a contar de seu recebimento, manifestem a intenção de integrar um dos polos da relação arbitral."

26 "Cláusula 13. (...) Parágrafo 1º. Os signatários que não exercerem a prerrogativa prevista no caput desta cláusula não poderão se eximir dos eventuais efeitos da sentença arbitral que sobre eles vier a recair."

27 "Cláusula 3ª (...) Parágrafo 2º: Na hipótese de ser verificado que a operacionalização da decisão proferida pelo Tribunal Arbitral impactará outros agentes, a CCEE poderá informar tal situação ao Tribunal Arbitral requerendo efetiva prestação de garantia idônea no valor integral da exposição".

5. EXIGÊNCIA DE GARANTIA NAS ARBITRAGENS SUJEITAS À CONVENÇÃO DA CCEE

A previsão dessa nova hipótese de garantia poderá suscitar discussões e, em alguma medida, ensejar questões delicadas a serem enfrentadas pelos atores do procedimento arbitral.

Assim, nos subcapítulos a seguir, serão analisadas as situações em que a regra em questão será aplicada, bem como destacados os critérios ou condições exigíveis para que a solicitação de garantia seja formulada pela CCEE e atendida pelo tribunal arbitral competente. Também será avaliado o papel da CCEE na operacionalização e execução das decisões arbitrais, bem como a operação do regramento nas hipóteses em que a CCEE, além de responsável por essa atividade, também atuar como parte na arbitragem.

Será ainda tratadas responsabilidades e competências do tribunal arbitral, incluindo seu papel na análise, determinação e execução das garantias. Ademais, serão discutidos os tipos de garantias que podem ser solicitadas, seus montantes e critérios de idoneidade, abordando as características específicas que devem ser consideradas ao determinar a garantia apropriada.

Por fim, será examinado o papel do Poder Judiciário no contexto da competência estabelecida no artigo 22-A da Lei de Arbitragem, quando da apreciação de pedidos de concessão de medidas cautelares ou de urgência.

5.1. Âmbito de aplicação da regra em questão

O § 2º da cláusula 3ª da Convenção Arbitral prevê a possibilidade de a CCEE, atendidas certas circunstâncias, requerer ao Tribunal Arbitral que exija a prestação de caução idônea. Isso se dará quando o cumprimento, pela CCEE, da decisão proferida por esse Tribunal, for impactar outros agentes que não aqueles participantes da disputa.

A primeira questão que se coloca, então, é saber em quais casos será aplicável essa possibilidade prevista no dispositivo tantas vezes citado. A resposta imediata a essa questão é que ela se aplicará aos procedimentos regidos pela Convenção Arbitral da CCEE. Resta saber quais são eles.

A Convenção de Comercialização de Energia Elétrica instituída pela Resolução Normativa ANEEL nº 957, de 7 de dezembro de 2021, repetindo o texto do artigo 58 da Convenção anterior, aprovado pela Resolução Normativa ANEEL nº. 109, de 26 de outubro de 2004, definiu em seu artigo 44 as três espécies de conflitos arbitráveis sob a égide da convenção de arbitragem do setor elétrico[28]. São eles: (i) conflito entre dois ou mais agentes da CCEE que não envolva assuntos sob a competência direta da ANEEL; (ii) conflito entre um ou mais agentes da CCEE e a CCEE que não envolva assunto sob a competência direta da ANEEL; (iii) conflitos entre agentes da CCEE decorrentes de contratos bilaterais, desde que o fato gerador da divergência decorra dos respectivos contratos ou de Regras e Procedimentos de Comercialização e repercuta sobre as obrigações dos agentes contratantes no âmbito da CCEE.

A Convenção Vigente, de 2023, após fazer referência a tal dispositivo, buscou dirimir dúvidas quanto à obrigatoriedade de arbitragem em caso de conflitos decorrentes de contratos bilaterais de comercialização, nos termos do inciso (iii) da Convenção anterior. Ficou disposto que "*conflitos entre Agentes de CCEE, decorrentes de contratos bilaterais, que não afetem direitos de terceiros estranhos ao negócio jurídico objeto do conflito e, por consequência, não repercutem nas operações da CCEE*"[29]. Assim, ficam mais claras as exceções (conflitos decorrentes de contratos bilaterais que não repercutem nas operações da CCEE; ações promovidas pela CCEE para exigir valores inadimplidos), o que era objeto de alguma insegurança na vigência da convenção anterior.

Nas hipóteses específicas de conflitos relativos a interesses exclusivamente bilaterais – e que, portanto, não repercutam nas operações da CCEE e não impactem o direito de terceiros –, os respectivos conflitos não estariam submetidos à Convenção vigente. Versando interesses exclusivamente das Partes, esses conflitos são regidos pelas regras por elas pactuadas, sejam elas arbitragem perante uma câmara não homologada pela CCEE e segundo regras distintas daquelas previstas na Convenção vigente ou mesmo recurso à jurisdição estatal. As disputas decorrentes de contrato bilaterais nesses termos não precisam ser sequer submetidas a arbitragem. Caberá

---

28 "Artigo. 44. Os Agentes da CCEE e a CCEE deverão dirimir, por intermédio da Câmara de Arbitragem, todos os conflitos que envolvam direitos disponíveis, nos termos da Lei nº 9.307, de 23 de setembro de 1996, nas seguintes hipóteses:
I – conflito entre dois ou mais Agentes da CCEE que não envolva assuntos sob a competência direta da ANEEL ou, na hipótese de tratar, já tenha esgotado todas as instâncias administrativas acerca do objeto da questão em tela;
II – conflito entre um ou mais Agentes da CCEE e a CCEE que não envolva assuntos sob a competência direta da ANEEL ou, na hipótese de tratar, já tenha esgotado todas as instâncias administrativas acerca do objeto da questão em tela; e
III – sem prejuízo do que dispõe cláusula específica nos CCEARs, conflito entre Agentes da CCEE decorrente de Contratos Bilaterais, desde que o fato gerador da divergência decorra dos respectivos contratos ou de Regras e Procedimentos de Comercialização e repercuta sobre as obrigações dos agentes contratantes no âmbito da CCEE."

29 "Cláusula 1ª (...) Parágrafo 1º. Esta Convenção não se aplica a conflitos entre Agentes da CCEE, decorrentes de contratos bilaterais, que não afetem direitos de terceiros estranhos ao negócio jurídico objeto do conflito e, por consequência, não repercutem nas operações da CCEE."

exclusivamente aos agentes envolvidos a escolha da forma de solução do seu conflito, assumindo os riscos e ônus de sua escolha[30].

A Convenção Vigente, de 2023, tampouco se aplica aos conflitos entre signatários e a própria ANEEL,[31] hipótese na qual, geralmente, faz-se necessário o recurso à Justiça Federal. Importa mencionar que a existência de uma cláusula restritiva, por si só, não é desfavorável, já tendo sido adotada em outras jurisdições[32].

Ante o exposto, a Convenção Vigente não muda essencialmente a disciplina já aplicável segundo a regra anterior. No entanto, deixa mais claras as exceções que não recaem sob essa cláusula, o que era objeto de alguma insegurança na vigência da convenção anterior. Logo, houve uma evidente melhora na técnica de redação.

Nos conflitos em que não for aplicável a Convenção Vigente, de 2023, assim como, obviamente, àqueles em que não houver sequer o recurso à via arbitral, não haverá a possibilidade de solicitar a prestação de garantia com fulcro na cláusula 3ª, §2º, da Convenção em questão – o que não afasta a possibilidade de se exigir a prestação de garantia ou outras providências de natureza acautelatória com fundamento em outros diplomas aplicáveis.

A seguir serão tratadas as hipóteses de cabimento da solicitação de garantia, o que se dará apenas quando a operacionalização da decisão impactar terceiros, como já dito.

5.2. Hipóteses de cabimento da solicitação de garantia

Uma primeira aproximação ao âmbito de aplicação da exigência de garantia idônea por provocação da CCEE prevista na cláusula 3ª, §2º, da Convenção Vigente, de 2023, já foi estabelecida. Aplica-se aos casos por esta regulados, o que significa dizer que exige uma arbitragem envolvendo dois ou mais agentes e que se enquadre na definição de conflitos arbitráveis da própria Convenção Vigente, com referência à Convenção de Comercialização[33]. A segunda aproximação necessária

---

30 ANDRADE, Gustavo Fernandes de. *Algumas reflexões sobre as arbitragens e as regras da Câmara de Comercialização de Energia Elétrica - CCEE.* Revista de Direito da Procuradoria Geral, Rio de Janeiro (67), 2013, p.95.

31 "Parágrafo 2º. Esta Convenção não se aplica aos eventuais conflitos entre os SIGNATÁRIOS e a ANEEL".

32 ANDRADE, Gustavo Fernandes de. *Algumas reflexões sobre as arbitragens e as regras da Câmara de Comercialização de Energia Elétrica - CCEE.* Revista de Direito da Procuradoria Geral, Rio de Janeiro (67), 2013, p.97; GAGLIARDI, Rafael Villar, HATEKEYAMA, Oscar e GUZZO, Laura Isabelle. *Arbitragem no setor elétrico. In* VENOSA, Sílvio de Salvo, GAGLIARDI, Rafael Villar e TABET, Caio. *Tratado de Arbitragem.* São Paulo: Foco, 2023, p. 783-784.

33 Resolução Normativa ANEEL nº. 957/2021, Artigo 44 *caput* e incisos I a III.

considera as circunstâncias em que, aplicável a Convenção Vigente, de 2023, esse dispositivo pode ser invocado, tanto pela CCEE, quanto pelo Tribunal Arbitral.

Exige-se, em primeiro lugar, que tenha sido proferida uma decisão arbitral, o que exclui a hipótese de se exigir garantia em se tratando de impactos gerados pela sentença arbitral. A referência a "*decisão proferida pelo Tribunal Arbitral*" na Cláusula 3ª, §2º deve ser lida como restrita às chamadas decisões interlocutórias. A própria Convenção Vigente busca distinguir decisão de sentença arbitral nessa mesma Cláusula 3ª, quando, no §1º, estabelece que a CCEE, uma vez oficiada, é obrigada a operacionalizar "*decisões e/ou sentenças arbitrais*". Além disso, a garantia constitui medida eminentemente temporária, o que não quadra com a natureza definitiva[34] atribuída à sentença arbitral pelos artigos 18 e 31 da Lei n. 9.307/1996[35].

Em segundo lugar, exige-se que a operacionalização dessa mesma decisão impacte terceiros. Quer-se com isto dizer que a inserção do comando emanado pela autoridade jurisdicional competente, isto é, o tribunal arbitral, gerará ônus financeiros à esfera jurídica a agentes não integrantes da arbitragem em que proferida a ordem. Esse é o requisito principal de incidência da regra em questão, uma vez que não se justifica a atuação da CCEE ali prevista à míngua desses impactos.

A contabilização e liquidação financeiras das operações realizadas no âmbito da CCEE ocorrem em caráter multilateral. Após comparar aquilo que cada agente (i) tinha de recurso, seja por geração, seja por contratos de compra, e (ii) tinha de requisito, isto é, o que vendeu ou consumiu, a CCEE apura as diferenças de forma multilateral, no MCP, do qual todos os agentes participam. O processo de liquidação financeira resulta em quantias a pagar pelos agentes devedores e a receber pelos agentes credores sem prévia contratação específica e após a realização de compensações multilaterais. Possíveis inadimplências podem comprometer a segurança das operações do MCP e a liquidez do mercado como um todo.

Em face disso, foi concebido um mecanismo de cálculo de garantias financeiras, a serem aportadas pelos agentes com operações realizadas na CCEE, que pudesse ser utilizado para cobrir eventuais inadimplências no processo de liquidação financeira. As garantias financeiras requeridas pela CCEE correspondem aos fundos a serem depositados pelos agentes como garantia para cobrir os valores apurados a

---

34 BITTAR, Flávia e SILVA, Victoria da Silveira. *Sentença Arbitral II. In* VENOSA, Sílvio de Salvo, GAGLIARDI, Rafael Villar e TABET, Caio. *Tratado de Arbitragem.* São Paulo: Foco, 2023, p. 570-572; CARMONA, Carlos Alberto. *Arbitragem e processo: um comentário à Lei nº. 9.307/96.* 4 ed. Barueri: Atlas, 2023, p. 408-409.

35 "Artigo 18. O árbitro é juiz de fato e de direito, e a sentença que proferir não fica sujeita a recurso ou a homologação pelo Poder Judiciário."

"Artigo 31. A sentença arbitral produz, entre as partes e seus sucessores, os mesmos efeitos da sentença proferida pelos órgãos do Poder Judiciário e, sendo condenatória, constitui título executivo".

partir do balanço energético, das diferenças entre os valores declarados, das exposições de energia no mercado de curto prazo e as penalidades impostas.

A CCEE utiliza os fundos depositados como garantia financeira pelos participantes para cobrir os pagamentos devidos pelos agentes no processo de liquidação financeira. Qualquer saldo remanescente é reembolsado após o débito do valor devido pelo agente ter sido processado, conforme determinado pela CCEE. Já os valores devidos por agentes da CCEE inadimplentes, no que não cobertos por garantias, expõem os demais, devendo ser rateados entre os agentes credores, que terão seus créditos reduzidos até que seja eliminada a inadimplência. Assim, restaura-se o equilíbrio financeiro do mercado e possibilitando que se atinja a "soma zero"[36], embora persistam obrigações bilaterais (em essência, resultantes do "direito de regresso" de quem tenha participado do rateio em face do causador efetivo da inadimplência).

Logo, a implementação de decisões arbitrais, quando estas têm impacto sobre a contabilização e liquidação financeiras, pode transcender as partes envolvidas e afetar terceiros. Questões como perdas e danos, cláusulas penais, entre outras, estão restritas às partes diretamente envolvidas. Contudo, obrigações relacionadas a registros de contratos, fornecimento de garantias, ajustes de volume de energia registrada, entre outros aspectos, podem repercutir para além dos limites da relação contratual.

Ainda que de forma discreta, a Convenção de Comercialização de Energia Elétrica aprovada pela REN 957/2021, repetindo previsão da REN 552/2002, já buscava restringir os efeitos irradiantes das decisões judiciais (ou arbitrais) ao prever que *"a suspensão da exigibilidade prevista no caput alcançará somente o Agente de Mercado que houver obtido a respectiva medida judicial (...)".*

A intenção evidente de proteger o mercado ficou mais clara na Convenção Vigente, de 2023, visto que sua redação visa a prevenir que Tribunais Arbitrais, ainda que inadvertidamente, possam proferir decisões que, a pretexto de evitar danos irreparáveis ou mesmo de aplicação da legislação de regência, causem impactos a terceiros, transferindo-lhes ônus financeiros que deveriam, a rigor, ser suportados por ao menos uma das partes do procedimento em que exarada a decisão.

Imagine-se uma controvérsia versando a eficácia de um dado contrato firmado no ACL. Por entender ter havido variação extraordinária do Preço de Liquidação das Diferenças (PLD), a vendedora entende configurada onerosidade excessiva (ou força maior). Entendendo-se desobrigada de cumprir o contrato, nega-se a registrá-lo. A parte compradora, de seu turno, entende que a volatilidade do PLD, por ser de sua essência, não escusaria o cumprimento do contrato, buscando obter seu registro pela via arbitral.

---

36 Artigo 37, inciso IV, da Convenção de Comercialização aprovada pela Resolução Normativa ANEEL nº. 957/2021.

Requerida ao Tribunal a concessão de medida de urgência, este ordena o registro do contrato na CCEE, para evitar danos à compradora, isentando, porém, a parte vendedora de pagar pelo respectivo montante de energia. Tudo isso impacta diretamente a contabilização. Isso porque a falta de lastro do agente vendedor – ou seja, a falta de energia de geração própria ou adquirida de terceiros para cobrir a venda efetuada - resultará em inadimplência no MCP. Afinal, terceiros entregarão essa energia que a parte vendedora foi obrigada a registrar (marcando a sua entrega simbólica ao comprador). Esses terceiros não serão pagos pela parte vendedora, pela isenção deferida pelo Tribunal Arbitral. Logo, será tratada como inadimplência e imposta a terceiros, a quem caberá ratear o débito por meio de deduções de seus respectivos créditos. A instabilidade gerada ao mercado, com o desequilíbrio da alocação de ganhos e perdas decorrentes da atuação de cada agente é evidente.

Em resumo, para que tenha aplicação a regra em questão, exige-se, em primeiro lugar, que se trate de arbitragem sujeita à Convenção Vigente; em segundo lugar, que se esteja diante de decisão (não assim de sentença) arbitral; e, em terceiro lugar, que a operacionalização dessa mesma decisão implique ônus financeiros a agentes não integrantes da disputa.

5.3. O papel da CCEE: operacionalização e cumprimento das decisões arbitrais e a sua eventual participação como parte da arbitragem

Para que tenha efeito no processo de contabilização e liquidação financeira das operações de comercialização de energia, qualquer decisão jurisdicional (judicial ou arbitral) deve ser comunicada CCEE. Esta, uma vez comunicada, tomará as providências cabíveis para implementar o comando da autoridade competente. Esses impactos variarão de acordo com o caso concreto, mas podem tomar a forma de realização ou cancelamento do registro de contratos, alteração de montantes, suspensão de efeitos financeiros etc.

As hipóteses de operacionalização de uma decisão arbitral surgem quando essa decisão impacta de alguma forma a contabilização e liquidação das diferenças no mercado de curto prazo de energia elétrica. Diversas situações podem surgir nesse contexto. Uma delas é o cancelamento de registro de montantes de energia elétrica no sistema de contabilização, o que pode ter efeitos significativos nas transações e nas obrigações das partes envolvidas.

Outra hipótese é a obrigação de registro de contrato na CCEE. Caso exista essa obrigação e a parte devedora deixar de cumpri-la, teria ela que garantir o valor referente ao contrato não registrado. Além disso, ajustes no volume de energia registrada também podem ser necessários para refletir corretamente as condições estabelecidas pela decisão arbitral.

Em algumas situações, pode ser necessário suspender as obrigações das partes, como a realização de pagamentos, até solução final da disputa. Isso seria análogo à "*inadimplência no MCP*", onde todos os outros agentes acabam por suportar as consequências financeiras, por meio do mecanismo de rateio de inadimplência.

Essas hipóteses evidenciam a complexidade e os desafios enfrentados na operacionalização de decisões arbitrais no mercado de curto prazo de energia elétrica, destacando a importância de uma análise cuidadosa e uma execução adequada para garantir a estabilidade e eficiência desse mercado.

Cabe à CCEE, portanto, em razão de suas atribuições normativas, em especial aquelas previstas nos artigos 1º, §1º e 2º, incisos II a VIII, do Decreto nº 5.177/2004[37] e artigos 12 e 13 da Convenção de Comercialização[38], zelar pelo

---

37 "Art. 1º (...) § 1º. A CCEE tem por finalidade viabilizar a comercialização de energia elétrica no Sistema Interligado Nacional - SIN, nos termos do art. 4° da Lei n° 10.848, de 15 de março de 2004.
Art. 2º A CCEE terá, dentre outras, as seguintes atribuições: (...)
II - manter o registro de todos os Contratos de Comercialização de Energia no Ambiente Regulado - CCEAR e os contratos resultantes dos leilões de ajuste, da aquisição de energia proveniente de geração distribuída e respectivas alterações;
III - manter o registro dos montantes de potência e energia objeto de contratos celebrados no Ambiente de Contratação Livre - ACL;
IV - promover a medição e o registro de dados relativos às operações de compra e venda e outros dados inerentes aos serviços de energia elétrica;
V - apurar o Preço de Liquidação de Diferenças - PLD do mercado de curto prazo por submercado;
VI - efetuar a contabilização dos montantes de energia elétrica comercializados e a liquidação financeira dos valores decorrentes das operações de compra e venda de energia elétrica realizadas no mercado de curto prazo;
VII - apurar o descumprimento de limites de contratação de energia elétrica e outras infrações e, quando for o caso, por delegação da ANEEL, nos termos da convenção de comercialização, aplicar as respectivas penalidades; e
VIII - apurar os montantes e promover as ações necessárias para a realização do depósito, da custódia e da execução de garantias financeiras relativas às liquidações financeiras do mercado de curto prazo, nos termos da convenção de comercialização".

38 "Artigo. 12. A CCEE tem por finalidade tornar viável a comercialização de energia elétrica no SIN, nos termos dos arts. 4º e 5º da Lei nº 10.848, de 2004.
Artigo. 13. Conforme disposto nos Decretos nº 5.177, de 2004, e nº 6.353, de 16 de janeiro de 2008, a CCEE terá, dentre outras, as seguintes atribuições: (...)
II - manter o registro de todos os contratos celebrados no âmbito do ACR e do ACL, incluindo os respectivos montantes de potência e energia, e suas alterações;
III – promover a Medição e o registro de dados relativos às operações de compra e venda e outros dados inerentes aos serviços de energia elétrica;
IV – apurar o PLD por submercado;
V – efetuar a Contabilização dos montantes de energia elétrica comercializados e a Liquidação Financeira dos valores decorrentes das operações de compra e venda de energia elétrica realizadas no MCP;

sistema, assegurando a constituição de garantias e cobrando o devido por agentes inadimplentes.

No caso das arbitragens sujeitas à Convenção Vigente, prevê-se a obrigação da CCEE, uma vez oficiada pela autoridade competente, dar cumprimento às decisões e sentenças arbitrais, nos limites da própria convenção[39]. Se tais efeitos, na forma já prevista no item anterior, atingirem a esfera jurídica de terceiros, cabe à CCEE invocar o disposto na Cláusula 3ª, §2º[40], para requerer ao Tribunal Arbitral que determine a prestação de garantia idônea.

Assim, a Convenção Vigente estabelece ser obrigação da CCEE, uma vez devidamente oficiada pela autoridade competente, operacionalizar os comandos derivados de decisões e/ou sentenças arbitrais que vierem a ser proferidas, nos limites da própria convenção. Oficiada a CCEE e tendo ela constatado que a operacionalização do comando previsto na decisão (não à sentença) arbitral, impactará terceiros, poderá a entidade interagir com o Tribunal Arbitral "*requerendo efetiva prestação de garantia idônea no valor integral da exposição*".

A CCEE pode solicitar ao Tribunal a prestação da caução. No entanto, essa faculdade não é acompanhada pelo poder de impor a obrigação de prestação de caução a qualquer parte envolvida, tampouco pode ser entendida fora do contexto das atribuições da CCEE no âmbito da regulação do setor elétrico.

Embora o Decreto nº 5.177/2004, a Convenção de Comercialização e o Estatuto Social da CCEE prevejam[41], dentre as funções da entidade, a organização do mercado, não lhe conferem o poder de compelir diretamente as partes a prestarem

---

VI - apurar o descumprimento de limites de contratação de energia elétrica e outras infrações e, nos termos desta Convenção, aplicar as respectivas penalidades;
VII – promover as ações necessárias para a realização do depósito, da custódia e da execução de Garantias Financeiras relativas às Liquidações Financeiras do MCP, nos termos desta Convenção (...)".

39 "Cláusula 3ª. (...) Parágrafo §1º. É obrigação da CCEE, após oficiada pela autoridade competente, operacionalizar as decisões e/ou sentenças arbitrais, observados os limites definidos na presente CONVENÇÃO."

40 "Cláusula 3ª. (...) Parágrafo §2º. Na hipótese de ser verificado que a operacionalização da decisão proferida pelo Tribunal Arbitral impactará outros agentes, a CCEE poderá informar tal situação ao Tribunal Arbitral requerendo efetiva prestação de garantia idônea no valor integral da exposição."

41 Artigo 3º - A CCEE tem por finalidade a viabilização da comercialização de energia elétrica no Sistema Interligado Nacional – SIN, realizada no Ambiente de Contratação Regulada – ACR, no Ambiente de Contratação Livre – ACL e no Mercado de Curto Prazo, segundo a Convenção, as Regras e os Procedimentos de Comercialização aprovados pela Agência Nacional de Energia Elétrica – ANEEL, tendo por objeto: [...]VI- efetuar a Contabilização dos montantes de energia elétrica comercializados e a Liquidação Financeira dos valores decorrentes das operações de compra e venda de energia elétrica realizada no Mercado de Curto Prazo; [...] IX - apurar os montantes e promover as ações necessárias para a realização do depósito, da custódia e da execução de Garantias Financeiras relativas às Liquidações Financeiras do Mercado de Curto Prazo, nos termos da Convenção de Comercialização, bem como, quando aplicável, da liquidação financeira dos valores decorrentes do processamento do Mecanismo de Compensação de Sobras e Déficits – MCS.

caução (traça-se, aqui, uma diferença entre a exigência de garantia financeira com fundamento na própria regulação da atividade de comercialização da exigência de caução como contracautela à concessão de uma dada ordem jurisdicional).

A solicitação da prestação da garantia pela CCEE, portanto, é uma faculdade que deve ser exercida em função de terceiros alheios à disputa e dos melhores interesses do mercado. Por isso, a figura se aproxima de um dever-poder, invocando o conceito de função, pois exercido em prol de outrem e pautado por uma finalidade específica.

A atuação da CCEE não se exaure com o deferimento da solicitação pelo Tribunal Arbitral. É crucial para a eficácia da decisão que a garantia seja efetivamente prestada ou que tal fato seja comunicado ao Tribunal Arbitral imediatamente, a fim de que, se o caso, revogar ou alterar a ordem concedida. Nesse mister, a CCEE deverá contar com a colaboração da Câmara Arbitral responsável pela administração do procedimento e até mesmo do Tribunal Arbitral e da(s) parte(s), conforme a situação específica.

Naturalmente, as partes da disputa podem se manifestar a respeito da solicitação da CCEE e, embora a Convenção Vigente não o preveja, é salutar que a tanto sejam instadas pelo Tribunal Arbitral, se possível, antes da apreciação do requerimento. Em princípio, salvo situações extremas, não caberá às partes contestar a ordem imediatamente perante o Poder Judiciário, pela sua sujeição ao sistema de remédios previsto na Lei nº. 9.307/1996, em especial nos artigos 32 e 33[42].

---

42 "Artigo 32. É nula a sentença arbitral se:
I - for nula a convenção de arbitragem;
II - emanou de quem não podia ser árbitro;
III - não contiver os requisitos do art. 26 desta Lei;
IV - for proferida fora dos limites da convenção de arbitragem;
V - não decidir todo o litígio submetido à arbitragem;
VI - comprovado que foi proferida por prevaricação, concussão ou corrupção passiva;
VII - proferida fora do prazo, respeitado o disposto no art. 12, inciso III, desta Lei; e
VIII - forem desrespeitados os princípios de que trata o art. 21, § 2º, desta Lei.
Artigo. 33. A parte interessada poderá pleitear ao órgão do Poder Judiciário competente a declaração de nulidade da sentença arbitral, nos casos previstos nesta Lei.
§ 1º A demanda para a declaração de nulidade da sentença arbitral, parcial ou final, seguirá as regras do procedimento comum, previstas na Lei no 5.869, de 11 de janeiro de 1973 (Código de Processo Civil), e deverá ser proposta no prazo de até 90 (noventa) dias após o recebimento da notificação da respectiva sentença, parcial ou final, ou da decisão do pedido de esclarecimentos.
§ 2º A sentença que julgar procedente o pedido declarará a nulidade da sentença arbitral, nos casos do art. 32, e determinará, se for o caso, que o árbitro ou o tribunal profira nova sentença arbitral.
§ 3º A decretação da nulidade da sentença arbitral também poderá ser requerida na impugnação ao cumprimento da sentença, nos termos dos arts. 525 e seguintes do Código de Processo Civil, se houver execução judicial.
§ 4º A parte interessada poderá ingressar em juízo para requerer a prolação de sentença arbitral complementar, se o árbitro não decidir todos os pedidos submetidos à arbitragem."

Cabe indagar, ademais, se a CCEE poderia deixar de dar cumprimento à decisão arbitral se, tendo requerido ao Tribunal Arbitral que exigisse a prestação de garantia nos termos da Cláusula 3ª, §2º, o pedido fosse rejeitado. Tal argumento estaria lastreado na impossibilidade de uma decisão arbitral, limitada que está às partes em razão da exigência de consentimento, impactar terceiros. A Convenção Vigente só teria permitido essa situação em caráter excepcional, se prestada garantia no valor da respectiva exposição. Reforçaria essa posição o fato de se prever a obrigação da CCEE de cumprimento de decisões e sentenças arbitrais "*observados os limites definidos na presente CONVENÇÃO*"[43]. Tais limites, contudo, estariam confinados "*às partes respectivas e seus sucessores*"[44].

Se tal interpretação possui lastro na própria Convenção Vigente e na ideia da arbitragem como fruto do consentimento, não parece constituir a melhor solução. A Convenção Vigente é parte do sistema regulatório da atividade de comercialização de energia, como expressamente previsto no artigo 44, parágrafo único, da Convenção de Comercialização[45]. Não se pode entender que esse mesmo sistema permitiria que a CCEE, como entidade responsável pela saúde e pelo vigor da atividade de comercialização de energia, pudesse simplesmente ignorar comandos emanados por uma autoridade jurisdicional competente.

O risco de decisões proferidas em arbitragens regidas pela Convenção Vigente atingirem terceiros é conhecido tanto pelas autoridades do setor quanto pelos seus agentes. Trata-se de um efeito colateral do imbricamento das relações contratuais e regulatórias nessa atividade econômica, tantas vezes descrita ao longo deste texto. Para enfrentar essa situação, foi justamente atribuída à CCEE a faculdade prevista na cláusula 3ª, §2º da Convenção Vigente.

Não existe na Convenção dispositivo que autorize a CCEE, fazendo com as próprias mãos a defesa de terceiros e do mercado, a desconsiderar os efeitos de uma ordem recebida. A solução encontrada na Convenção Vigente limitou-se a facultar a entidade a comparecer perante o Tribunal Arbitral e, dando-lhe conta dos riscos decorrentes da decisão, requerer que se exija garantia idônea, no montante da respectiva exposição. Preservou-se, com isso, a autoridade do Tribunal Arbitral para decidir se estão ou não presentes as circunstâncias que justificam a exigência da garantia.

A CCEE, como instituição responsável pelas operações, certamente desempenha papel imprescindível na tutela dos interesses de terceiros. Sua atuação diligente é essencial para o bom funcionamento do arcabouço de solução de disputas regido pela Convenção Vigente. Essa atuação compreende identificar decisões causadoras

---

43 Cláusula 3ª, §1º, da Convenção Vigente

44 Cláusula 3ª, *caput*, da Convenção Vigente.

45 "Artigo 44. (...) Parágrafo único. A Convenção Arbitral é parte integrante desta Convenção de Comercialização, bem como obrigatória a todos os agentes da CCEE e à CCEE, conforme disposto nos §§ 5º, 6º e 7º do art. 4º da Lei nº 10.848, de 2004".

de impactos a terceiros e interagir prontamente com tribunais arbitrais para requerer a prestação de garantia idônea e, se o caso, transmitir ao tribunal arbitral conceitos específicos da árida regulação do setor, inclusive com dados concretos e específicos a respeito dos efeitos da decisão proferida.

Contudo, não se pode perder de vista que, uma das hipóteses de configuração de conflitos arbitráveis sob os auspícios da Convenção Vigente é justamente a de disputa entre um ou mais agentes e a própria CCEE e que não envolva matéria de competência da ANEEL ou, se envolver, que essa matéria já tenha sido esgotada nas instâncias administrativas[46].

Nestes casos, a CCEE participará com duplo chapéu: o de parte e o de entidade responsável por viabilizar a comercialização de energia elétrica a quem, mesmo como parte, será endereçado o ofício para cumprimento da decisão arbitral. Essa circunstância certamente será levada em conta pelo Tribunal Arbitral ao apreciar a pertinência do requerimento, mas nada impede que, mesmo atuando como parte, a CCEE submeta requerimento fundado na cláusula 3ª, §2º da Convenção Vigente.

5.4. O papel do Tribunal Arbitral

Como disposto na cláusula 11 da Convenção Vigente[47], o árbitro indicado deve possuir plena capacidade jurídica, a teor do que consta no artigo 5º, do Código Civil,[48] bem como ter a confiança das partes e preencher os requisitos da Lei 9.307/1996 e do regulamento da câmara aplicável.

É a esse árbitro, ou ao Tribunal Arbitral, que cabe decidir quanto a exigir ou não a prestação de garantia à luz das condições concretas do litígio submetido à sua autoridade. É o próprio texto da Convenção Vigente, em sua cláusula 3ª, §2º, que reserva essa atribuição ao Tribunal Arbitral, o que faz na esteira do sistema da Lei

---

46 Resolução Normativa ANEEL nº. 957/2021, Artigo 44, inciso II.

47 "Cláusula 11. Os árbitros a serem indicados pelas Partes deverão ser todos pessoas físicas, residentes no país, fluentes no idioma português, que tenham a confiança das Partes e preencham os requisitos constantes da Lei de Arbitragem e do Regulamento da Câmara de Arbitragem competente."

48 "Artigo 5º A menoridade cessa aos dezoito anos completos, quando a pessoa fica habilitada à prática de todos os atos da vida civil.

Parágrafo único. Cessará, para os menores, a incapacidade:

I – pela concessão dos pais, ou de um deles na falta do outro, mediante instrumento público, independentemente de homologação judicial, ou por sentença do juiz, ouvido o tutor, se o menor tiver dezesseis anos completos;

II – pelo casamento;

III – pelo exercício de emprego público efetivo;

IV – pela colação de grau em curso de ensino superior;

V – pelo estabelecimento civil ou comercial, ou pela existência de relação de emprego, desde que, em função deles, o menor com dezesseis anos completos tenha economia própria."

9.307/1996, para quem, no exercício de suas funções, o árbitro (i.e., os membros do Tribunal Arbitral) é juiz de fato e de direito[49] e suas decisões possuem dignidade equivalente à de decisões judiciais[50].

O Tribunal Arbitral, ao ser equiparado a um juiz de direito, detém poder jurisdicional para decidir sobre uma causa de acordo com seu livre convencimento. Isso implica que, assim como um juiz de direito, o Tribunal Arbitral possui a prerrogativa de interpretar e aplicar o direito de forma autônoma, conforme as circunstâncias e as provas apresentadas. Essa autonomia permite aos árbitros julgar a causa de acordo com seu entendimento e discernimento, exercendo sua função de maneira imparcial e objetiva para alcançar uma decisão justa e equitativa[51].

Não obstante isso, admite-se apenas que os árbitros utilizem, com muita cautela, as máximas da experiência para realizar certas presunções quanto a ocorrência de fatos a partir da observação daquilo que ordinariamente acontece – como, por exemplo, o reconhecimento da ocorrência de fatos notórios não provados. Ademais, não se pode relacionar o livre convencimento à aplicação do direito, pois o árbitro não tem a liberdade de julgar a causa sem levar em consideração o direito material eleito pelas partes. Como defendido por Clarisse Frechiani Lara Leite:

> [...] Seria absurdo e despropositado conferir às partes a prerrogativa de escolher, livre e soberanamente, as regras de direito (LArb, artigo 1º, §1º) e, ao mesmo tempo, afirmar que o árbitro teria liberdade para aplicar o direito da forma que melhor lhe aprouvesse. Há, pois, vinculação na parcela da atividade de cognição que podemos chamar de subsuntiva ou jurídica, e não liberdade.

Veja-se também o que diz sobre o tema Danilo Knijnik[52]:

> O princípio do livre convencimento, por toda problemática conceitual e prática que em si carrega, exige um esforço teórico adicional pelos aplicadores, a fim de evitar a frustração que dele pode derivar, caso seja interpretado como sinônimo de liberdade absoluta. Como exposto inicialmente, "a justiça não tem outro instrumento e outro órgão senão o homem mesmo", não havendo sistema melhor do que o fundado na racionalidade, tirocínio e inteligência do julgador.

---

49 "Artigo 18. O árbitro é juiz de fato e de direito, e a sentença que proferir não fica sujeita a recurso ou a homologação pelo Poder Judiciário."

50 "Artigo 31. A sentença arbitral produz, entre as partes e seus sucessores, os mesmos efeitos da sentença proferida pelos órgãos do Poder Judiciário e, sendo condenatória, constitui título executivo."

51 LEITE, Clarisse Frechiani Lara Leite. *Persuasão racional e prova documental na arbitragem brasileira.* In: Arbitragem e processo – homenagem ao Professor Carlos Alberto Carmona. Volume I. José Augusto Bittencourt Machado Filho et al (org). São Paulo: Quartier Latin, 2022. p.333.

52 KNIJNIK, Danilo. *A prova nos juízos cível, penal e tributário.* Rio de Janeiro: Forense, 2007. p.194.

> Mas daí não é autorizado assimilar-se ao livre convencimento à inexistência de regras, subtraindo-o ao controle da dogmática jurídica, tampouco aceitar passivamente a inexistência de um aparato conceitual mínimo, capaz de inibir o arbítrio e ensejar o contraditório. (grifo nosso).

Assim, apesar de ser evidente que o Tribunal Arbitral possui autoridade para afastar a incidência das normas estabelecidas, essa prerrogativa não deve ser exercida sem justificativa racional e adequadamente comunicada às partes por meio da devida fundamentação. Ao assim decidir, o Tribunal Arbitral assume o ônus de justificar sua decisão, explicando os motivos pelos quais considerou necessário afastar-se das diretrizes estabelecidas ou, como no caso em questão, das disposições da Convenção Vigente, de onde também emana a sua jurisdição.

Assim, é interessante que o Tribunal Arbitral, ao julgar o pedido de estabelecimento de uma garantia em arbitragens do setor elétrico, procure seguir a regulamentação da matéria em questão, inclusive as regras e procedimentos de comercialização, até mesmo para não frustrar legítimas expectativas de mercado e fomentar a previsibilidade nesse ramo de atividade, aumentando, assim, a segurança jurídica.

5.5. A garantia a ser prestada: tipo, montante, idoneidade

A cláusula 3ª, §2º, da Convenção Vigente também estabelece que a CCEE pode instar o Tribunal Arbitral a exigir da(s) parte(s) a prestação de "*garantia idônea no valor integral da exposição*". Contudo, não estabelece parâmetros para se chegar ao tipo de garantia que se consideraria idônea, tampouco ao seu valor.

No que diz respeito ao tipo de garantia aceitável, elemento fundamental da idoneidade, pode-se recorrer às normas da própria atividade de comercialização para uma solução adequada. Uma garantia é considerada idônea quando é capaz de cobrir adequadamente os riscos associados a uma determinada transação. Isso significa que a garantia deve ser suficiente e confiável o bastante para proteger a parte beneficiária no caso de inadimplência ou outro evento que exija sua utilização. A idoneidade de uma garantia é avaliada com base em vários critérios, incluindo sua liquidez, valor, natureza e capacidade de ser executada.

O artigo 88, parágrafo 1º da Convenção de Comercialização[53] estabelece os tipos de garantias financeiras aceitáveis no contexto da comercialização de energia

53 "Artigo 88. As garantias financeiras, nos termos definidos neste Capítulo, devem ser constituídas pelo agente da CCEE mediante a contratação de operação de crédito junto:
I- ao agente garantidor, quando se tratar do limite operacional; e
II- qualquer instituição financeira apta a atuar em território nacional, de acordo com a aceitação do agente de liquidação, quando se tratar de garantias avulsas.

elétrica. Essas garantias podem assumir diferentes formas, incluindo dinheiro em espécie, títulos públicos federais, carta de fiança e quotas de fundo de investimento extramercado. Essa variedade de opções permite que o Tribunal Arbitral indique a forma de garantia que melhor se adapte às suas necessidades e capacidades financeiras, proporcionando flexibilidade e segurança para as transações comerciais no setor de energia elétrica.

Entende-se, contudo, que, sujeito às peculiaridades do caso concreto, a garantia deve ser exigida na forma de depósito do valor da exposição em moeda corrente nacional ou, ao menos, em carta de fiança emitida por instituição financeira sólida e com *rating* seguro de crédito. Embora não o diga expressamente a Convenção Vigente, essas são as soluções que, dada a sua liquidez, melhor asseguram a integridade do sistema de comercialização de energia elétrica e a sua harmonia.

No que diz respeito ao montante, deverá equivaler ao valor integral da exposição gerada a terceiros e que, em regra, será igual ao montante principal discutido na arbitragem, desconsiderando pedidos periféricos como juros e correção, indenização por danos decorrentes de alguma conduta específica etc. A garantia em questão não tem por finalidade a proteção da contraparte da arbitragem em que proferida a ordem e que poderá ensejar um pedido específico dessa contraparte, mas visa a proteger a esfera jurídica dos terceiros que serão impactados pelo cumprimento da decisão. Por isso, é o montante dessa exposição que deve pautar a expressão financeira da garantia.

A definição da garantia adequada a ser prestada num dado caso concreto passará por uma análise dúplice. Em primeiro lugar, no exercício das atribuições que lhe atribui o arcabouço do setor, a CCEE deverá avaliar as peculiaridades do caso concreto e formular o pedido que entender mais adequado. Em seguida, caberá ao Tribunal Arbitral, ponderadas as circunstâncias aplicáveis e, se possível, as posições das partes, definir se a garantia é pertinente e, em caso positivo, o tipo a ser prestado e seu montante.

---

§ 1º Para a contratação a que alude o inciso II do caput, devem ser aceitos os seguintes ativos financeiros, isoladamente ou em composição:
I-moeda corrente nacional;
II-títulos públicos federais;
III-carta de fiança; ou
IV-quotas de fundos de investimento extramercado.
§ 2º Outros ativos financeiros podem ser aceitos pelo agente de liquidação, conforme condições com esse acordadas diretamente pelo agente da CCEE.
§ 3º Os ativos financeiros referidos nos incisos II a IV do § 1º devem ser assegurados pelo agente de liquidação contratado pela CCEE, na data prevista para depósito de recursos por parte dos agentes da CCEE devedores no âmbito da liquidação, bem como aqueles aceitos nos termos do § 2º".

5.6. A posição do Poder Judiciário no exercício da competência prevista no artigo 22-A da LArb

Não são raras as vezes em que, no curso de um procedimento arbitral, é necessário que as partes obtenham medida de urgência que sirva para acautelar o resultado útil da arbitragem que se desenvolverá para que seja preservado o seu resultado útil.

Nas hipóteses de a arbitragem ainda não ter se iniciado, existem duas possibilidades: (i) o acionamento do árbitro de emergência, quando houver esta previsão na cláusula compromissória, e (ii) o acionamento do Poder Judiciário. As medidas de urgência proferidas poderão, posteriormente, ser mantidas, modificadas ou revogadas pelo Tribunal Arbitral, uma vez constituído.

No Brasil, adota-se o modelo da competência coordenada entre jurisdições (estatal e arbitral) para conceder tutelas acautelatórias. Conforme a Lei de Arbitragem, o Poder Judiciário tem competência para medidas cautelares até a formação do Tribunal Arbitral (artigos 22-A e 22-B). Trata-se de duas competências exclusivas, em momentos distintos.

Agindo o Poder Judiciário em substituição ao árbitro e em caráter temporário, as características e limitações aplicáveis à autoridade deste se estendem àquele. Por isso, é de todo conveniente que, ao apreciar eventual pedido da CCEE de prestação de garantia, o juízo se paute pelos termos da Convenção Vigente caso a disputa principal (a arbitragem), também esteja a ela sujeita.

No contexto da arbitragem, em que as partes optaram por resolver suas disputas de forma privada e fora do sistema judicial, é crucial que qualquer medida cautelar concedida pelo judiciário seja cuidadosamente avaliada para garantir que não interfira indevidamente no processo arbitral.

A concessão de uma medida cautelar que cause danos irreversíveis, especialmente se a terceiros, pode comprometer a eficácia e a finalidade da arbitragem, minando a sua legitimidade e a autoridade do tribunal arbitral. Portanto, magistrados devem exercer cautela ao considerar solicitações de medidas cautelares e as eventuais solicitações da CCEE para que seja prestada garantia idônea e suficiente.

CONCLUSÕES

O setor elétrico está em constante mudança e constante evolução. Tanto a regulação tem evoluído para absorver uma demanda cada vez maior por energia renovável e um maior número de agentes, como tem buscado soluções para problemas estruturais e intrínsecos do país, como a alta dependência às usinas hidrelétricas (cerca de 63%) e sujeição ao risco hidrológico.

Esse cenário indica, por um lado, a tendência de elevação da complexidade técnica dos conflitos típicos do setor de energia. Por outro, o aumento do número de disputas no setor, dado o incremento esperado do número de agentes no mercado livre e do crescimento exponencial das relações negociais sujeitas a alguma forma de convenção de arbitragem.

A importância da nova Convenção Arbitragem para o setor elétrico está principalmente em proporcionar maior segurança jurídica ao mercado, principalmente em razão de ter sido estabelecido de forma mais clara as hipóteses que estão e as que não estão abrangidas pela convenção arbitral da CCEE. Também há ao menos uma tentativa de gerar maior segurança ao mercado com a previsão da requisição de garantias pela CCEE, quando a operacionalização de decisões arbitrais puder gerar impactos a terceiros no Mercado de Curto Prazo.

Dentre as inovações trazidas pelo texto aprovado em 2023, encontra-se um mecanismo de proteção ao mercado, fundado na possibilidade de a CCEE solicitar a tribunais arbitrais que exijam a prestação de garantia para cumprir decisões cuja operacionalização afetará outros agentes do mercado.

Lacônica, a Convenção Vigente não exaure a matéria, mas oferece pistas interpretativas, em especial se interpretada no sistema de regulação da comercialização de energia. A solicitação terá cabimento nas arbitragens regidas pela Convenção Vigente, tratando-se de uma função da CCEE, isto é, uma faculdade a ser exercida em prol de uma finalidade específica, a tutela dos interesses de terceiros e do mercado. Sem embargo, a palavra final a respeito do cabimento ou não da garantia, bem como do tipo e do montante será do Tribunal Arbitral, que terá o ônus de justificar a decisão de se afastar da regulamentação aplicável.

A relevância do tema é inquestionável, visto que a arbitragem continua desempenhando um papel fundamental na solução de disputas no setor elétrico, caracterizado por sua complexidade técnica e normativa, bem como pelo crescente número de agentes envolvidos.

O estudo desta questão é essencial para compreender as dinâmicas e desafios enfrentados no contexto da arbitragem no setor elétrico, contribuindo para aprimorar o entendimento e a aplicação das normas e práticas nesse campo específico.

REFERÊNCIAS

ANEEL. Documento 48516.001643/2007-00. Parecer 201/2007-PF/ANEEL. 28 de maio de 2007.

ANEEL. Documento 48516.064438/2002-00. Parecer 287/2002-PGE-ANEEL. 4 de dezembro de 2002.

ANEEL. Processo 48500.004361/2019-39. Diretora Relatora: Diretora Elisa Bastos Silva. Proposta de solução arbitral da controvérsia sobre a viabilidade da execução do Contrato de Concessão 003/2012-ANEEL, firmado pela Transnorte Energia S.A. – TNE. 8 de setembro de 2021.

ÁVILA, Natália Resende Andrade; NASCIMENTO, Priscila Cunha do. A Arbitragem nas concessões federais de infraestrutura de transportes terrestres: uma análise das cláusulas compromissórias. *Concessões e Parcerias Público-Privadas*: políticas públicas para provisão de infraestrutura. Brasília: IPEA, 2022.

BARALDI, Eliana e VAZ, Paula Akemi Taba. Comentário ao artigo 14. In: WEBER, Ana Carolina e LEITE, Fabiana de Cerqueira (Coord.). *Lei de Arbitragem Comentada*: Lei 9.307/1996. São Paulo: Ed. RT, 2023.

BITTAR, Flávia e LOPES, Christian Sahb Batista. *Medidas cautelares em arbitragem*. In *20 anos da Lei de Arbitragem* – homenagem a Petrônio Muniz. 1.ed. São Paulo: Atlas, 2017, p. 451-472.

BITTAR, Flávia e SILVA, Victoria da Silveira. *Sentença Arbitral II. In* VENOSA, Sílvio de Salvo, GAGLIARDI, Rafael Villar e TABET, Caio. *Tratado de Arbitragem*. São Paulo: Foco, 2023, p. 569-587.

CAHALI, Francisco José. *Curso de arbitragem*. 6. ed. São Paulo: Ed. RT, 2017.

CARMONA, Carlos Alberto. *Arbitragem e processo: um comentário à Lei nº 9.307/96*. 4ª ed. Barueri: Atlas, 2023.

COSTA, Maria D'Assunção. Arbitragem nos contratos de comercialização de energia elétrica. In: ROCHA, Fábio Amorim da. *Temas relevantes no direito de energia elétrica*. Rio de Janeiro, Synergia, 2022. t. IX.

KNIJNIK, Danilo. *A prova nos juízos cível, penal e tributário*. Rio de Janeiro: Forense, 2007.

DAVID, Solange. A arbitragem e a comercialização de energia elétrica no Brasil. In: ROCHA, Fabio Amorim da (Coord.). *Temas relevantes no direito de energia elétrica*. Rio de Janeiro: Synergia, 2012.

ELIAS, Carlos. O Árbitro. In: LEVY, Daniel e PEREIRA, Guilherme Setoguti J. (Coord.). *Curso de Arbitragem*. 2. ed. São Paulo: Ed. RT, 2021.

FERREIRA, Carlos Kawall Leal. *Privatização do setor elétrico no Brasil*. 2000.

FICHTNER, José A.; MANNHEIMER, Sergio N.; MONTEIRO, André L. *Teoria Geral da Arbitragem*. Grupo GEN, 2018. E-book. ISBN 9788530982881. Disponível em: https://integrada.minhabiblioteca.com.br/#/books/9788530982881/. Acesso em: 05 mar. 2023.

GAGLIARDI, Rafael Villar, HATEKEYAMA, Oscar e GUZZO, Laura Isabelle. *Arbitragem no setor elétrico. In* VENOSA, Sílvio de Salvo, GAGLIARDI, Rafael Villar e TABET, Caio. *Tratado de Arbitragem*. São Paulo: Foco, 2023, p. 767-799.

GOLDENBERG, José; PRADO, Luiz Tadeu Siqueira. Reforma e crise do setor elétrico no período FHC. *Tempo social*, v. 15, p. 219-235, 2003.

KELMAN, Jerson. *Relatório da Comissão de Análise do Sistema Hidrotérmico de Energia Elétrica.* Brasília, 2001.

LEITE, Clarisse Frechiani Lara Leite. Persuasão racional e prova documental na arbitragem brasileira. In: Arbitragem e processo – homenagem ao Professor Carlos Alberto Carmona. Volume I. José Augusto Bittencourt Machado Filho et al (org). São Paulo: Quartier Latin, 2022.

LOUREIRO, Gustavo Kaercher. *Contratos de energia no ambiente livre de comercialização: pressupostos de compreensão.* FGV CERI – Centro de Estudos em Regulação e Infraestrutura, 2021.

PEREIRA, Guilherme Setoguti J. e CABRAL, Thiago Dias Delfino. PRECLUSÃO E REVELIA NA ARBITRAGEM. In: MACHADO FILHO, José Augusto Bitencourt et al. (Org.). *Arbitragem e processo*: Homenagem ao Professor Carlos Alberto Carmona, v. 1. São Paulo: Quartier Latin, 2022.

MINISTÉRIO DE MINAS E ENERGIA. Portaria do MME permite que consumidores tenham liberdade de escolha e melhores preços. Ministério de Minas e Energia, 28 set 2022. Notícias. Disponível em: https://www.gov.br/mme/pt-br/assuntos/noticias/portaria-do-mme-permite-que-consumidores-tenham-liberdade-de-escolha-e-melhores-precos. Acesso em: 05 fev. 2023.

RIBEIRO, Diogo Albaneze Gomes. *Arbitragem no setor de energia elétrica.* São Paulo: Almedina, 2017.

SESTER, Peter Christian. *Comentários à Lei de Arbitragem e à Legislação Extravagante.* São Paulo: Quartier Latin, 2020.

SCHMIDT, Gustavo da Rocha. A arbitragem no setor de óleo e gás. Considerações sobre as cláusulas compromissórias inseridas nos contratos de concessão celebrados pela ANP. *Revista de Arbitragem e Mediação*, v. 50, jul./set. 2016.

SOUTO, Marcos Juruena Villela. Breve apresentação do novo marco regulatório do Setor Elétrico Brasileiro. In: LANDAU, Elena (Coord.). *Regulação jurídica do setor elétrico.* Rio de Janeiro: Lumen Juris Editora, 2006.

SUPERIOR TRIBUNAL DE JUSTIÇA. AgInt no CC: 164118 DF 2019/0057580-9, Relator: Ministro ANTONIO CARLOS FERREIRA, Data de Julgamento: 01/10/2019, S2 - SEGUNDA SEÇÃO, Data de Publicação: DJe 08.10.2019.

SUPERIOR TRIBUNAL DE JUSTIÇA. CC 186210. Relator: Ministro Luis Felipe Salomão. Decisão liminar de 09.03.2022.

SUPERIOR TRIBUNAL DE JUSTIÇA. REsp 1169841/RJ, Rel. Ministra Nancy Andrighi, Terceira Turma, julgado em 06.11.2012, DJe 14.11.2012.

SUPREMO TRIBUNAL FEDERAL. Med. Caut. Em ADI 3.100-DF. Min. Relator Gilmar Mendes. Tribunal Pleno. 11.10.2006.

TOLMASQUIM, Mauricio Tiommo. *Novo modelo do setor elétrico brasileiro.* Rio de Janeiro: Synergia, 2011.

5. REQUISITOS DE ATUAÇÃO COMO ÁRBITRO, COMPOSIÇÃO DO TRIBUNAL ARBITRAL E HIPÓTESES DE SUSPEIÇÃO E IMPEDIMENTO: CONSIDERAÇÕES SOBRE AS CLÁUSULAS 11 A 13 (INCISOS I A V) DA CONVENÇÃO ARBITRAL DA CCEE

Amanda Federico Lopes Fernandes
Augusta Vezzani Diebold
Ingrid De Santi
Matheus Bastos Oliveira
Thiago Santos Martins

INTRODUÇÃO

O presente artigo visa apresentar as considerações dos autores – objeto de discussão em reuniões do grupo de estudos "Arbitragem e Setor Elétrico" do Comitê Brasileiro de Arbitragem – CBAr, quanto às Cláusulas 11 a 13 (incisos I a V) da Convenção Arbitral da Câmara de Comercialização de Energia Elétrica – CCEE, homologada pela Resolução Homologatória nº 3.173, de 14 de fevereiro de 2023 ("Convenção Arbitral de 2023"). Tais Cláusulas abordam sobretudo as questões relativas aos requisitos para indicação de árbitros (Cláusula 11), a composição do tribunal arbitral (Cláusula 12), e parte dos critérios de impedimento ou suspeição dos árbitros (Cláusula 13, incisos I a V).

Antes de se adentrar nas considerações sobre as cláusulas em destaque, importa ressaltar o breve contexto de homologação da Convenção Arbitral de 2023. Desde 2004, com a Lei nº 10.848 de 15 de março, já havia previsão de uso do método adjudicatório privado da arbitragem entre os agentes integrantes da CCEE, seja em disputas entre si, seja com a CCEE.

No entanto, não havia ainda uma convenção arbitral propriamente, de aplicação obrigatória aos agentes, dispondo o Decreto nº 5.177 de 12 de agosto de 2004 que a convenção de comercialização deveria tratar de tal convenção.

Finalmente, em agosto de 2007, a Resolução Homologatória nº 531, da Agência Nacional de Energia Elétrica – ANEEL, trouxe a convenção arbitral, nos termos do artigo 58 da Convenção de Comercialização de Energia Elétrica, instituída pela Resolução Normativa nº 109, de 26 de outubro de 2004 ("Convenção Arbitral de 2007").

Entretanto, em março de 2023, em vista da aprovação na 68ª Assembleia Geral Extraordinária da CCEE ("AGE/CCEE"), uma nova convenção arbitral obrigatória foi homologada, restando revogada a anterior de 2007[1].

De forma geral, as principais inovações trazidas pela Convenção Arbitral de 2023 dizem respeito a cinco pontos revisados: *(i)* ampliação de competitividade entre câmaras arbitrais, permitindo-se o credenciamento de instituições além da Câmara FGV de Mediação e Arbitragem, de forma a afastar a sua exclusividade de eleição; *(ii)* esclarecimentos quanto à arbitrabilidade objetiva das disputas envolvendo os agentes da CCEE e esta, apontando-se hipóteses expressas de não aplicação da Convenção Arbitral de 2023 (questão bilateral sem afetação de terceiros, cobrança judicial e disputas com a ANEEL); *(iii)* prestação de garantia caso a disputa gere efeitos multilaterais, considerando-se a concepção de que o mercado de energia é de soma zero; *(iv)* formação e divulgação de ementário, em formato padronizado e a ser disponibilizado nos *sites* de cada câmara arbitral homologada; e *(v)* visando superar questões ligadas à escassez de árbitros especializados na matéria e aos impactos do prazo de quarentena de dois anos, mudança das hipóteses de impedimento para suspeição dos árbitros e redução do prazo de quarentena para seis meses.

---

1 Conforme parágrafo único do art. 2º da Resolução Homologatória nº 3.173, de 14 de fevereiro de 2023: "*Os atos e fatos ocorridos na vigência da Resolução Homologatória nº 531, de 7 de agosto de 2007, permanecem regidos por essa, inclusos os processos de arbitragem em curso instituídos na sua vigência*".

As presentes considerações não se propõem a esgotar todas as possíveis implicações, teóricas e práticas, da Convenção Arbitral de 2023, especialmente em vista da sua recente homologação e constantes aprimoramentos interpretativos resultantes da sua aplicação obrigatória a todos os agentes da CCEE, mas a analisar criticamente o quanto disposto nas Cláusulas 11 a 13 (incisos I a V).

Cláusula 11

A Cláusula 11 da Convenção Arbitral de 2023 elenca os requisitos para que uma pessoa seja indicada como árbitro. Segundo a Convenção Arbitral de 2023, o árbitro deve *(i)* ser pessoa física, *(ii)* ser residente no Brasil, *(iii)* ser fluente em português, *(iv)* gozar da confiança das partes e *(v)* preencher os demais requisitos constantes da Lei de Arbitragem[2] e do regulamento da instituição arbitral aplicável. O parágrafo único da Cláusula 11 acrescenta que a indicação de árbitros pelas partes não poderá ser recusada exceto se justificada pela existência de circunstâncias ou fatos que, objetivamente, denotem a sua desqualificação. Em larga medida, tais requisitos já estavam presentes na Cláusula 10 da Convenção Arbitral de 2007, e não trazem novidades relevantes aos procedimentos arbitrais regidos pela Convenção Arbitral de 2023.

Nem tudo, porém, permanece igual. A nova redação da Cláusula 11 da Convenção Arbitral de 2023 contém duas adições, uma ao final do texto do *caput*, e outra no parágrafo único. Veja-se, abaixo, a nova redação, com destaque para as adições referentes ao regulamento da "Câmara de Arbitragem Competente":

Convenção Arbitral de 2007	Convenção Arbitral de 2023
CLÁUSULA 10 – Os árbitros a serem indicados pelas PARTES deverão ser todos pessoas físicas, residentes no país, fluentes no idioma português, que tenham a confiança das PARTES e preencham os requisitos constantes da Lei de Arbitragem e do Regulamento da Câmara. Parágrafo único. Somente poderá ser recusada a indicação de árbitro efetuada pelas PARTES se existirem circunstâncias ou fatos que, objetivamente, denotem a sua desqualificação, mediante fundamentação.	CLÁUSULA 11 – Os árbitros a serem indicados pelas PARTES deverão ser todos pessoas físicas, residentes no país, fluentes no idioma português, que tenham a confiança das PARTES e preencham os requisitos constantes da Lei de Arbitragem e do Regulamento da Câmara **de Arbitragem competente**. Parágrafo único. Somente poderá ser recusada a indicação de árbitro efetuada pelas PARTES se existirem circunstâncias ou fatos que, objetivamente, denotem a sua desqualificação, mediante fundamentação, **nos termos do respectivo regulamento da Câmara de Arbitragem competente**.

As adições refletem o novo regime adotado pela Convenção Arbitral de 2023, que cessou a exclusividade anteriormente conferida à Câmara FGV de Mediação e

2 Lei nº 9.307, de 23 de setembro de 1996.

Arbitragem e outorgou às partes o poder de escolher, dentre as várias instituições arbitrais cadastradas perante a CCEE, aquela que administrará o respectivo procedimento arbitral[3]. A medida tem sido celebrada por diversas razões, mas uma em especial. Ao conferir essa faculdade às partes, a Convenção Arbitral de 2023 abriu caminho para que arbitragens dela derivadas sejam regidas pelo regulamento da instituição arbitral selecionada pelas partes, ampliando-se o exercício da autonomia privada sobre o procedimento.

Atualmente, há oito instituições arbitrais cadastradas para administrar procedimentos arbitrais sob a Convenção Arbitral de 2023: a Câmara FGV de Mediação e Arbitragem (Câmara FGV), a Câmara de Mediação e Arbitragem Empresarial – Brasil (CAMARB), o Centro Brasileiro de Mediação e Arbitragem (CBMA), a Câmara de Conciliação, Mediação e Arbitragem CIESP-FIESP (Câmara CIESP-FIESP), o Centro de Arbitragem e Mediação da Câmara de Comércio Brasil-Canadá (CAM-CCBC), o Conselho Arbitral do Estado de São Paulo (CAESP), a Câmara de Mediação e Arbitragem da Associação Comercial do Paraná (ARBITAC), e a Câmara de Arbitragem da *International Chamber of Commerce* (CCI).

Com a nova remissão a uma pluralidade de regulamentos de instituições arbitrais, os requisitos aplicáveis à indicação de árbitros em arbitragens sob a Convenção Arbitral de 2023 variam a depender do regulamento aplicável.

O atual regulamento de arbitragem da Câmara FGV, por exemplo, dispõe que árbitros devem ser indicados dentre as pessoas constantes do seu Corpo Permanente de Árbitros, o qual deve compor-se de pessoas "de notório saber, reconhecida capacidade, experiência profissional e ilibada reputação"[4]. A indicação de árbitros fora do Corpo Permanente de Árbitros está condicionada à aprovação interna desse órgão, e potencialmente sujeita aos mesmos critérios aplicados para seus membros[5]. Listas preferenciais de árbitros também são encontradas nos regulamentos do CAM-CCBC[6] e da Câmara CIESP-FIESP[7], cada qual com as suas particularidades.

Alguns regulamentos também incluem requisitos específicos aos árbitros, como a aceitação da sua investidura apenas "se tiver conhecimento da matéria da arbitragem e de seu idioma"[8] ou "se possuir a qualificação necessária para resolver as questões litigiosas e o conhecimento adequado do idioma correspondente à arbitragem"[9]. Outras instituições, como a CCI, não exigem tais qualificações pessoais do árbitro, admitidas

3 Conforme Cláusula 2ª da Convenção Arbitral de 2023.

4 Regulamento de Arbitragem da Câmara FGV, 2016, Artigo 7º.

5 Segundo o Artigo 18, parágrafo 2º, a nomeação de árbitro que não integre o Corpo Permanente de Árbitros deve ser aprovada previamente pela Comissão de Arbitragem, formada por nove membros do Corpo Permanente de Árbitros. Vide Regulamento da Câmara FGV, Artigo 9º, parágrafo 1º.

6 Regulamento do CAM-CCBC, 2022, 11.2.

7 Regulamento da Câmara CIESP-FIESP, 2013, 2.2-6.

8 Código de Ética da Câmara CIESP-FIESP, 4.4.

9 Código de Ética do CAM-CCBC, 2016, Enunciado 2.

certas exceções quanto à nacionalidade[10]. Em todo caso, a escolha da instituição arbitral e as consequências dela decorrentes fica à critério das partes.

Se, por um lado, o novo regime adotado pela Convenção Arbitral de 2023 ampliou a autonomia das partes na escolha das instituições arbitrais e dos regulamentos aplicáveis à seleção dos árbitros, por outro a Convenção Arbitral de 2023 não alterou os limites impostos pela convenção anterior. É o caso, por exemplo, da necessidade de o árbitro ter residência no Brasil e fluência no idioma português.

Em geral, a imposição de qualificações mínimas aos árbitros não é incomum em convenções arbitrais[11]. A imposição busca, principalmente, assegurar que o poder das partes de nomear o árbitro seja exercido de forma apropriada, ou seja, em benefício da solução adequada e eficiente da disputa. Essa imposição, contudo, têm efeitos colaterais. O primeiro e mais evidente desses efeitos é a limitação do número de pessoas que atendem as características exigidas. Quanto mais restritos forem os requisitos impostos pela convenção arbitral, maiores dificuldades terão as partes para encontrar os perfis adequados para constituir o tribunal arbitral.

No âmbito da Convenção Arbitral de 2023, a necessidade de o árbitro residir no Brasil e ser fluente em Português não representam, em si mesmos, requisitos demasiadamente restritos à qualificação do árbitro. Em tese, há um rol relativamente longo de pessoas que preenchem tais requisitos e podem atuar como árbitros nessas disputas.

Na prática, entretanto, a imposição de requisitos ao árbitro, sejam eles mais abrangentes ou mais restritos, costuma trazer certa preocupação no cenário das arbitragens no Brasil. O expoente crescimento do número de arbitragens no país, associado ao limitado quadro de árbitros experientes atuantes no mercado brasileiro, têm suscitado questões frequentes, por vezes pertinentes, em torno da disponibilidade e até mesmo independência e imparcialidade de árbitros nomeados repetidamente em arbitragens sediadas no Brasil. Essa é uma questão ainda mais relevante em arbitragens no âmbito de setores naturalmente complexos, como o de energia.

A propósito, uma das alterações mais significativas e polêmicas da Convenção Arbitral de 2023, conforme endereçado com mais detalhes abaixo, ao se tratar da Cláusula 13[12], foi a modificação do tratamento das hipóteses de *impedimento*

---

10 Na CCI, por exemplo, o árbitro único ou presidente do tribunal arbitral nomeado pela Corte deverá ser de nacionalidade diferente das partes, exceto se não houver oposição das partes e a Corte da CCI autorizar que, diante das circunstâncias, o árbitro único ou presidente compartilhe a mesma nacionalidade de uma das partes. Vide Regulamento CCI, 2021, Artigo 13(5); Nota às Partes e aos Tribunais Arbitrais sobre a Condução da Arbitragem Conforme o Regulamento de Arbitragem da CCI, 2021, §44.

11 LEW, Julian; MISTELIS, Loukas. **Comparative International Commercial Arbitration**. Kluwer Law International, 2003, p. 174.

12 Conforme seção seguinte. Vide também Edelstein, André. Breves Notas sobre as Principais Inovações da Nova Convenção Arbitral da CCEE nas Arbitragens de Comercialização de Energia. *In:* BOSCO LEE, João; VERÇOSA, Fabiane (eds). **Revista Brasileira de Arbitragem**. Kluwer Law International, 2023,

e *suspeição*. Tais alterações buscaram, sobretudo, remediar o limitado rol de perfis capacitados a solucionar tais disputas.

Finalmente, a exigência desses e outros requisitos tende a ser desnecessária. Em regra, as especificidades dos fatos, as partes envolvidas, a lei subjacente à disputa, a disponibilidade do árbitro, o idioma, e os perenes requisitos de independência e imparcialidade atuam como fronteiras naturais à nomeação de árbitros pelas partes. Ainda que não constasse da Convenção Arbitral de 2023, a nomeação de árbitros que não sejam fluentes no idioma português, ou que não tenham conhecimento da matéria ou da lei aplicável, considerando a provável necessidade de analisarem um contexto próprio de regulações e práticas do mercado de energia nacional, tendem a ser opções impopulares. Árbitros alheios à realidade e ao contexto regulatório nacional possivelmente terão menos compreensão da posição das partes, menos capacidade de propor uma solução adequada à disputa e menos protagonismo nas deliberações do tribunal. Nenhuma dessas circunstâncias é, em regra, buscada pela parte que os indica.

O mesmo pode se dizer quanto à necessidade de o árbitro residir no Brasil. Embora não se tenha conhecimento dos motivos que levaram à inclusão de tal qualificação na Convenção Arbitral de 2007, a evolução tecnológica e informacional vivenciada desde então vêm minimizando a importância da localização georgráfica. No âmbito dos procedimentos arbitrais, inclusive, tem sido cada vez mais comum a realização dos atos de forma remota, assim como audiências virtuais. Portanto, a necessidade ou não de árbitro residir no país é mais um fator inerente à análise das partes ao indicar o árbitro e pode trazer limitações desnecessárias ao rol de pessoas aptas a solucionar disputas regidas pela Convenção Arbitral de 2023.

O segundo efeito colateral à imposição de qualificações mínimas aos árbitros é a verificação prática de cumprimento desses requisitos. A inobservância das regras de indicação do árbitro e de constituição do tribunal arbitral – nas quais se incluem as qualidades mínimas do árbitro – são duas das causas mais frequentes de arguição de anulação de sentenças arbitrais em todo o mundo, sendo também causa de nulidade em sentenças arbitrais emitidas no Brasil[13].

É também comum que partes desinteressadas na solução adequada do litígio busquem retardar o procedimento arbitral ou infirmar a sua validade o quanto possível com base na alegada violação de regras de indicação ou dos requisitos para

---

Volume XX, Issue 77, p. 125; item 4, "vi", da carta da CCEE que encaminhou à Aneel a Nova Convenção Arbitral da CCEE para fins de sua homologação (Carta CT-CCEE05644/2021, de 27.10.2021).

13 Lei nº 9.307, 23 de setembro de 1996, Art. 32, II.; BLACKABY KC, Nigel. PARTASIDES, Constantine. **Redfern and Hunter on International Arbitration.** 7th Ed., Kluwer Arbitration, 2022, §10.56-10.59. BORN, Gary. **International Arbitration.** 3rd. Ed., Kluwer Law International, pp. 147-148; Para comentários gerais sobre os requisitos para ser árbitro sob a Lei de Arbitragem, vide também SCHMIDT, Gustavo da R.; FERREIRA, Daniel B.; OLIVEIRA, Rafael Carvalho R. **Comentários à Lei de Arbitragem.** Grupo GEN, 2021, p. 92-94.

ser árbitro, assim como das normas de constituição do tribunal arbitral. Em certos casos, a presença de requisitos de qualificação do árbitro pode convidar as partes a litigar por litigar, sem apreço ao mérito da disputa. Isso ocorre principalmente quando os requisitos impostos aos árbitros estão embasados em critérios subjetivos, como a capacidade técnica do árbitro, ou a fluência em um certo idioma[14].

Em relação à definição da residência do árbitro no Brasil, alguns questionamentos podem surgir durante o procedimento. Seria possível indagar-se, por exemplo, em qual momento deve ser verificada a residência do árbitro no país: quando da indicação pelas partes, ou ao longo de todo o procedimento. Em tese, a interpretação literal da cláusula sugere que os árbitros devem ser residentes do país no momento da indicação, mas também é possível argumentar que a perda das qualificações mínimas do árbitro durante o procedimento arbitral lhe retiraria a capacidade de continuar a exercer a função para a qual foi indicado, sendo necessária a sua substituição.

Tem-se, pois, que a manutenção dessas duas qualificações dos árbitros (residência no Brasil e fluência no idioma português) na nova redação da Cláusula 11 acaba por, contrariamente, limitar o rol de árbitros e pode desencadear desdobramentos desnecessários quanto à qualificação dos árbitros nomeado pelas partes. Tanto a definição do local de residência quanto a fluência em português, cada qual com as suas nuances, admitem caracterizações capazes de municiar questionamentos dessas qualidades em um árbitro nomeado pela parte ou, ainda, um árbitro cuja nomeação tenha sido previamente confirmada.

Outro requisito também preservado na nova redação da Cláusula 11 da Convenção Arbitral de 2023, também constante do artigo 13 da Lei de Arbitragem, é a necessidade de o árbitro ter a confiança das partes.

Em tese, embora seja um requisito inerente a toda arbitragem que deve observar a Lei de Arbitragem, a verificação da confiança das partes admite interpretações diversas. De um lado, argumenta-se que a confiança das partes é um requisito autônomo de qualificação do árbitro, não se confundindo com critérios de suspeição, impedimento, independência ou imparcialidade, mas vinculado ora a circunstâncias éticas e intrínsecas ao árbitro, como honestidade e probidade, ora a circunstâncias do caso, como uma insegurança gerada na parte pelo descumprimento do dever de revelação[15].

---

14 BLACKABY, Nigel, PARTASIDES, Constantine. **Redfern and Hunter on International Arbitration.** 7th Ed., Kluwer Law International, 2022, §4.43 ("*For example, one author recalls a clause requiring 'a native English speaker with experience in Brazilian law and the oil and gas industry'. Such detailed qualifications are rarely a good idea: not only are they likely to cause delay in ascertaining whether or not a particular arbitrator comes within the criteria but they may also create unnecessary additional grounds for an obstreperous losing party to challenge an unfavourable award on the basis that 'the composition of the arbitral tribunal or the tribunal procedure was not in accordance with the agreement of the parties*").

15 Vide, por exemplo, Selma Ferreira Lemes, Árbitro, Conflito de Interesses e o Contrato de Investidura – Homenagem à Petrônio R. Muniz, p. 270; José Carlos de Magalhães, Os Deveres do Árbitro – Homenagem à Petrônio R. Muniz, p. 222.

De outro, argumenta-se que a confiança das partes é presumida a todo árbitro cuja independência e imparcialidade não tenha sido infirmada[16]. Segundo essa posição, a confiança das partes deve ser aferida por critérios de independência e imparcialidade dos árbitros, invariavelmente endereçados nos regulamentos das instituições arbitrais e, mais detalhadamente, nas Diretrizes da IBA sobre Conflitos de Interesses em Arbitragem de 2014[17] ("Diretrizes da IBA"). Ocorre, pois, que as partes em uma arbitragem podem vir a litigar acerca dos critérios relativos à perda da confiança em um dos árbitros, usualmente o árbitro indicado pela contraparte.

Na prática, apesar da limitada divulgação de decisões de impugnação de árbitros no âmbito das instituições arbitrais, casos constantes no digesto dos procedimentos de impugnação de árbitros publicados pela CAMARB em 2021[18] e pela Câmara CIESP-FIESP em 2023[19] subscrevem o entendimento de que a confiança das partes seria antes um desdobramento da independência e imparcialidade do árbitro, do que um dever ético autônomo.

Nas Impugnações CAMARB nº 08 e 09, por exemplo, a instituição destacou que cabe "à parte impugnante comprovar a existência de fatos que [provoquem] dúvidas justificáveis quanto à independência e imparcialidade do árbitro [pois] a ausência de confiança só seria relevante se encontrasse suporte em dúvida justificada"[20] e que a falta de confiança deve "ser interpretada de forma objetiva, conforme o binômio "confiança-imparcialidade" e "confiança-independência"[21]. Semelhante conclusão foi alcançada na Impugnação CMA nº 03, da Câmara CIESP-FIESP,

---

16 Vide, por exemplo, PUCCI, Adriana. **Impugnação de Árbitros.** *In:* 20 Anos da Lei de Arbitragem – Homenagem à Petrônio R. Muniz, p. 170.

17 IBA. Guidelines on Conflicts of Interest in International Arbitration. Londres, 2014.

18 Centro de Estudos e Pesquisa em Arbitragem da Universidade de São Paulo (CEPArb-USP). Digesto dos Procedimentos de Impugnação de Árbitros em Arbitragens Administradas pela Câmara de Mediação e Arbitragem Empresarial – Brasil (CAMARB), 2021.

19 Centro de Estudos e Pesquisa em Arbitragem da Universidade de São Paulo (CEPArb-USP). Digesto dos Procedimentos de Impugnação de Árbitros em Arbitragens Administradas pela Câmara de Conciliação, Mediação e Arbitragem CIESP/FIESP, 2023.

20 Impugnação CAMARB n. 08, § 6. Nesse caso, o árbitro impugnado prestava serviços advocatícios (audiencista) para determinados clientes do escritório que representava a parte no procedimento responsável pela sua indicação. A impugnação foi acolhida em virtude da existência de dúvida justificada quanto à imparcialidade e independência do árbitro.

21 Digesto, Impugnação CAMARB nº 09, § 9. A decisão narra que, nesse caso, o árbitro havia tido vínculo empregatício encerrado mais de 3 anos com uma empresa que, no momento, era cliente de seu escritório. A empresa não era parte na disputa mas, segundo narrado na decisão, poderia ser afetada pelo seu resultado. O comitê acolheu a impugnação sob o fundamento de que o fato de a empresa ser cliente do escritório de advocacia do árbitro no momento da impugnação enseja dúvida justificada quanto à independência e imparcialidade do árbitro, razão pela qual a impugnação foi acolhida. Registre-se que entendimento distinto foi consignado na Impugnação CAMARB nº 06, na qual se afirmou que a confiança não se confunde com causas de suspeição ou impedimento, sendo requisito autônomo de qualificação do árbitro.

segundo a qual a ausência de confiança "deve estar vinculada a algum dado objetivo que indique a parcialidade ou dependência do árbitro que se pretende impugnar"[22]. Em vários casos, as instituições arbitrais fizeram referência às Diretrizes da IBA, que tratam das hipóteses de ausência de independência e imparcialidade do árbitro.

Assim, em que pese haja referência à expressão "confiança das partes" na própria Lei de Arbitragem, não há como se negar a potencial controvérsia em torno do seu conceito. Tendo em vista a manutenção da confiança no dispositivo que trata dos requisitos de qualificação do árbitro na Convenção Arbitral de 2023, isto é, na Cláusula 11, dúvidas podem ser suscitadas quanto à natureza e aplicação desse requisito de forma autônoma ou vinculada aos critérios de independência e imparcialidade do árbitro, já tratados nas hipóteses de impedimento e suspeição da própria convenção, assim como nos regulamentos de arbitragem e Diretrizes da IBA. Há, pois, em nossa opinião, espaço para aprimorar-se ainda mais a redação da referida cláusula.

Cláusula 12

A Cláusula 12 da Convenção Arbitral de 2023, antiga Cláusula 11 da Convenção Arbitral de 2007, não tem gerado maiores comentários. De fato, apesar de ligeira alteração no *caput*, abaixo destacada, a cláusula não sofreu maiores alterações, tendo apenas retirado a (imprecisa) referência ao "Termo de Compromisso Arbitral":

Convenção Arbitral de 2007	Convenção Arbitral de 2023
CLÁUSULA 11 – Os CONFLITOS submetidos à Câmara serão resolvidos por um árbitro único ou Tribunal Arbitral de composição trina, independentemente do número de PARTES envolvidas em cada pólo do CONFLITO, conforme acordado entre as PARTES no Termo de Compromisso Arbitral. Parágrafo único. Caso não haja acordo entre as PARTES quanto ao número de árbitros que irá resolver o CONFLITO, será instituído Tribunal Arbitral de composição trina, o mesmo ocorrendo quando não houver acordo em relação à indicação do árbitro único.	CLÁUSULA 12. Os CONFLITOS submetidos à **Câmara de Arbitragem** serão resolvidos por um árbitro único ou Tribunal Arbitral de composição trina, independentemente do número de PARTES envolvidas em cada polo do CONFLITO, conforme acordado entre as PARTES, **respeitadas as disposições contidas nesta CONVENÇÃO**. Parágrafo único. Caso não haja acordo entre as PARTES quanto ao número de árbitros que irá resolver o CONFLITO, será instituído Tribunal Arbitral de composição trina, o mesmo ocorrendo quando não houver acordo em relação à indicação do árbitro único.

Alguns pontos da atual Cláusula 12, entretanto, quando lida com cautela, chamam a atenção e merecem destaque.

22 CIESP-FIESP, Impugnação CMA nº 03, § 11. Nesse caso, o árbitro foi impugnado sob o fundamento de que haveria uma relação de animosidade entre o árbitro e os advogados da parte impugnante, já que os advogados também representavam outra parte, em outro caso, no qual buscava-se anular a sentença proferida por tribunal arbitral do qual o árbitro impugnado era membro. A impugnação foi rejeitada.

A Convenção Arbitral de 2023, assim como a anterior e conforme esperado pelo princípio da autonomia privada que rege a arbitragem, dá às partes discricionariedade para acordarem quanto ao número de árbitros que julgarão a disputa. No entanto, vai a cláusula além ao dispor que o número de partes envolvidas em cada polo não deve importar nesse acordo. Nisso, a Convenção Arbitral de 2023 está em linha com boa parte dos regulamentos das câmaras arbitrais já homologadas pela CCEE, que, na ausência de acordo, dão discricionariedade à câmara para definição do número de árbitros, independentemente de número das partes envolvidas na disputa, haja vista o valor do litígio ou a complexidade da matéria tratada (especificamente, tratamos dos regulamentos de CBMA[23], CAESP[24], Câmara CIESP-FIESP[25] e CCI[26]).

É fato que o próprio artigo 44[27] da Resolução Normativa ANEEL nº 957, de 7 de dezembro de 2021 (Convenção de Comercialização de Energia Elétrica), que dispõe sobre os conflitos arbitráveis (e a que a Cláusula 1ª da Convenção Arbitral de 2023 faz referência), já indica a possibilidade de conflitos envolvendo mais de um agente da CCEE no mesmo polo. No entanto, como a prática das disputas de

---

23 Regulamento de Arbitragem CBMA, art. 5.8: "**Não havendo acordo das partes quanto ao número de árbitros, caberá ao Centro nomear árbitro único, podendo, entretanto, optar por três árbitros nos casos em que a controvérsia, a critério do Centro, não comporte árbitro único.** Neste último caso, caberá às partes designar seus árbitros no prazo fixado pelo Centro, devendo os árbitros nomeados indicar o terceiro árbitro, caso as partes não tenham fixado outro procedimento" (grifo nosso).

24 Regulamento Arbitral CAESP, art. 13: "Aprovada a instauração do procedimento arbitral pelo CAESP, este fará a indicação do árbitro. (...) Parágrafo Terceiro: **caso a cláusula compromissória seja omissa em relação ao número de árbitros e as partes divirjam sobre esse assunto, caberá ao árbitro indicado pelo CAESP decidir sobre essa matéria**" (grifo nosso).

25 Regulamento de Arbitragem CIESP-FIESP, art. 2.6: "O Tribunal Arbitral será composto por 3 (três) árbitros, podendo as partes acordar que o litígio seja dirimido por árbitro único, por elas indicado, no prazo de 15 (quinze) dias. Decorrido esse prazo sem indicação, este será designado pelo Presidente da Câmara, preferencialmente dentre os membros do Quadro de Árbitros".

26 Regulamento de Arbitragem da CCI, art. 12.2: "Quando as partes não concordarem quanto ao número de árbitros, a Corte nomeará um árbitro único, exceto quando considerar que o litígio justifica a nomeação de três árbitros. Nesse caso, o requerente deverá designar um árbitro no prazo de 15 dias a contar do recebimento da notificação da decisão da Corte, e o requerido deverá designar outro árbitro no prazo de 15 dias a contar do recebimento da notificação da designação feita pelo requerente. Se qualquer das partes deixar de designar um árbitro, este será nomeado pela Corte".

27 Resolução Normativa ANEEL nº 957, art. 44: "Os Agentes da CCEE e a CCEE deverão dirimir, por intermédio da Câmara de Arbitragem, todos os conflitos que envolvam direitos disponíveis, nos termos da Lei nº 9.307, de 23 de setembro de 1996, nas seguintes hipóteses: I – conflito entre dois ou mais Agentes da CCEE que não envolva assuntos sob a competência direta da ANEEL ou, na hipótese de tratar, já tenha esgotado todas as instâncias administrativas acerca do objeto da questão em tela; II – conflito entre um ou mais Agentes da CCEE e a CCEE que não envolva assuntos sob a competência direta da ANEEL ou, na hipótese de tratar, já tenha esgotado todas as instâncias administrativas acerca do objeto da questão em tela; e III – sem prejuízo do que dispõe cláusula específica nos CCEARs, conflito entre Agentes da CCEE decorrente de Contratos Bilaterais, desde que o fato gerador da divergência decorra dos respectivos contratos ou de Regras e Procedimentos de Comercialização e repercuta sobre as obrigações dos agentes contratantes no âmbito da CCEE".

conhecimento público tem demonstrado[28], a existência de mais de uma parte por polo não vem sendo a regra nesses procedimentos, o que, ao mesmo tempo que ilustra a desnecessidade do detalhamento constante da Cláusula 12, justifica a sua permanência, visto dificilmente ter sido questionado no passado.

O Parágrafo Único da Cláusula 12 da Convenção Arbitral de 2023, cuja redação foi inteiramente mantida, especifica que, em não havendo acordo entre as partes quanto à composição do tribunal arbitral, ele será de composição trina, o mesmo ocorrendo quando não houver acordo em relação à indicação de árbitro único.

Nesse ponto, a redação parece destoar dos regimes geralmente adotados nos regulamentos arbitrais: o tribunal arbitral terá composição trina não apenas quando as partes não tiverem acordado prévia e/ou expressamente na composição do tribunal arbitral, mas também – e é isso que o Parágrafo Único parece revelar em sua oração final – "quando não houver acordo em relação à indicação do árbitro único", não mais se observando o quanto "acordado entre as PARTES no Termo de Compromisso Arbitral"[29], mas, sim, "respeitadas as disposições contidas nesta Convenção"[30].

Sabe-se que, em regra e pelos principais regulamentos arbitrais de que se têm notícia, em não havendo acordo entre as partes em relação à indicação de árbitro único (situação, inclusive, não excepcional), cabe à câmara arbitral selecionada efetivar a escolha. É assim em todos os regulamentos das câmaras já cadastradas pela CCEE[31], que, de todo modo, não prevalecem em caso de conflito com disposição da convenção[32], orientação que já havia na convenção anterior[33].

---

28 Nesse sentido, sobre as disputas submetidas à Convenção Arbitral de 2007, vide, por exemplo: STJ, REsp 1.602.247, rel. Min. Marco Buzzi, p. 30.08.2023; TJSP, 27ª Cam. Dir. Priv., Ap. Civ. 1120302 03.2021.8.26.0100, rel. Des. Daise Fajardo Nogueira Jacot, j. 14.03.2023; TJRJ, 3ª Cam. Civ., Ag. In. 0071685-67.2020.8.19.0000, rel. Des. Mario Assis Gonçalves, j. 17.05.2023.

29 Conforme a redação da Cláusula 11 da Convenção Arbitral de 2007.

30 Conforme a nova redação conferida pela Cláusula 12 da Convenção Arbitral de 2023.

31 Para referência: Regulamento de Arbitragem Câmara FGV, Art. 15; Regulamento de Arbitragem CAMARB, art. 4.3; Regulamento de Arbitragem CBMA, art. 5.9; Regulamento Arbitral CAESP, art. 13; Regulamento de Arbitragem Câmara CIESP-FIESP, art. 2.6; Regulamento de Arbitragem ARBITAC, art. 14, §1º; Regulamento de Arbitragem CAM-CCBC, art. 13.1; e Regulamento de Arbitragem CCI, art. 12.3.

32 Conforme Cláusula 22 da Convenção Arbitral de 2023.

33 Na cláusula 1ª da Convenção de 2007, consta redação semelhante de prevalência do significado dos termos da Convenção sobre os da Câmara FGV (que era a única possível de ser escolhida): "CLÁUSULA 1ª - Observado o disposto no § 7º do art. 4º da Lei nº 10.848, de 2004, e no art. 59 da CONVENÇÃO DE COMERCIALIZAÇÃO, eventuais conflitos ("CONFLITOS") fundados nas relações estabelecidas ao amparo do Estatuto Social da CCEE e da CONVENÇÃO DE COMERCIALIZAÇÃO serão dirimidos no âmbito da Câmara FGV (Fundação Getúlio Vargas) de Conciliação e Arbitragem ("CÂMARA"), nos termos de seu próprio Regulamento e da presente CONVENÇÃO, aplicando-se subsidiariamente o disposto na Lei de Arbitragem e regulamentação aplicável. Os termos não definidos nesta CONVENÇÃO têm o significado a eles atribuído na CONVENÇÃO DE COMERCIALIZAÇÃO. Na hipótese de CONFLITO entre os termos desta CONVENÇÃO e do regulamento da CÂMARA, prevalecerá o disposto nesta CONVENÇÃO".

Os motivos que levaram a Convenção Arbitral de 2023, como a anterior, a privilegiar tribunal de composição trina não estão claros e, de fato, não constam de ata da AGE/CCEE ou de exposição de motivos. Tal opção, entretanto, parecia fazer sentido quando a convenção não adotava sistema de pluralidade de câmaras. Atualmente, considerando o quanto disposto no artigo 5º da Lei de Arbitragem[34] e o fato de que os próprios regulamentos de câmaras privilegiam a opção das partes por árbitro único mesmo quando elas não atingem acordo sobre a nomeação, tal ponto – que, conforme adiantado, não parece ter gerado maiores atritos – parece-nos carecer de maior fundamentação.

Importa dizer, inclusive, que a Lei de Arbitragem apenas determina, no parágrafo primeiro do artigo 13, que o tribunal arbitral deve ser em número ímpar. Por sua vez, as instituições arbitrais costumam especificar que, se não houver acordo por árbitro único, o tribunal arbitral será composto por três árbitros. Dentre os benefícios mencionados pela doutrina para a escolha de tribunais arbitrais de composição trina estão *(i)* a possibilidade de que o caso seja analisado por diversas perspectivas, ao invés de uma única; *(ii)* a composição heterogênea do Tribunal Arbitral, com árbitros de diferentes qualificações; *(iii)* a possibilidade de cada polo geralmente poder indicar o co-árbitro de sua respectiva escolha; e *(iv)* o fato de a composição trina ser a mais usualmente adotada no mercado[35], em especial diante de disputas complexas e de elevado vulto econômico[36]. Desta forma, é possível que a preferência apresentada pela CCEE por tribunais arbitrais compostos por três árbitros tenha sido motivada por estes benefícios, muito embora não tenhamos encontrado confirmação oficial da CCEE a respeito.

---

34 Lei 9307/1996, art. 5º: "Reportando-se as partes, na cláusula compromissória, às regras de algum órgão arbitral institucional ou entidade especializada, a arbitragem será instituída e processada de acordo com tais regras, podendo, igualmente, as partes estabelecer na própria cláusula, ou em outro documento, a forma convencionada para a instituição da arbitragem".

35 Nesse sentido, as estatísticas publicadas pelo CAM-CCBC em 2022 (Fatos e Números) destacam que, dos tribunais arbitrais constituídos em 2022, 89,13% correspondiam a tribunais colegiados, ao passo que somente 10,87% correspondiam a árbitro único. Entre 2020 e 2021, essa proporção foi de 93,5% para tribunais colegiados e 6,5% para árbitro único, de acordo com os Fatos e Números do CAM-CCBC deste período. As estatísticas da Câmara CIESP-FIESP de 2022, por sua vez, indicam a proporção de 81% para tribunais e 19% para árbitro único. Estas estatísticas podem ser encontradas nos sites oficiais de ambas as câmaras. Além disso, a CCI indicou em seu "ICC Dispute Resolution 2020 Statistics" que, em 2020, a proporção de composição dos tribunais arbitrais dos casos que administrou foi de 56% para tribunais arbitrais compostos por três árbitros e 44% para árbitro único.

36 Neste sentido, *vide*, por exemplo ***(a)*** CARMONA, Carlos Alberto. **Arbitragem e Processo**: um Comentário à Lei nº 9.307/96. 4ª ed., Barueri: Atlas, 2023, p. 236; ***(b)*** NOGUEIRA, Daniel Fábio Jacob; SOARES JR; Ney Bastos. Capítulo III – Dos Árbitros. *In:* NETO, Francisco Maia; MUNIZ, Joaquim de Paiva. **Reforma da Lei de Arbitragem**: Comentários ao Texto Completo. Vol. 1, 1ª ed., Belo Horizonte: Francisco Maia & Associados, 2015, pp. 51-52; ***(c)*** BORN, Gary. Chapter 12: Selection, Challenge and Replacement of Arbitrators in International Arbitration. *In:* BORN, Gary. **International Commercial Arbitration.** 3rd edition, Kluwer Law International, 2021.

Note-se que, em causas de menor valor, a opção por árbitro único poderia ser benéfica, especialmente diante das menores custas[37]. O consenso entre as Partes na escolha do árbitro, entretanto, não é de se esperar. Desse modo, o porquê de se estabelecer, de antemão e sem aparente relação direta ao caso concreto, a preferência pelo tribunal de composição trina é questão que, a nosso ver, mereceria melhor detalhamento e fundamentação.

Cláusula 13

No que tange à análise da Cláusula 13, e seus incisos I a V, da Convenção Arbitral de 2023, também é importante partir da comparação com a Convenção Arbitral de 2007. A diferença mais relevante entre as duas versões está na alteração do tratamento das hipóteses listadas nos incisos da anterior Cláusula 12 e atual Cláusula 13 das respectivas convenções. Antes consideradas *impedimentos*, tais hipóteses agora são tratadas como *suspeição* à indicação do árbitro. Vejamos:

Convenção Arbitral de 2007	Convenção Arbitral de 2023
CLÁUSULA 12 – Além das hipóteses previstas na Lei de Arbitragem e no Regulamento da Câmara, **não poderá ser nomeado árbitro no CONFLITO**, a pessoa que: I. for empregado, funcionário ou que exerça cargo de direção ou de administração de quaisquer das PARTES no CONFLITO, **de qualquer Agente da CCEE** ou, ainda, da própria CCEE. II. for acionista controlador de uma das PARTES ou empregado, funcionário, dirigente ou administrador da empresa que controlar quaisquer das PARTES.	CLÁUSULA 13 – Além das hipóteses previstas na Lei de Arbitragem e no Regulamento da Câmara de Arbitragem, **será considerado suspeito para atuar como árbitro no CONFLITO** a pessoa que: I. for empregado, funcionário ou que exerça cargo de direção ou de administração em quaisquer das PARTES no CONFLITO, ou, ainda, da própria CCEE. II. for acionista controlador de uma das PARTES ou empregado, funcionário, dirigente ou administrador da empresa que controlar quaisquer das PARTES.

37 "*One arbitrator is, in some respects, easier to select than a larger number of arbitrators, while he or she generally costs less and can act more quickly than multiple arbitrators*" (BORN, Gary. Chapter 12: Selection, Challenge and Replacement of Arbitrators in International Arbitration. *In:* BORN, Gary. **International Commercial Arbitration**. 3rd edition, Kluwer Law International, 2021). Nesse mesmo sentido, *vide*, por exemplo ***(a)*** NOGUEIRA, Daniel Fábio Jacob; SOARES JR; Ney Bastos. Capítulo III – Dos Árbitros. *In:* NETO, Francisco Maia; MUNIZ, Joaquim de Paiva. **Reforma da Lei de Arbitragem**: Comentários ao Texto Completo. Vol. 1, 1ª ed., Belo Horizonte: Francisco Maia & Associados, 2015, p. 52; e ***(b)*** MCLLWRATH, Michael; SAVAGE, John. Chapter One: The Elements of an International Dispute Resolution Agreement. *In:* MCLLWRATH, Michael; SAVAGE, John. **International Arbitration and Mediation**: A Practical Guide. Kluwer Law International, 2010, p. 68.

Convenção Arbitral de 2007	Convenção Arbitral de 2023
III. tenha tomado conhecimento do CONFLITO na qualidade de procurador, testemunha, perito, consultor ou assistente técnico de uma das PARTES. IV. for cônjuge, parente, consangüíneo ou afim, em linha reta ou colateral, até o terceiro grau, de controlador de uma das PARTES ou de dirigente ou administrador de quaisquer das PARTES, **de qualquer Agente da CCEE ou, ainda, da própria CCEE.** V. for cônjuge, parente, consangüíneo ou afim, em linha reta ou colateral, até o segundo grau, do procurador de uma das PARTES no CONFLITO. (...)	III. tenha tomado conhecimento do CONFLITO na qualidade de procurador, testemunha, perito, consultor ou assistente técnico de uma das PARTES. IV. for cônjuge, parente, consanguíneo ou afim, em linha reta ou colateral, até o terceiro grau, de controlador de uma das PARTES ou de dirigente ou administrador de quaisquer das PARTES. V. for cônjuge, parente, consanguíneo ou afim, em linha reta ou colateral, até o segundo grau, de qualquer procurador **constituído ou que tenha alguma atuação em favor de qualquer** das PARTES no CONFLITO. (...) **Parágrafo único: Para todos os fins e efeitos, as hipóteses listadas nos incisos acima constituem causa de suspeição de árbitro(s), não de impedimento.**

Em linha com um dos cinco grandes pontos de mudanças trazidos pela Convenção Arbitral de 2023[38], infere-se que a maioria das alterações destacadas acima foi aprovada com a intenção de se ampliar o rol de potenciais árbitros, sob as premissas de que *(i)* o impedimento acarretaria presunção absoluta de parcialidade e não pode ser consentido pelas partes, enquanto a suspeição trataria de presunção relativa e admitiria tal consentimento e *(ii)* o impedimento não preclui, podendo ser trazido a qualquer tempo, o que não ocorreria com a suspeição.

A despeito da nova caracterização geral, as hipóteses de suspeição da Cláusula 13 continuam próximas das hipóteses de impedimento à atuação como árbitro constantes da Lei de Arbitragem, que incorpora as hipóteses listadas nos artigos 144

38 O item "f" da ata da AGE/CCEE, na qual o texto da nova Convenção Arbitral foi aprovado, dispõe que: "(f) Suspeição de árbitros e prazo de quarentena: modificação com o objetivo de ampliar o rol de árbitros a serem selecionados, com a alteração do rol de impedimento para suspeição, permitindo que os critérios de afastamento de árbitros sejam analisados pelas partes envolvidas na disputa, que poderão recusar ou consentir com a indicação do árbitro indicado à luz da revelação efetuada, tendo em vista a confiança depositada no indivíduo nomeado. Ademais, para ex-prestador de serviço, ex-colaborador e ex-consultor de umas das partes, o prazo da quarentena será reduzido de dois anos para seis meses com o mesmo objetivo de ampliar o rol de possíveis árbitros". Nesse mesmo sentido, vide **(i)** item 4, "vi", da Carta CT-CCEE05644/2021, de 27 de outubro de 2021, por meio da qual a CCEE encaminhou à Aneel a Convenção Arbitral de 2023 para fins de sua homologação; e **(ii)** EDELSTEIN, André. Breves Notas sobre as Principais Inovações da Nova Convenção Arbitral da CCEE nas Arbitragens de Comercialização de Energia. *In:* BOSCO LEE, João; VERÇOSA, Fabiane (eds), **Revista Brasileira de Arbitragem**, Kluwer Law International, 2023, Volume XX, Issue 77, p. 125.

e 145 Código de Processo Civil[39], além de situações que se enquadram nas listas vermelha (irrenunciável e renunciável) e laranja das Diretrizes da IBA, importante referência em arbitragens internacionais e domésticas[40].

O inciso I da Cláusula 13 da Convenção Arbitral de 2023 apresenta descrição similar à contida no inciso V do artigo 144 do Código de Processo Civil[41] (hipótese de impedimento) e no item 1.2 da lista vermelha irrenunciável das Diretrizes da IBA sobre Conflitos de Interesses em Arbitragem de 2014[42]. Todos preveem o exercício de cargo de direção ou administração, pelo árbitro, de pessoa jurídica que seja parte no processo como hipótese de impedimento.

O mesmo conflito se verifica no inciso II da Cláusula 13. A hipótese trazida nesse inciso também se aproxima das situações descritas nos itens 2.2.1[43] da lista vermelha renunciável que prevê, de maneira abrangente, a detenção de participação ou ações – o que pode incluir participação controladora ou detenção de ações em proporção que possibilite o exercício do controle – pelo árbitro em uma das partes ou em afiliada de uma das partes.

O inciso III da Cláusula 13 da Convenção Arbitral se aproxima do inciso I do artigo 144 do Código de Processo Civil[44] (hipótese de impedimento) e dos itens 2.1.2[45] e 2.3.1[46] da lista vermelha renunciável das Diretrizes da IBA sobre Conflitos de Interesses em Arbitragem de 2014. Todos preveem uma situação de envolvimento

---

39 Art. 14 da Lei 9.307/1996: "Estão impedidos de funcionar como árbitros as pessoas que tenham, com as partes ou com o litígio que lhes for submetido, algumas das relações que caracterizam os casos de impedimento ou suspeição de juízes, aplicando-se-lhes, no que couber, os mesmos deveres e responsabilidades, conforme previsto no Código de Processo Civil".

40 A lista vermelha representa situações mais sérias de independência e/ou imparcialidade e se divide em situações irrenunciáveis (Item 2.(d)) e renunciáveis (Item 4.(d); a lista laranja (Parte II, Item 3) representa situações que podem suscitar dúvidas, impondo o dever de revelação; e a lista verde (Parte II, Item 7), que representa situações em que inexiste conflito de interesses aparente ou efetivo, não havendo qualquer dever de revelação.

41 Art. 144, do CPC: "Há impedimento do juiz, sendo-lhe vedado exercer suas funções no processo: V - quando for sócio ou membro de direção ou de administração de pessoa jurídica parte no processo".

42 Item 1.2. das IBA Guidelines on Conflicts of Interest in International Arbitration: "O árbitro é administrador, diretor ou membro de órgão supervisor, ou possui influência de controle sobre uma das partes ou sobre uma entidade que tem um interesse económico direto na sentença arbitral a ser proferida".

43 Item 2.2.1. das IBA Guidelines on Conflicts of Interest in International Arbitration: "O árbitro detém, direta ou indiretamente, participações ou ações numa das partes ou em afiliada de uma das partes, sendo tal parte ou afiliada pessoa jurídica de capital privado".

44 Art. 144, do CPC: "Há impedimento do juiz, sendo-lhe vedado exercer suas funções no processo: I - em que interveio como mandatário da parte, oficiou como perito, funcionou como membro do Ministério Público ou prestou depoimento como testemunha".

45 Item 2.1.2. das IBA Guidelines on Conflicts of Interest in International Arbitration: "O árbitro teve um envolvimento prévio no litígio".

46 Item 2.3.1. das IBA Guidelines on Conflicts of Interest in International Arbitration: "O árbitro atualmente representa ou presta consultoria a uma das partes ou a uma afiliada de uma das partes". Cita-se a versão de 2014 das Diretrizes da IBA, pois era a vigente quando da aprovação da Convenção

prévio do árbitro com o litígio, seja representando uma das partes enquanto procurador, seja como testemunha, perito, consultor ou assistente técnico.

O inciso IV da Cláusula 13 da Convenção Arbitral se assemelha ao inciso IV do artigo 144 do Código de Processo Civil[47] (hipótese de impedimento) e dos itens 2.2.2[48], 2.3.8[49] e 2.3.9[50] da lista vermelha renunciável das Diretrizes da IBA sobre Conflitos de Interesses em Arbitragem de 2014. Muito embora o inciso IV do artigo 144 não preveja a relação entre o familiar do árbitro e o controlador, dirigente ou administrador de uma das partes, ele prevê a relação entre o familiar do árbitro e a parte em si, de modo que poderia eventualmente se compreender que ambos visam a evitar uma situação semelhante, qual seja, que o familiar do árbitro tenha um interesse financeiro significativo no resultado do litígio. Nesta mesma toada, seguem os itens 2.2.2 e 2.3.9 das Diretrizes da IBA sobre Conflitos de Interesses em Arbitragem de 2014, bem como o item 2.3.8, que igualmente prevê a relação de um familiar próximo do árbitro com qualquer pessoa que exerça influência de controle sobre uma das partes.

Já o inciso V da Cláusula 13 da Convenção Arbitral de 2023 se aproxima do inciso III do artigo 144 do Código de Processo Civil[51] (hipótese de impedimento) e do item 2.2.2 da lista vermelha renunciável das Diretrizes da IBA sobre Conflitos de Interesses em Arbitragem de 2014. Isso porque todos envolvem o interesse

---

Arbitral de 2023 da CCEE. No entanto, destacamos que este item sofreu alterações em sua redação na nova versão das Diretrizes da IBA publicada em 2024.

47 Art. 144, do CPC: "Há impedimento do juiz, sendo-lhe vedado exercer suas funções no processo: IV - quando for parte no processo ele próprio, seu cônjuge ou companheiro, ou parente, consanguíneo ou afim, em linha reta ou colateral, até o terceiro grau, inclusive".

48 Item 2.2.2. das IBA Guidelines on Conflicts of Interest in International Arbitration: "Um familiar próximo do árbitro possui interesse financeiro significativo no resultado do litígio". Cita-se a versão de 2014 das Diretrizes da IBA, pois era a vigente quando da aprovação da Convenção Arbitral de 2023 da CCEE. No entanto, destacamos que este item sofreu alterações em sua redação na nova versão das Diretrizes da IBA publicada em 2024.

49 Item 2.3.8. das IBA Guidelines on Conflicts of Interest in International Arbitration: "O árbitro possui relacionamento familiar próximo com uma das partes, ou com o administrador, gerente ou membro de órgão supervisor, ou com qualquer pessoa com influência de controlo sobre uma das partes ou sobre uma afiliada de uma das partes, ou com o mandatário que representa uma das partes". Cita-se a versão de 2014 das Diretrizes da IBA, pois era a vigente quando da aprovação da Convenção Arbitral de 2023 da CCEE. No entanto, destacamos que este item corresponde ao item 2.3.7 na nova versão das Diretrizes da IBA publicada em 2024.

50 Item 2.3.9. das IBA Guidelines on Conflicts of Interest in International Arbitration: "Um familiar próximo do árbitro possui interesse financeiro ou pessoal significativo numa das partes ou numa afiliada de uma das partes". Cita-se a versão de 2014 das Diretrizes da IBA, pois era a vigente quando da aprovação da Convenção Arbitral de 2023 da CCEE. No entanto, destacamos que este item corresponde ao item 2.3.8 na nova versão das Diretrizes da IBA publicada em 2024.

51 Art. 144, do CPC: "Há impedimento do juiz, sendo-lhe vedado exercer suas funções no processo: III - quando nele estiver postulando, como defensor público, advogado ou membro do Ministério Público, seu cônjuge ou companheiro, ou qualquer parente, consanguíneo ou afim, em linha reta ou colateral, até o terceiro grau, inclusive".

financeiro significativo de um familiar próximo do árbitro – em especial seu/sua cônjuge, companheiro(a), parente, consanguíneo ou afim, em linha reta ou colateral – no resultado do litígio em decorrência da atuação do familiar como procurador constituído ou em favor de qualquer das partes.

Algumas ponderações podem ser traçadas a partir das comparações realizadas acima. Primeiro, não obstante o propósito de ampliação do rol de potenciais árbitros com a caracterização das hipóteses listadas nos incisos da Cláusula 13 como "causa de suspeição de árbitro(s), não de impedimento", conforme o seu inédito parágrafo único, tais hipóteses seguem, na sua essência, próximas às circunstâncias que a legislação doméstica e a prática internacional compreendem como impeditivas para nomeação e atuação dos árbitros.

Em segundo lugar, as (poucas) modificações realizadas nos incisos I a V da Cláusula 13 reforçam o objetivo de não restringir um potencial rol de árbitros. Observa-se que a exclusão da relação entre o potencial árbitro com "qualquer Agente da CCEE" ou a "própria CCEE" reforça a extensão do número de candidatos, considerando que a quantidade de Agentes da CCEE aumenta frequentemente[52] e que a verificação de pessoas ligadas a estes e a própria CCEE pode ser uma tarefa demasiadamente árdua.

Parece-nos, aliás, que a mudança para constituição de causas de suspeição se filia a entendimento doutrinário que privilegia a autonomia da vontade das partes e até mesmo a recomendações práticas, como as diretrizes do CBAr atinentes ao dever de revelação dos árbitros.

Para CARMONA[53], embora pela Lei de Arbitragem, em seu artigo 14, exista clara obrigação do árbitro de afastar-se na hipótese de ocorrência de qualquer

---

52 Nesse sentido, *vide*, por exemplo, a informação divulgada no site da CCEE de que a Câmara encerrou o mês de dezembro de 2021 com 12.240 agentes, representando um aumento de 14% em relação ao mesmo período de 2020: <https://www.ccee.org.br/pt/web/guest/-/ccee-somava-12.240-agentes-ao-final-de-2021-14-a-mais-do-que-em-dezembro-de-2020#:~:text=A%20C%C3%A2mara%20de%20Comercializa%C3%A7%C3%A3o%20de%20Energia%20El%C3%A9trica%20%E2%80%93,-com%20o%20fim%20do%20mesmo%20per%C3%ADodo%20em%202020>. Acesso em 15 abr. 2024. Atualmente, este número supera a marca dos 15 mil, conforme informação disponível em: < https://www.ccee.org.br/nossos-associados>. Acesso em 15 abr. 2024.

53 "Impõe-se ao árbitro proibição de atuar, seja em casos de suspeição, seja em casos de impedimento verdadeiro e próprio. A Lei não faz distinção – para os efeitos do seu art. 32, II – entre os casos de suspeição e de impedimento. No regime do Código de Processo Civil (tanto no de 1973 quanto no de 2015), o impedimento funciona como proibição para o juiz de atuar nas causas em que estejam presentes as circunstâncias descritas no art. 144 do Código atual; e o defeito é tão importante que a lei processual o faz sobreviver ao trânsito em julgado da sentença, permitindo até mesmo o manejo da ação rescisória (art. 966, II, do Código de 2015; já a suspeição abrange casos tidos como menos graves quanto ao comprometimento da imparcialidade do juiz, de maneira que, não se afastando espontaneamente o magistrado e não alegando a parte o defeito no prazo legal, será válido todo o processado, sem que se possa alegar a nulidade posteriormente [...] O dispositivo legal sob análise, portanto, reporta-se hipótese de suspeição ou impedimento, sem qualquer distinção prática de efeitos que cada uma acarreta (diferentemente da presunção absoluta de parcialidade diante de impedimento e de ausência de preclusão para o caso de suspeição, na lógica do Código de Processo Civil), "mesmo nas hipóteses claras de impedimento e suspeição, podem perfeitamente as partes, conhecendo a circunstância, acordar na indicação do árbitro".

Isto é, ponto relevantíssimo para a questão centra-se no dever de revelação do árbitro. É o que, como terceira ponderação, aparenta ser a finalidade das mudanças implementadas com a Cláusula 13, de que, a partir da revelação feita pelo árbitro, será considerado suspeito e não impedido de ser nomeado/de atuar como árbitro o sujeito que, por exemplo, exercer cargo de direção em uma das partes e estas, diante de uma hipótese conceitualmente mais branda do que um impedimento automático, poderão aceitá-lo.

No mesmo sentido, conforme item 3 das Diretrizes do CBAr sobre o dever de revelação do(a) árbitro(a)[54], eventual omissão no exercício do dever de revelação não implica, necessariamente, falta de independência ou imparcialidade, conforme visão de terceiro que, com razoabilidade, analisaria caso concreto à luz da natureza e da relevância do fato não revelado.

Destarte, considerando o propósito da mudança de hipóteses para constituição de causa de suspeição de árbitro e não de impedimento na Convenção Arbitral de 2023, considera-se que, em havendo a revelação pelo árbitro, ainda mais de hipótese atualmente atenuada de suspeição, as partes poderiam seguir com a sua aceitação.

Por outro lado, não se poderia deixar de apontar para o risco que é possível antever com a mudança "meramente formal" da caracterização das hipóteses de impedimento para meras circunstâncias de suspeição, nos termos da Cláusula 13 e seu parágrafo único; principalmente ao se considerar que as hipóteses, como demonstrado acima, se assemelham com as hipóteses de impedimento do Código de Processo Civil e de situações previstas nas Diretrizes da IBA (em especial, quanto àquelas situações referentes à lista vermelha de situações irrenunciáveis).

Importante destacar que a discussão na arbitragem sobre o dever de revelação para averiguação de independência e imparcialidade do árbitro não se encerra nas

---

a situações descritas no Código de Processo como de suspeição e impedimento, mas dá a elas o mesmo efeito, deixando clara a obrigação do árbitro de afastar-se na hipótese de sua ocorrência, indiferentemente. Neste sentido, fica destituída de efeitos práticos a distinção entre uma e outra [...] Os motivos que levam ao afastamento de árbitros, porém, não podem ser considerados absolutos. Em outros termos, mesmo nas hipóteses claras de impedimento e suspeição, podem perfeitamente as partes, conhecendo a circunstância, acordar na indicação do árbitro" (CARMONA, Carlos Alberto. **Arbitragem e Processo**: um Comentário à Lei nº 9.307/96. 4ª ed., Barueri: Atlas, 2023, pp. 256-258, grifamos).

54 Disponível em: <https://cbar.org.br/site/wp-content/uploads/2023/09/diretrizes-do-cbar-sobre-o-dever-de-revelacao-doa-arbitroa.pdf>. Acesso em 14 de abril de 2024.

revelações do árbitro, como também nas informações prestadas pelas partes, em especial no início dos procedimentos, quando da intimação para manifestação sobre a indicação do árbitro e prazo para eventuais considerações ou informações sobre potenciais partes interessadas. Seria inadequado que uma das partes, ao sucumbir em eventual demanda, passasse a investigar a vida dos árbitros em busca de eventual motivo para fundamentar ação anulatória contra decisão desfavorável. Nesse sentido, deve haver cooperação entre todos os agentes da arbitragem (árbitros, partes, advogados, instituições arbitrais) no intuito de melhor averiguar eventuais situações de conflito[55].

Vale mencionar, ainda, que esse tópico envolve assunto relevante de intersecção entre tribunais arbitrais e o Poder Judiciário, porque podem resultar em demandas anulatórias de procedimentos arbitrais por alegações de falta de independência e/ou imparcialidade e/ou descumprimento do dever de revelação dos árbitros. Nesse aspecto, importante ponderar que a independência e imparcialidade são tópicos de grande discussão nos tribunais estatais, fazendo-se referência ao julgamento da Ação Direta de Inconstitucionalidade (ADI) 5.953, pelo Supremo Tribunal Federal ("STF"), referente ao inciso VIII do art. 144[56] do Código de Processo Civil.

Nessa ADI, o STF, adotando posição mais restritiva, em vista dos princípios da razoabilidade e proporcionalidade, julgou procedente pedido da Associação dos Magistrados do Brasil, no sentido de não entender, *prima facie,* como parcial o magistrado no processo em que a parte for cliente de escritório de advocacia de cônjuge, companheiro ou parente consanguíneo, em linha reta ou colateral, até o terceiro grau, ainda que, na causa submetida a ele, a mesma parte seja representada por advogado de outro escritório.

Em suma, observa-se que a Convenção buscou posicionar-se em tema que vem gerando repercussões práticas importantes na interface entre a arbitragem e o Poder Judiciário, precipuamente ao se considerar a finalidade de se conferir maior segurança jurídica, com a proteção das sentenças arbitrais, que não venham a ser questionadas em futuras demandas anulatórias. De todo modo, considerando que

---

55 No mesmo sentido, quanto ao dever de cooperação, o item 5 das Diretrizes do CBAr sobre o dever de revelação do(a) árbitro(a): "As partes possuem o dever de colaborar com o(a) árbitro(a) para o correto exercício do dever de revelação deste(a), inclusive por meio da prestação de informações completas, precisas e atualizadas a respeito do conflito, das partes da arbitragem e, eventualmente, das pessoas interessadas no conflito. Este dever permanece durante todo o curso do processo arbitral, até o esgotamento da jurisdição do(a) árbitro(a)". Disponível em: <https://cbar.org.br/site/wp-content/uploads/2023/09/diretrizes-do-cbar-sobre-o-dever-de-revelacao-doa-arbitroa.pdf>. Acesso em 14 de abril de 2024.

56 Art. 144. Há impedimento do juiz, sendo-lhe vedado exercer suas funções no processo: VIII - em que figure como parte cliente do escritório de advocacia de seu cônjuge, companheiro ou parente, consanguíneo ou afim, em linha reta ou colateral, até o terceiro grau, inclusive, mesmo que patrocinado por advogado de outro escritório.

a própria Cláusula 13, em seu *caput*, manteve a ressalva inicial de aplicação da Lei de Arbitragem, que, por sua vez, refere-se às previsões de impedimento e suspeição do Código de Processo Civil, o que se observa é que há potencial perigo de oposição interpretativa da Convenção Arbitral de 2023 com a legislação brasileira, bem como com a prática internacional, de modo a justificar ainda mais a impossibilidade quanto à aceitação, por uma das partes, de árbitro que revela hipótese de suspeição, nos termos da Cláusula 13.

CONCLUSÕES

O sucesso da adoção da arbitragem para solução de conflitos no âmbito da CCEE é um dado da realidade. Mais de quinze anos após a homologação da Convenção Arbitral de 2007 e vinte anos após a criação da CCEE pela Lei nº 10.848 de 15 de março de 2004, é notável a evolução do (ainda recente) sistema de comercialização de energia elétrica no mercado brasileiro. De fato, a própria necessidade de atualização da Convenção Arbitral de 2007, inclusive com a proposta de criação de ementário[57], é prova da ampla adoção e utilização do método adjudicatório.

No entanto, a acertada adoção de convenção arbitral no âmbito da CCEE não significa que a Convenção Arbitral de 2023 não seja passível de aprimoramento, mormente diante do que se aguarda da sua aplicação e dos reflexos da prática do mercado e de interpretações sistemáticas.

Buscou-se, com este trabalho, elencar, de forma não exaustiva, algumas das questões que eventualmente poderão surgir em relação às Cláusulas 11 a 13 (incisos I a V) da Convenção Arbitral de 2023 e possíveis formas de ponderá-las.

57 Conforme Cláusula 16 de Convenção Arbitral de 2023.

6. HIPÓTESES DE IMPEDIMENTO E SUSPEIÇÃO DE ÁRBITRO

Julio Cesar Fernandes
Murilo Matos

1. CONVENÇÃO DE ARBITRAGEM

A antiga Convenção de Arbitragem da Câmara de Comercialização de Energia Elétrica ("**CCEE**"), estabelecida por meio da Resolução Homologatória da Agência Nacional de Energia Elétrica ("**ANEEL**") nº 531 de 7 de agosto de 2007 ("antiga Convenção de Arbitragem da CCEE"), previa nos incisos VI a XI da Cláusula 12ª as seguintes hipóteses de impedimento de árbitro:

> "CLÁUSULA 12 - Além das hipóteses previstas na Lei de Arbitragem e no Regulamento da Câmara, não poderá ser nomeado árbitro no CONFLITO, a pessoa que:
> [...]
> VI. tiver qualquer interesse em que o resultado do CONFLITO beneficie quaisquer das PARTES e/ou outro Agente da CCEE;
> VII. for credor ou devedor de uma das PARTES ou de pessoa que controle ou exerça cargo de direção ou de administração de uma das PARTES ou de qualquer Agente da CCEE;
> VIII. receber dádiva de empregado, funcionário ou de pessoa que exerça cargo de direção ou de administração de uma das PARTES antes, durante ou depois de iniciado o CONFLITO;

> IX. aconselhar alguma das PARTES ou pessoa que exerça a direção ou administração de uma das PARTES acerca do objeto do CONFLITO;
> X. tiver atuado como mediador ou conciliador, antes da instituição da arbitragem, naquele CONFLITO; ou
> XI. for ex-contratado, ex-prestador de serviço em caráter permanente ou temporário ou ex-consultor, nos últimos 2 (dois) anos, de quaisquer das PARTES no CONFLITO, de qualquer Agente da CCEE ou, ainda, da própria CCEE."

Em qualquer dessas hipóteses, o árbitro estava *impedido* de atuar no processo arbitral – "não poderá ser nomeado árbitro no CONFLITO" –, uma vez que se presumia que naturalmente seria parcial às partes e ao conflito. Tais hipóteses de impedimento de árbitro são pautadas em elementos objetivos, de fácil constatação, e que não dependem do sentimento do árbitro em relação aos participantes e o resultado do processo, culminando na restrição de atuação desses profissionais em processos com base na antiga Convenção de Arbitragem da CCEE.

Em 19 de outubro de 2021, na 68ª Assembleia Geral Extraordinária da CCEE, foi aprovada a nova Convenção de Arbitragem da CCEE ("nova Convenção de Arbitragem da CCEE") que, ao que importa ao presente artigo, com o claro objetivo de ampliar o número de possíveis árbitros[1], alterou as hipóteses de impedimento previstas na antiga Convenção de Arbitragem da CCEE para hipóteses de suspeição dos árbitros, permitindo que os critérios de afastamento desses profissionais sejam analisados pelas partes envolvidas no Conflito[2], que poderão recusar ou até mesmo consentir com a indicação do árbitro indicado à luz da revelação efetuada, tendo em vista a confiança depositada no indivíduo nomeado.

---

1 "*Com o declarado objetivo de ampliar o rol de possíveis árbitros a serem selecionados pelas partes, a Nova Convenção Arbitral da CCEE estabeleceu duas flexibilizações em relação às restrições previstas na antiga convenção arbitral para atuação como árbitro. A primeira delas compreende a flexibilização de todas as hipóteses classificadas na antiga convenção arbitral como de impedimento, que passaram a ser tratadas como de suspeição. A segunda envolve o prazo de restrição aplicável à atuação como árbitro por ex-contratado, ex-prestador de serviço em caráter permanente ou temporário ou ex-consultor de qualquer parte, que foi reduzido de 2 (dois) anos para 6 (seis) meses. Em tese, as mudanças em questão viabilizam a atuação como árbitros de profissionais que estariam impossibilitados pelas regras estabelecidas na antiga convenção arbitral. Entretanto, é possível que não atinjam, por si só, o objetivo desejado. Isso porque, além da necessidade de os novos potenciais árbitros precisarem atender à exigência de serem 'tecnicamente qualificados e conhecedores do setor elétrico brasileiro', as disposições da Nova Convenção Arbitral da CCEE não afastam a incidência dos demais comandos legais e regulamentares atinentes à matéria, incluindo o dever de revelação pelo potencial árbitro de qualquer fato que denote dúvida justificada quanto à sua imparcialidade e independência, circunstâncias essas que podem restringir a oferta de novos árbitros.*". André Edelstein. Breves Notas sobre as Principais Inovações da Nova Convenção Arbitral da CCEE nas Arbitragens de Comercialização de Energia. In: João Bosco Lee e Fabiane Verçosa (eds.). Revista Brasileira de Arbitragem, 2023. pp. 125, vol. XX, Issue 77.

2 Definição prevista no art. 44 da Convenção de Comercialização de Energia Elétrica (Resolução Normativa ANEEL nº 957/2021.

Ademais, a nova Convenção de Arbitragem da CCEE buscou reduzir o prazo de quarentena para ex-prestador de serviço, ex-colaborador e ex-consultor de umas das partes de 2 (dois) anos para 6 (seis) meses com o mesmo objetivo de ampliar o número de possíveis árbitros e de atrair mais especialistas no setor de energia para atuar em arbitragens.

Em vista disso, a nova Convenção de Arbitragem da CCEE passou a prever as seguintes hipóteses de suspeição dos árbitros nos incisos VI a XI da Cláusula 13ª:

> "CLÁUSULA 13. Além das hipóteses previstas na Lei de Arbitragem e no Regulamento da Câmara de Arbitragem, será considerado suspeito para atuar como árbitro no CONFLITO a pessoa que:
>
> [...]
>
> VI. tiver qualquer interesse em que o resultado do CONFLITO beneficie quaisquer das PARTES e/ou outro Agente da CCEE;
>
> VII. for credor ou devedor de uma das PARTES ou de pessoa que controle ou exerça cargo de direção ou de administração de uma das PARTES;
>
> VIII. receber dádiva de empregado, funcionário ou de pessoa que exerça cargo de direção ou de administração de uma das PARTES antes, durante ou depois de iniciado o CONFLITO;
>
> IX. aconselhar alguma das PARTES ou pessoa que exerça a direção ou administração de uma das PARTES acerca do objeto do CONFLITO;
>
> X. tiver atuado como mediador ou conciliador, antes da instituição da arbitragem, naquele CONFLITO; ou
>
> XI. for ex-contratado, ex-prestador de serviço em caráter permanente ou temporário ou ex-consultor, nos últimos 6 (seis) meses, de quaisquer das PARTES no CONFLITO.
>
> Parágrafo único. Para todos os fins e efeitos, as hipóteses listadas nos incisos acima constituem causa de suspeição de árbitro(s), não de impedimento."

Partindo disso, este artigo abordará os conceitos doutrinários referentes ao impedimento e à suspeição de árbitro para, então, explicar e trazer questionamentos acerca da interpretação e aplicação das hipóteses de suspeição previstas nos incisos VI a XI da Cláusula 13ª da nova Convenção de Arbitragem da CCEE.

2. IMPEDIMENTO E SUSPEIÇÃO DE ÁRBITRO

Como já esclarecido, aquilo que era tratado na Cláusula 12ª da antiga Convenção de Arbitragem da CCEE como sendo hipótese de impedimento de árbitro passou a ser tratado na Cláusula 13ª da nova Convenção de Arbitragem da CCEE como sendo hipótese de suspeição, com algumas pequenas alterações na redação dos incisos.

Especificamente, o *caput* da Cláusula 13ª, que define as hipóteses de suspeição de árbitro, impõe que devem ser consideradas também as hipóteses previstas na Lei de Arbitragem ("Lei de Arbitragem" ou "LArb") e no Regulamento da Câmara de Arbitragem, à qual for submetido o Conflito.

O *caput* do art. 14 da Lei de Arbitragem dispõe que: "*Estão impedidos de funcionar como árbitros as pessoas que tenham, com as partes ou com o litígio que lhes for submetido, algumas das relações que caracterizam os casos de impedimento ou suspeição de juízes, aplicando-se-lhes, no que couber, os mesmos deveres e responsabilidades, conforme previsto no Código de Processo Civil.*"

Com base nisso, a partir da perspectiva legal, os árbitros não podem atuar no processo arbitral quando tiverem, com as partes ou com o litígio, algumas das relações que se enquadrarem nos casos de impedimento ou suspeição de juízes, os quais estão previstos nos arts. 144 e 145 da Lei nº 13.105/2015 ("Código de Processo Civil" ou "CPC/2015").

Por sua vez, o art. 144 do CPC/2015 trata dos casos de impedimento, que são "*matéria de ordem pública, que pode ser alegada por qualquer das partes, a qualquer momento, não estando sujeita à preclusão. Também não está sujeita à provocação da parte, podendo (devendo) ser conhecida de ofício.*"[3].

Da mesma forma, entende-se que "*os impedimentos taxativamente obstaculizam o exercício da jurisdição contenciosa ou voluntária, podendo ser arguidos no processo a qualquer tempo, com reflexos, inclusive, na coisa julgada, uma vez que, mesmo após o trânsito em julgado da sentença, pode a parte prejudicada rescindir a decisão*"[4]-[5].

Partindo disso, no processo judicial, as hipóteses de impedimento têm caráter absoluto, pois impedem que o juiz atue no processo judicial, e constituem matéria de ordem pública, podendo ser alegadas por qualquer das partes, a qualquer momento processual, mesmo após o trânsito em julgado da sentença.

Já as hipóteses de suspeição, previstas no art. 145 do CPC/2015, "*são fatos menos graves do que os impedimentos, cuja avaliação a lei relega à iniciativa das próprias partes, porque as circunstâncias da causa, a reputação, a credibilidade e o grau de*

---

3 Patricia Miranda Pizzol. Comentários aos artigos 144 a 148 do Código de Processo Civil - impedimento e suspeição. In: ALVIM, Angélica Arruda, ASSIS, de Araken, ALVIM, Eduardo Arruda, LEITE, George Salomão. (Org.). Comentários ao Código de Processo Civil - Lei n. 13.105/2015. 2. ed. São Paulo: Saraiva Jur, 2017. p. 229.

4 Elpídio Donizetti. Novo Código de Processo Civil Comentado. 3. ed. rev., atual. e ampl. São Paulo: Atlas, 2018. p. 134.

5 Em complemento: "*a imparcialidade constitui o terceiro pressuposto processual relativo ao juiz... A parcialidade do juiz se presume, em termos absolutos, ainda que não questionada ou declarada, nos casos de impedimento, exaustivamente enumerados no art. 144 do Código de Processo Civil.*" (Sergio Bermudes. Introdução ao processo civil. 6. ed. Rio de Janeiro: Forense, 2019. p. 92).

confiança de que o juiz desfruta podem afastar qualquer temor de que, em razão desses fatos, o juiz possa vir a sofrer qualquer comprometimento na isenção com que deverá exercer a sua função."[6].

Nessas hipóteses, o julgador "*não está proibido de processar e julgar a causa, mas pode se afastar declarando-se suspeito ou a parte pode arguir a sua suspeição*", a qual "*deve ser arguida no momento adequado, sob pena de preclusão. Caso não seja arguida pela parte e o juiz não se declare suspeito, o processo poderá se desenvolver de modo válido e regular, não podendo a sentença, após o trânsito em julgado, ser objeto da ação rescisória.*"[7][8].

Diante disso, as hipóteses de suspeição tratam de fatos menos graves, pois não proíbem o julgador de processar e julgar a causa, cabendo às partes a avaliação dessas circunstâncias no caso concreto e eventualmente argui-la – no momento adequado, no prazo e na forma legais –, sob pena de preclusão.

Numa perspectiva comparativa, "*enquanto os motivos que geram o impedimento apresentam um perfil objetivo (parentesco), os motivos que dão ensejo à suspeição são de ordem subjetiva (amizade).*"[9].

Com base nesses breves esclarecimentos, pode-se apontar as seguintes diferenças entre impedimento e suspeição: as hipóteses de impedimento são objetivas e proíbem a atuação do juiz no processo, enquanto as hipóteses de suspeição são subjetivas e, caso não haja objeção, não haverá qualquer empecilho para o juiz processar e julgar a causa.

Transportando essas noções para o processo arbitral, de forma diversa do processo estatal, é certo que "*os motivos que levam ao afastamento de árbitros, porém, não podem ser considerados absolutos. Em outros termos, mesmo nas hipóteses claras de impedimento e suspeição, podem perfeitamente as partes, conhecendo a circunstância, acordar na indicação do árbitro.*"[10]

Aliás, como explica a doutrina especializada, o art. 14 da LArb não deve ser interpretado de forma tão rígida como no processo estatal, pois, na realidade, a norma deve "*estar voltada a impedir a situação em que o árbitro esteja vedado a ser*

---

6 Leonardo Greco. Instituições de processo civil. 5. ed. Rio de Janeiro: Forense, 2015. p. 327. v. I.

7 Patricia Miranda Pizzol. Comentários aos artigos 144 a 148 do Código de Processo Civil - impedimento e suspeição. In: ALVIM, Angélica Arruda, ASSIS, de Araken, ALVIM, Eduardo Arruda, LEITE, George Salomão. (Org.). Comentários ao Código de Processo Civil - Lei n. 13.105/2015. 2. ed. São Paulo: Saraiva Jur, 2017. p. 236.

8 No mesmo sentido: "*as hipóteses do art. 145 apenas fazem fundada a imputação de parcialidade do juiz, o qual, todavia, pode exercer a jurisdição, se sua suspeição não for arguida, no prazo e na forma legais.*" (Sergio Bermudes. Introdução ao processo civil. 6. ed. Rio de Janeiro: Forense, 2019. p. 92).

9 Cassio Scarpinella Bueno (coord). Comentários ao código de processo civil. São Paulo: Saraiva, 2017. p. 311. v. 1.

10 Carlos Alberto Carmona. Arbitragem e processo: um comentário à Lei no 9.307/96. 4. ed. rev., atual. e ampl. São Paulo: Atlas, 2023. p. 258.

influenciado pelo argumento de ambas as partes. Não basta a mera ocorrência de um evento sancionável; é preciso verificar mais a fundo se tal evento tem o potencial de aparentar a parcialidade do julgador."[11].

Sendo assim, a partir de uma perspectiva do processo arbitral, os árbitros podem atuar ainda quando estiverem presentes as hipóteses de impedimento e suspeição estabelecidas no CPC/15.

Ademais, os árbitros devem levar em consideração as hipóteses previstas no Regulamento da Câmara de Arbitragem ao qual está submetido o Conflito, pois, conforme a Cláusula 2ª da nova Convenção de Arbitragem da CCEE, a arbitragem pode ser regulamentada e administrada por uma das câmaras de arbitragem homologadas pela CCEE.

Nesse sentido, até o momento, foram homologadas 8 (oito) câmaras de arbitragem, que contêm previsões específicas acerca das hipóteses de impedimento e/ou suspeição de árbitro, sendo estas: Câmara FGV de Mediação e Arbitragem ("FGV")[12]; CAMARB - Câmara de Mediação e Arbitragem Empresarial – Brasil ("CAMARB")[13]; Centro Brasileiro de Mediação e Arbitragem ("CBMA")[14]; Câmara de Conciliação, Mediação e Arbitragem Ciesp/Fiesp ("CIESP-FIESP")[15]; Centro de Arbitragem e Mediação da Câmara de Comércio Brasil-Canadá ("CAM-CCBC")[16]; Conselho Arbitral do Estado de São Paulo ("CAESP")[17]; Corte Internacional de

---

11 Carlos Eduardo Stefen Elias. Notas Práticas sobre a Imparcialidade dos Árbitros: Existência de Relação entre o Árbitro (ou Pessoas Ligadas a Ele) com a Parte (ou Pessoas Ligadas a Ela). In: Carmona, C. A; Lemes, S. F.; Martins, P. B. (Org.). 20 Anos da Lei de Arbitragem: Homenagem a Petrônio Muniz. 1. ed. São Paulo: Atlas/GEN, 2017. p. 191.

12 Art. 19 do Regulamento de Arbitragem de 2016 da FGV. Disponível em: <https://camara.fgv.br/artigos/versao-de-2016-vigente>. Acesso em: 25 de abril de 2024.

13 Art. 4.10 do Regulamento de Arbitragem de 2019 da CAMARB. Disponível em: <https://camarb.com.br/arbitragem/regulamento-de-arbitragem/>. Acesso em: 25 de abril de 2024.

14 Art. 5.2 do Regulamento de Arbitragem de 2013 do CMBA. Disponível em: <https://cbma.com.br/wp-content/uploads/2022/01/Regulamento-de-Arbitragem-valido-a-partir-de-01.02.2013.pdf>. Acesso em: 25 de abril de 2024.

15 Art. 7.3 do Regulamento de Arbitragem de 2013 da CIESP-FIESP. Disponível em: <https://www.camaradearbitragemsp.com.br/pt/atos-normativos/regulamento-arbitragem.html>. Acesso em: 25 de abril de 2024.

16 Art. 9.4 do Regulamento de Arbitragem de 2022 do CAM-CCBC. Disponível em: <https://ccbc.org.br/cam-ccbc-centro-arbitragem-mediacao/resolucao-de-disputas/arbitragem/regulamento-de-arbitragem-2022/>. Acesso em: 25 de abril de 2024.

17 Arts. 47 e 48 do Regulamento de Arbitragem da CAESP. Disponível em: <https://caesp.org.br/wp-content/uploads/2023/12/Regulamento-de-Arbitragem-OUT-2023.pdf >. Acesso em: 25 de abril de 2024.

Arbitragem ("CCI")[18]; e Câmara de Mediação e Arbitragem da Associação Comercial do Paraná ("ARBITAC")[19].

Seja da perspectiva legal ou doutrinária, a nova Convenção de Arbitragem da CCEE segue o seguinte pressuposto procedimental da arbitragem: (i) o árbitro indicado deve analisar as hipóteses de suspeição previstas na Cláusula 13ª, as de impedimento e suspeição estabelecidas nos arts. 144 e 145 do CPC/15 e do Regulamento da Câmara de Arbitragem, ao qual estiver submetido o Conflito, e, a partir disso, revelar os fatos que podem ser enquadrados como hipóteses de impedimento e suspeição[20]; (ii) as partes analisam os mesmos critérios e a revelação feita pelo árbitro; (iii) as partes fazem uma análise da confiança delas para com o árbitro indicado; e, por fim, (iv) as partes recusam ou consentem com a indicação do árbitro[21].

Na prática, os árbitros são notificados para preencher um formulário – p. ex.: Declaração de Aceitação, Disponibilidade, Imparcialidade e Independência em processos arbitrais da CCI; ou Questionário de Conflitos de Interesse e Disponibilidade em processos do CAM-CCBC – que traz esclarecimentos específicos em relação às partes e ao litígio para que, em seguida, as partes possam verificar as respostas e concordar com a atuação do profissional no caso ou, eventualmente, impugnar a indicação.

Portanto, desde que as partes tenham conhecimento das hipóteses de impedimento e/ou suspeição de árbitro e dos fatos revelados que denotem dúvida justificada quanto à imparcialidade e independência, e, ao final, concordem com a indicação daquele profissional para atuar na disputa, o árbitro pode atuar no processo.

---

18 Art. 15 (2) do Regulamento de Arbitragem de 2021 da CCI. Disponível em: <https://iccwbo.org/wp-content/uploads/sites/3/2023/06/icc-2021-arbitration-rules-2014-mediation-rules-portuguese-version.pdf>. Acesso em: 25 de abril de 2024.

19 Art. 16 do Regulamento de Arbitragem de 2021 da ARBITAC. Disponível em: <https://arbitac.com.br/wp-content/uploads/2021/03/Regulamento-de-Arbitragem-da-ARBITAC-5.pdf>. Acesso em: 25 de abril de 2024; c/c art. 2º (A), inciso III, do Código de Ética da ARBITAC. Disponível em: <https://arbitac.com.br/wp-content/uploads/2021/03/Codigo-de-Etica-dos-Arbitros-da-ARBITAC-1.pdf>. Acesso em: 25 de abril de 2024.

20 O Comitê Brasileiro de Arbitragem (CBAr) elaborou diretrizes sobre o dever de revelação de árbitro, recomendações sem caráter obrigatório elaboradas em consonância com a legislação brasileira e com as diretrizes internacionais sobre o tema, e são destinadas a auxiliar partes, árbitros, advogados, instituições arbitrais, comitês de impugnação e julgadores, antes, durante ou após a arbitragem, no tratamento de questões atinentes ao dever de revelação ("Diretrizes do CBAr"). Disponível em: https://cbar.org.br/site/diretrizes-do-comite-brasileiro-de-arbitragem-cbar-sobre-o-dever-de-revelacao-doa-arbitroa/. Acesso em: 25 de abril de 2024.

21 Recentemente, muito tem se questionado sobre o dever, os critérios e *standards* da revelação do árbitro, como no caso da Arguição de Descumprimento de Preceito Fundamental nº 1.050 em trâmite no Supremo Tribunal Federal, por meio da qual se busca uma interpretação do art. 14 da LArb à luz dos preceitos constitucionais do devido processo legal, da segurança jurídica e da garantia do juiz natural. A comunidade arbitral brasileira representada por organizações como CONIMA, CBAr, AASP, IBDP, AMCHAM, CIESP, CIArb e IBDL solicitaram a intervenção nessa ação como *amicus curiae*. Até então, não foi proferida decisão final sobre a matéria.

3. HIPÓTESES DE SUSPEIÇÃO PREVISTAS NA NOVA CONVENÇÃO DE ARBITRAGEM DA CCEE

É importante ressaltar que, em qualquer das hipóteses de suspeição de árbitro previstas na Cláusula 13ª da nova Convenção de Arbitragem da CCEE, as partes deverão analisar a revelação do árbitro e, se assim entenderem, apresentar a indispensável impugnação, sob pena de consentirem com a indicação do árbitro no processo arbitral. Sabendo disso, passa-se à análise das hipóteses de suspeição previstas nos incisos VI a XI da Cláusula 13ª.

3.1. Tiver interesse e benefício no resultado do processo arbitral (inciso VI)

A antiga Convenção de Arbitragem da CCEE continha a mesma disposição e, portanto, este inciso não sofreu nenhuma alteração na redação.

Assim, permanece na nova Convenção de Arbitragem da CCEE a disposição de que será considerado suspeito para atuar como árbitro, a pessoa que tiver qualquer interesse em que o resultado do processo arbitral beneficie quaisquer das partes e/ou outro agente da CCEE[22].

Transpondo a análise doutrinária e jurisprudencial do inciso IV do art. 145 do CPC/15 ao processo arbitral, sabe-se que não será considerado suspeito para atuar como árbitro, a pessoa que (i) tiver obra sobre o objeto da demanda; (ii) for professor ou realizar palestra sobre o tema; (iii) tiver proferido decisão anterior sobre o tema.

Em relação às obras acadêmicas, há dúvidas se a suspeição abrange pessoas que têm obra individual ou conjunta sobre o assunto (e não o objeto) discutido na arbitragem, sabendo que a nomeação desse árbitro pode ter partido justamente pela especialidade no assunto ali discutido – como, p. ex., o caso de acadêmicos. Caso a pessoa não tenha obra, isso não significa também que não seja um especialista no assunto e, por isso, não pode atuar como árbitro.

Em outra circunstância, se uma pessoa fizer parte de uma associação acadêmica ou profissional, isso geraria uma automática suspeição para atuar como árbitro em procedimentos com pessoas da mesma associação? Entendemos que não, a despeito de ser importante que o árbitro, ao menos, revele tal fato às partes.

Outras dúvidas pairam acerca da opinião emitida em sites de notícias, mídias sociais, jornais e colunas de direito. Nessa perspectiva, imagine um juiz que, após muitos anos de atuação na esfera pública decidindo casos do setor de energia elétrica

---

22 Em referência ao CPC/15, o inciso IV do art. 145 dispõe que há suspeição se o julgador for interessado no julgamento do processo em favor de qualquer das partes.

e de assuntos semelhantes àquele discutido na arbitragem, decidiu se aposentar e atuar como árbitro. Esse ex-magistrado estaria suspeito de atuar como árbitro em procedimentos com base na nova Convenção de Arbitragem da CCEE? Entendemos da mesma forma que no questionamento anterior.

De modo geral, observa-se que o conceito de "ter interesse e benefício no resultado" é amplo e deve ser preenchido sob a análise do caso concreto, assim como a definição dos termos "interesse", "benefício" e "resultado".

3.2. For credor ou devedor de uma das partes ou de pessoa controladora, com cargo de direção ou de administração de uma das partes (inciso VII)

Na antiga Convenção de Arbitragem da CCEE, a situação que causava o impedimento do árbitro não era apenas ser credor ou devedor de uma das partes ou de pessoa que controle ou exerça cargo de direção ou de administração de uma das partes, mas também de qualquer agente da CCEE.

Na nova Convenção de Arbitragem da CCEE, será considerado suspeito para atuar como árbitro, a pessoa que for credora ou devedora tão somente de uma das partes ou de pessoa que controle ou exerça cargo de direção ou de administração de uma das partes[23], tendo sido excluída a menção a "qualquer agente da CCEE".

Essa mudança foi essencial para ampliar a possibilidade de mais árbitros atuarem no processo arbitral, restringindo a análise de conflito de interesse deles apenas com as partes envolvidas e terceiros relacionados.

No entanto, há dúvidas se uma das partes for um grande player do mercado nacional ou internacional e, diante da posição dominante, detém diversos credores e devedores, podendo ser um deles o árbitro indicado para atuar no caso. Esse árbitro estaria suspeito de atuar no processo? Nessa seara, existe um valor mínimo de dívida que possa resultar na suspeição do árbitro? Em outro cenário, na hipótese de uma distribuidora de energia pedir recuperação judicial ou vier à falência, todos os consumidores estariam suspeitos de atuar no caso?

Em que pese as dúvidas atinentes ao respectivo inciso, deve-se seguir a primazia de que tais situações devem ser reveladas pelo árbitro para as partes consentirem ou recusarem sua nomeação.

23 Em referência ao CPC/15, o inciso III do art. 145 dispõe que ocorre a suspeição quando qualquer das partes for credora ou devedora do juiz.

3.3. Receber dádiva de empregado, funcionário ou de pessoa com cargo de direção ou de administração de uma das partes (inciso VIII)

O termo "dádiva" remete à disposição do inciso IV do art. 135 da Lei nº 5.869/1973 ("Código de Processo Civil de 1973" ou "CPC/73"), que representa aquilo que é dado, um presente, uma oferta ou uma doação. No CPC/15, o termo foi alterado para "presente" e, portanto, restou estipulado no inciso II do art. 145 que há suspeição se o juiz receber presentes de pessoas que tiverem interesse na causa antes ou depois de iniciado o processo.

A antiga Convenção de Arbitragem da CCEE continha a mesma disposição e, portanto, este inciso também não sofreu nenhuma alteração na redação.

Logo, a partir da nova Convenção de Arbitragem da CCEE, será considerado suspeito para atuar como árbitro, a pessoa que receber presente de empregado, funcionário ou de pessoa que exerça cargo de direção ou de administração de uma das partes antes, durante ou depois de iniciado o processo arbitral.

Por assim dizer, se o árbitro recebeu, recebe ou venha a receber presente de alguém relacionado com uma das partes, este deve revelar a situação e incorrerá em uma das hipóteses de suspeição para atuar no processo arbitral.

O momento correto de revelação sobre essa situação pelo árbitro pode gerar dúvidas. Conforme as Diretrizes do CBAr, "*o dever de revelação do(a) árbitro(a) previsto no artigo 14, § 1º, da Lei de Arbitragem, permanece durante todo o curso do processo arbitral, até o esgotamento da jurisdição do(a) árbitro(a).*". Igualmente, algumas câmaras arbitrais preveem que o árbitro deverá revelar imediatamente quaisquer fatos ou circunstâncias em relação à imparcialidade ou independência[24].

Além do mais, as dúvidas sobre o termo "presente" insurgem de diversas formas: (i) um convite para publicação de artigo ou livro poderia ser considerado como presente? (ii) qual o tipo de presente estaria previsto no caso, com ou sem dinheiro? (iii) qual seria a extensão do presente recebido? (iv) o presente deve estar em nome de quem? (v) o presente deve ser recebido direta ou indiretamente pelo árbitro?

Sendo revelada essa situação, caberá as partes verificarem o caso em concreto e eventualmente solicitarem esclarecimentos adicionais sobre o ocorrido para que a análise e julgamento possam ser feitos em relação à nomeação do árbitro.

24 Conforme as dispões do art. 9.3 do Regulamento de Arbitragem de 2022 do CAM-CCBC e do art. 11 (3) do Regulamento de Arbitragem de 2021 da CCI.

3.4. Aconselhar alguma das partes ou de pessoa com cargo de direção ou de administração de uma das partes sobre o objeto do conflito (inciso IX)

A antiga Convenção de Arbitragem da CCEE continha a mesma disposição e, portanto, este inciso também não sofreu nenhuma alteração na redação.

Com base na nova Convenção de Arbitragem da CCEE, será considerado suspeito para atuar como árbitro, a pessoa que aconselhar alguma das partes ou pessoa que exerça a direção ou administração de uma das partes acerca do objeto do processo arbitral[25].

Sobre essa disposição, as dúvidas surgem sobre o termo "aconselhar" se compreende a prestação de assessoria jurídica ou elaboração de parecer jurídico. O que importa é o árbitro conhecer do processo a partir da perspectiva de uma das partes, podendo influenciar em sua imparcialidade ou independência.

Outras dúvidas também recaem na terminologia do conceito de "objeto do conflito", uma vez que o "objeto" pode compreender somente os fatos jurídicos das relações das partes, e não necessariamente aquilo que está sendo discutido entre as partes na arbitragem, de tal maneira que o termo "litígio" poderia ser o mais apropriado.

3.5. Tiver atuado como mediador ou conciliador naquele conflito antes da instituição da arbitragem (inciso X)

A antiga Convenção de Arbitragem da CCEE continha a mesma disposição e, portanto, este inciso também não sofreu nenhuma alteração na redação.

Sendo assim, a nova Convenção de Arbitragem da CCEE estabelece que será considerado suspeito para atuar como árbitro, a pessoa que tiver atuado como mediador ou conciliador, antes da instituição da arbitragem, naquele processo arbitral[26].

3.6. For ex-contratado, ex-prestador de serviço e ex-consultor de quaisquer das partes nos últimos 6 (seis) meses (inciso XI)

Na antiga Convenção de Arbitragem da CCEE, o impedimento do árbitro não era causado apenas por ser ex-contratado, ex-prestador de serviço em caráter

---

25 Em referência ao CPC/15, o inciso II do art. 145 estabelece que há suspeição se o juiz aconselhar alguma das partes acerca do objeto da causa.

26 Da mesma forma, a Lei de Mediação (Lei nº 13.140/2015) prevê, em seu artigo 7º, que "*O mediador não poderá atuar como árbitro nem funcionar como testemunha em processos judiciais ou arbitrais pertinentes a conflito em que tenha atuado como mediador*".

permanente ou temporário ou ex-consultor de quaisquer das partes no processo arbitral, mas também de qualquer agente da CCEE e da própria CCEE nos últimos 2 (dois) anos.

Sob a nova Convenção de Arbitragem da CCEE, será considerado suspeito para atuar como árbitro, a pessoa que for ex-contratado, ex-prestador de serviço em caráter permanente ou temporário ou ex-consultor de quaisquer das partes no processo arbitral nos últimos 6 (seis) meses.

Da mesma forma que no inciso VII, a alteração da redação para excluir "qualquer agente da CCEE e a própria CCEE" foi importante para aumentar o número de possíveis árbitros a serem indicados pelas partes para atuar no processo arbitral, pois a análise deles está agora restrita às partes envolvidas e aos terceiros materialmente relacionados.

Outra alteração na redação foi a redução do prazo de quarentena de 2 (dois) anos para 6 (seis) meses para, além de possibilitar a atuação de mais árbitros, proporcionar à pessoa especialista no setor de energia, inclusive nos contratos envolvendo a CCEE, a atuação em menor período.

Sobre essa questão, a nota de rodapé nº 5 das Diretrizes da IBA (International Bar Association) sobre Conflitos de Interesses em Arbitragem Internacional de 2014 ("Regras da IBA de 2014")[27], assim com a nota de rodapé nº 3 das Diretrizes da IBA sobre Conflitos de Interesses em Arbitragem Internacional de 2024 ("Regras da IBA de 2024")[28] chama a atenção para esclarecer que, em alguns tipos de arbitragem, pode ser uma prática corriqueira selecionar os árbitros a partir de um grupo restrito e especializado.

Nesse ponto, questiona-se se o período de quarentena reduzido de 2 (dois) anos para 6 (seis) meses estaria de acordo com os parâmetros internacionais, uma vez que as Regras da IBA de 2014 e 2024 preveem um período de 3 (três) anos para fins da revelação, o que não exclui outras situações fora desse período que possam gerar dúvidas em relação à imparcialidade ou independência.

---

27 "*Pode ser prática corrente em alguns tipos de arbitragem, como sucede no caso da arbitragem marítima, sobre desporto ou sobre 'commodities', selecionar os árbitros a partir de um grupo restrito e especializado. Se, nessas áreas, o costume for o de as partes nomearem frequentemente o mesmo árbitro para litígios distintos, a revelação de tal facto não será necessária desde que todas as partes no processo arbitral devam estar familiarizadas com tais usos e costumes.*". International Bar Association. Guidelines on Conflicts of Interest in International Arbitration (2014). Disponível em: <https://www.ibanet.org/MediaHandler?id=EB-37DA96-F98E-4746-A019-61841CE4054C>. Acesso em: 25 de abril de 2024.

28 "*In certain types of arbitration, such as maritime, sports or commodities arbitration, arbitrators may be drawn from a specialised pool of individuals or selected from a mandatory list. Parties active in those fields may be aware of a custom or practice for appointing parties frequently to appoint the same arbitrator in different cases. In that event, while disclosure of multiple appointments may still be desirable consistent with section 3.1.3, the scope of disclosure and consequences of repeat appointments may differ from those set forth in these Guidelines.*". International Bar Association. Guidelines on Conflicts of Interest in International Arbitration (2024). Disponível em: <https://www.ibanet.org/document?id=Guidelines-on-Conflicts-of-Interest-in-International-Arbitration-2024>. Acesso em: 25 de abril de 2024.

Outra questão que surge está relacionada ao período de desvinculação do ex-contratado, ex-prestador de serviço e ex-consultor, pois, em algumas situações, é possível que seja feito um acordo com obrigações e responsabilidade para a saída desse profissional da empresa, não sendo necessariamente cumprido e finalizado dentro do período de 6 (seis) meses, mas em período maior. Nessa mesma situação, o profissional pode ainda depender do faturamento da empresa e estar aguardando eventual bônus de participação. Em tal caso, essa pessoa incorreria nessa hipótese de suspeição?

Por fim, o fato do ex-contratado, ex-prestador de serviço e ex-consultor ter atuado em uma das empresas do grupo econômico incorreria nessa hipótese de suspeição? E qual seria a extensão dessa relação do árbitro com as partes? Dentro da categoria de comercializadores de energia elétrica, as grandes empresas detêm participações de pequenas e médias empresas ou, por vezes, formam sociedades de propósito específico (SPEs). Nesse caso, o profissional advindo de uma das empresas poderia ser suspeito?

De maneira geral, sabendo o árbitro dessas situações que podem gerar dúvidas em relação à imparcialidade ou independência, é importante que sejam levadas ao conhecimento das partes para que estas tenham ciência e decidam sobre sua nomeação. Havendo concordância das partes, o árbitro deve atuar normalmente no processo. Caso seja impugnado, as câmaras arbitrais detêm expertise para indicar e formar um comitê com o intuito de analisar e julgar a impugnação ao árbitro, podendo este ser removido ou mantido no encargo.

CONCLUSÕES

Diante do exposto, pode-se depreender que os incisos VI a XI da Cláusula 13ª da nova Convenção de Arbitragem da CCEE estão em consonância com a perspectiva doutrinária e as melhores práticas da arbitragem, uma vez que preveem hipóteses de suspeição dos árbitros, concedem a oportunidade de serem revelados quaisquer fatos ou circunstâncias que denotem dúvida justificada quanto à imparcialidade e independência, e atribuem essa análise e julgamento sobre o conteúdo da revelação às partes.

Nesse caso, é certo que as hipóteses de suspeição ainda geram dúvidas[29] acerca da terminologia, interpretação, aplicação, extensão, dentre outros, o que não acontece somente nos procedimentos com base na nova Convenção de Arbitragem da

---

29 As dúvidas mencionadas nesse artigo foram suscitadas e discutidas pelos integrantes do Grupo de Estudos em Arbitragem e Setor Elétrico do CBAr em reunião realizada em formato híbrido no dia 24 de novembro de 2023 e, desde já, registramos que outros questionamentos podem surgir na aplicação da nova Convenção de Arbitragem da CCEE.

CCEE, como também na prática da arbitragem comercial nacional e internacional de outros setores.

Ao final, nota-se que a nova Convenção de Arbitragem da CCEE veio justamente para ampliar o número de possíveis árbitros nos procedimentos do setor de energia elétrica, trazer maior especialidade técnica desses profissionais para as arbitragens, bem como conceder a oportunidade de novos *players* atuarem como árbitros nesses processos.

APÊNDICE – QUADRO COMPARATIVO DAS HIPÓTESES DE IMPEDIMENTO E SUSPEIÇÃO DE ÁRBITRO

antiga Convenção de Arbitragem da CCEE	nova Convenção de Arbitragem da CCEE	CPC/15	Regras da IBA de 2014	Regras da IBA de 2024
CLÁUSULA 12 - Além das hipóteses previstas na Lei de Arbitragem e no Regulamento da Câmara, não poderá ser nomeado árbitro no CONFLITO, a pessoa que:	CLÁUSULA 13. Além das hipóteses previstas na Lei de Arbitragem e no Regulamento da Câmara de Arbitragem, <u>**será considerado suspeito para atuar como**</u> árbitro no CONFLITO a pessoa que:	Sem referência.	Sem referência.	Sem referência.
[...]	[...]			
VI. tiver qualquer interesse em que o resultado do CONFLITO beneficie quaisquer das PARTES e/ou outro Agente da CCEE;	VI. tiver qualquer interesse em que o resultado do CONFLITO beneficie quaisquer das PARTES e/ou outro Agente da CCEE;	Art. 145. (Suspeição) IV - interessado no julgamento do processo em favor de qualquer das partes.	1. Lista Vermelha de Situações Irrenunciáveis 1.3. O árbitro possui interesse financeiro ou pessoal significativo numa das partes, ou no resultado da arbitragem.	1. Lista Vermelha de Situações Irrenunciáveis 1.3. O árbitro possui interesse financeiro ou pessoal significativo numa das partes, ou no resultado da arbitragem.
VII. for credor ou devedor de uma das PARTES ou de pessoa que controle ou exerça cargo de direção ou de administração de uma das PARTES ou de qualquer Agente da CCEE;	VII. for credor ou devedor de uma das PARTES ou de pessoa que controle ou exerça cargo de direção ou de administração de uma das PARTES;	Art. 145. (Suspeição) III - quando qualquer das partes for sua credora ou devedora, de seu cônjuge ou companheiro ou de parentes destes, em linha reta até o terceiro grau, inclusive;	Sem referência.	Sem referência.

antiga Convenção de Arbitragem da CCEE	nova Convenção de Arbitragem da CCEE	CPC/15	Regras da IBA de 2014	Regras da IBA de 2024
VIII. receber dádiva de empregado, funcionário ou de pessoa que exerça cargo de direção ou de administração de uma das PARTES antes, durante ou depois de iniciado o CONFLITO;	VIII. receber dádiva de empregado, funcionário ou de pessoa que exerça cargo de direção ou de administração de uma das PARTES antes, durante ou depois de iniciado o CONFLITO;	Art. 145. (Suspeição) II - que receber presentes de pessoas que tiverem interesse na causa antes ou depois de iniciado o processo, que aconselhar alguma das partes acerca do objeto da causa ou que subministrar meios para atender às despesas do litígio;	Sem referência.	Sem referência.
IX. aconselhar alguma das PARTES ou pessoa que exerça a direção ou administração de uma das PARTES acerca do objeto do CONFLITO;	IX. aconselhar alguma das PARTES ou pessoa que exerça a direção ou administração de uma das PARTES acerca do objeto do CONFLITO;	Art. 145. (Suspeição) II - que receber presentes de pessoas que tiverem interesse na causa antes ou depois de iniciado o processo, que aconselhar alguma das partes acerca do objeto da causa ou que subministrar meios para atender às despesas do litígio;	2. Lista Vermelha de Situações Renunciáveis 2.1.1. O árbitro prestou assessoria jurídica, ou deu parecer, a respeito do litígio a uma parte ou a uma afiliada de uma das partes.	2. Lista Vermelha de Situações Renunciáveis 2.1.1. O árbitro prestou assessoria jurídica, ou deu parecer, a respeito do litígio a uma parte ou a uma afiliada de uma das partes.

antiga Convenção de Arbitragem da CCEE	nova Convenção de Arbitragem da CCEE	CPC/15	Regras da IBA de 2014	Regras da IBA de 2024
X. tiver atuado como mediador ou conciliador, antes da instituição da arbitragem, naquele CONFLITO; ou	X. tiver atuado como mediador ou conciliador, antes da instituição da arbitragem, naquele CONFLITO; ou	Sem referência. Obs.: Aplica-se o art. 7º da Lei de Mediação: O mediador não poderá atuar como árbitro nem funcionar como testemunha em processos judiciais ou arbitrais pertinentes a conflito em que tenha atuado como mediador.	Sem referência.	Sem referência.
XI. for ex-contratado, ex-prestador de serviço em caráter permanente ou temporário ou ex-consultor, nos últimos 2 (dois) anos, de quaisquer das PARTES no CONFLITO, de qualquer Agente da CCEE ou, ainda, da própria CCEE.	XI. for ex-contratado, ex-prestador de serviço em caráter permanente ou temporário ou ex-consultor, nos últimos **6 (seis) meses**, de quaisquer das PARTES no CONFLITO.	Sem referência.	3. Lista Laranja 3.1.1. O árbitro atuou, nos três anos anteriores, como mandatário de uma das partes ou de uma afiliada de uma das partes, ou prestou assessoria jurídica ou foi consultado pela parte ou por uma afiliada da parte que o indicou em assunto não relacionado, mas o árbitro e a parte, ou afiliada desta, não têm uma relação permanente. (...)	3. Lista Laranja 3.1.1. O árbitro atuou, nos três anos anteriores, como mandatário de uma das partes ou de uma afiliada de uma das partes, ou prestou assessoria jurídica ou foi consultado pela parte ou por uma afiliada da parte que o indicou em assunto não relacionado, mas o árbitro e a parte, ou afiliada desta, não têm uma relação permanente. (...)

antiga Convenção de Arbitragem da CCEE	nova Convenção de Arbitragem da CCEE	CPC/15	Regras da IBA de 2014	Regras da IBA de 2024
			3.4.2. O árbitro, nos três últimos anos, esteve profissionalmente associado, por exemplo, como antigo funcionário ou sócio, a uma parte ou a uma afiliada de uma das partes.	3.3.2. O árbitro, nos três últimos anos, esteve profissionalmente associado, por exemplo, como antigo funcionário ou sócio, a um perito, uma parte ou a uma afiliada de uma das partes.
Sem referência.	Parágrafo único. Para todos os fins e efeitos, as hipóteses listadas nos incisos acima constituem causa de suspeição de árbitro(s), não de impedimento.	Sem referência.	Sem referência.	Sem referência.

7. DIVULGAÇÃO DE EMENTÁRIO: REGRAMENTO, PRÁTICAS E DÚVIDAS

Ana Olivia Antunes Haddad
Bernard Potsch M.
Lucas Soares Costa

INTRODUÇÃO

O presente artigo propõe-se a, através de análise das Convenções de Arbitragem da Câmara de Comercialização de Energia Elétrica ("CCEE") de 2007 ("Antiga Convenção") e 2023 ("Nova Convenção") e da sua implementação pelas instituições arbitrais, entender o regramento, as práticas e os desafios na divulgação ao mercado, aos árbitros e, mais recentemente, ao público em geral das decisões atingidas em arbitragens regidas pela Nova Convenção.

O artigo se dividirá em três partes. A primeira comparará o texto e a prática da Antiga Convenção com o disposto na Nova Convenção. A segunda compilará os dados obtidos em pesquisa de campo junto às oito instituições credenciadas perante a CCEE[1]. Por fim, a terceira parte abordará as dúvidas que se vislumbra, propondo entendimentos e soluções.

1 Data de corte em janeiro de 2024. Transcrição das respostas constará do Anexo 2 ao presente artigo.

1. COMPARATIVO ENTRE A ANTIGA E A NOVA CONVENÇÃO DA CCEE

A Antiga Convenção (Resolução Homologatória da ANEEL n.º 531/2007) previa que a instituição arbitral deveria enviar, a cada novo tribunal arbitral instituído, os extratos das sentenças arbitrais já proferidas em decorrência da convenção (cláusula 16[2]). Além disso, obrigava a instituição arbitral a enviar os extratos das sentenças arbitrais a todos os signatários da convenção, isto é, aos agentes da CCEE (cláusula 19[3]).

Portanto, a Antiga Convenção previa uma publicidade restrita, com a divulgação dos extratos das sentenças somente aos tribunais arbitrais instituídos e aos demais agentes da CCEE, sendo vedada a sua divulgação ao público em geral[4].

A Antiga Convenção também determinava que os extratos das sentenças enviados aos tribunais arbitrais "*poderão ser* (sic) *consideradas para efeito meramente orientativo*" (cláusula 16). Ou seja, a convenção deixava claro que as sentenças arbitrais pretéritas não deveriam ser consideradas como vinculantes pelos novos tribunais arbitrais e deixava a seu critério ("poderão") utilizá-las ou não como fontes de orientação.

Quanto ao formato, a Antiga Convenção previa a divulgação de extratos da sentença arbitral, e não do seu inteiro teor, o que é consentâneo com sua cláusula de sigilo (cláusula 18[5]), com a qual a publicidade das sentenças precisava conviver.

---

2 "CLÁUSULA 16 - A Câmara disponibilizará aos árbitros do Tribunal Arbitral os extratos de sentenças já proferidas decorrentes desta CONVENÇÃO, que poderão ser consideradas para efeito meramente orientativo."

3 "CLÁUSULA 19 - Caberá à Câmara divulgar o extrato da sentença arbitral a todos os SIGNATÁRIOS, exceto aqueles que tenham sido parte no procedimento arbitral, no prazo de 5 (cinco) dias contados da data em que foi proferida, observado o disposto na CLÁUSULA 18."

4 Como revelado em pesquisa junto aos integrantes do Grupo de Estudos em Arbitragem e Setor Elétrico do Comitê Brasileiro de Arbitragem, o resultado prático desse formato é que, salvo tivessem recebido os extratos da instituição arbitral em atuação anterior como árbitro, dificilmente os advogados atuantes no setor tinham a eles acesso. Como os extratos eram divulgados conforme produzidos, e sem consolidação com os anteriores, os agentes dificilmente dispunham desses dados para compartilhar com seus advogados.

5 "CLÁUSULA 18 - As PARTES e quaisquer outros envolvidos em um determinado procedimento arbitral, inclusive os árbitros, testemunhas e membros da Câmara, deverão abster-se de comunicar, revelar ou disponibilizar a terceiros, no todo ou em parte, os documentos, dados e informações a que tiver acesso em razão de tal procedimento arbitral, salvo se houver autorização escrita, prévia e expressa da(s) outra(s) Parte(s) envolvida(s).

Parágrafo 1º. Não serão consideradas informações confidenciais aquelas que qualquer uma das PARTES possa comprovar serem de domínio público. As informações serão consideradas de domínio público se tiverem sido obtidas de outra fonte que não através do procedimento arbitral em questão e desde que não seja violado acordo de confidencialidade a que estiverem vinculadas as PARTES.

Todavia, não havia (ou pelo menos não se tem notícia da existência de) qualquer orientação por parte da CCEE sobre o que deveria compor o extrato da sentença arbitral: se um resumo da decisão (o que envolve um trabalho interpretativo daquele que lê e prepara o resumo), a transcrição de excertos da sentença, ou ambos.

Tampouco havia orientação sobre quais informações poderiam ou deveriam ser divulgadas no extrato e, ainda, quais deveriam ser omitidas.

Considerando a cláusula de sigilo da convenção (cláusula 18), é possível presumir que os extratos não deviam conter o nome das partes ou qualquer outra informação que pudesse levar à identificação das partes ou do litígio, conforme já preconizava a doutrina à época[6].

Porém, não era claro se ou quais informações – que, isoladamente, não permitiam a identificação das partes ou do litígio – poderiam ser divulgadas. Por exemplo, se deveria ou não ser divulgada a data de proferimento da sentença, o local da arbitragem, o direito aplicável, se o julgamento foi proferido por árbitro único ou tribunal arbitral, o nome dos árbitros, entre outras.

Ademais, a Antiga Convenção não especificava a quem cabia a redação do extrato: à câmara de arbitragem, ao tribunal arbitral, às partes, ou, ainda, a uma combinação desses atores[7].

Quanto ao prazo, a Antiga Convenção determinava que a instituição arbitral deveria divulgar o extrato da sentença arbitral aos agentes da CCEE "*no prazo de 5 (cinco) dias da data em que foi proferida*" (cláusula 19).

Tratava-se de prazo exíguo e que não levava em consideração o prazo para a apresentação de pedidos de esclarecimento e posterior decisão[8]. Considerando que a decisão sobre pedidos de esclarecimento poderia aditar a sentença arbitral já divulgada, não estava claro se seria possível ou cabível a modificação posterior do extrato já publicizado.

Parágrafo 2º. Não obstante o acima exposto, referidas informações confidenciais poderão ser divulgadas por exigência das leis aplicáveis ou por ordem, decreto, regulamento ou norma governamental ou, ainda, conforme exigido por qualquer intimação legal ou outro procedimento atinente a processos judiciais, administrativos ou arbitrais."

6 "*Finally, once the award is rendered,* ***after redacting the elements that may allow the identification of the dispute****, FGV shall provide excerpts to the other signatories. Moreover, it shall deliver a compilation of excerpts to the arbitrators for consideration. This measure aims at accomplishing a uniformity of the decisions and legal certainty to agents and parties involved—and not undermine the confidentiality of the arbitration.*" (GRION, Renato Stephan. "Disputes in the Brazilian electricity market", *in International Arbitration in Latin America: energy and natural resources disputes*, 2021, p.307, grifos nossos).

7 Em pesquisa junto aos integrantes do Grupo de Estudos em Arbitragem e Setor Elétrico do Comitê Brasileiro de Arbitragem foi dito que a prática variava entre o extrato ser elaborado pelos árbitros ou pela própria instituição arbitral.

8 Cf. art. 30 da Lei de Arbitragem, esse prazo total seria de 15 dias. Mas não era raro – e continua não sendo – que regulamentos arbitrais ou termos de arbitragem ampliassem esse período.

Por fim, a Antiga Convenção determinava a divulgação de extratos das "*sentenças arbitrais*" de forma ampla, sem especificar se as parciais estavam englobadas.

Com o advento da Nova Convenção (Resolução Homologatória da ANEEL n.º 3.173/2023), o regime de publicidade das sentenças arbitrais foi substancialmente alterado. Parte das dúvidas mencionadas foram sanadas, mas não todas.

Passou-se a adotar um regime de publicidade mais amplo, pelo qual os ementários das sentenças arbitrais devem ser divulgados nos sítios eletrônicos das instituições arbitrais (cláusula 16[9]). Portanto, o acesso às ementas deixou de ser limitado aos tribunais arbitrais e aos agentes da CCEE, sendo acessível ao público em geral[10].

No que toca ao caráter das ementas, o parágrafo único da cláusula 16 da Nova Convenção menciona que elas "*devem*" ser consideradas "*para fins meramente informativos*". Na redação anterior, a convenção mencionava que os extratos "*poderão*" ser considerados "*para efeito meramente orientativo*".

É certo, porém, que tanto pela redação antiga, como pela nova, as sentenças arbitrais divulgadas não adquirem caráter vinculante.

Quanto ao formato e ao conteúdo da publicação, a Nova Convenção trouxe maior direcionamento às instituições arbitrais.

---

9 "CLÁUSULA 16. As Câmaras de Arbitragem homologadas deverão, no prazo de até 15 (quinze) dias após a data na qual forem disponibilizadas às PARTES a decisão arbitral definitiva, disponibilizar em seus respectivos sítios eletrônicos o ementário de todas as sentenças proferidas em decorrência desta CONVENÇÃO.

Parágrafo único. O extrato deve conter entendimento sobre o tema litigioso, contendo elementos mínimos e sintéticos, omitindo dados pessoais e comerciais das respectivas partes, devendo ser considerado para fins meramente informativos."

10 Diga-se que, desde 2013, Gustavo Fernandes de Andrade já defendia a maior publicidade dos julgados envolvendo a convenção arbitral da CCEE, tendo a Nova Convenção dado passos nesse sentido: "*Diante da imperiosa necessidade de se conferir transparência ao sistema e permitir uma eficiente fiscalização do seu funcionamento, a publicidade das sentenças arbitrais referentes aos contratos de comercialização de energia teria, certamente, um efeito extremamente positivo para o mercado. O conhecimento detalhado dos precedentes das questões envolvendo a comercialização de energia no Brasil, proferidos por especialistas renomados na matéria, indubitavelmente traria maior previsibilidade para o mercado, com inegáveis vantagens para os órgãos reguladores, os participantes e o consumidor final. A exemplo do que ocorre nos processos administrativos conduzidos pelo Conselho Administrativo de Defesa Econômica, poder-se-ia assegurar o sigilo de certas informações sensíveis produzidas no curso do procedimento arbitral, que poderiam ficar registradas em autos apartados, e, simultaneamente, franquear a todos os interessados o conhecimento das sentenças proferidas de acordo com as regras da Convenção Arbitral CCEE, assegurando-se, logicamente, a privacidade do procedimento. Os benefícios decorrentes da divulgação ampla das sentenças arbitrais e a aplicação do princípio da transparência seriam, a meu sentir, enormes, o que justificaria a alteração da prioridade conferida pela Convenção Arbitral CCEE à questão da confidencialidade dos procedimentos.*" (ANDRADE, Gustavo Fernandes de. "Algumas reflexões sobre as arbitragens e as regras da Câmara de Comercialização de Energia – CCEE", 67 *Revista de Direito da Procuradoria Geral do Rio de Janeiro*, 2013, p.105).

No que toca ao formato, passou-se a adotar o termo "ementário" (e não mais "extratos"), que é mais familiar aos operadores do Direito e costuma significar um resumo da decisão, em oposição à transcrição de excertos[11].

Além disso, o Conselho de Administração da CCEE divulgou modelo de ementa a ser seguido pelas instituições arbitrais[12]:

> "*ANEXO I – MODELO DE EMENTA DE SENTENÇA ARBITRAL*
> *<NÚMERO DA SENTENÇA>*
> *<TEMA CENTRAL DA SENTENÇA (PALAVRAS-CHAVE)>*
> *<Em poucas linhas, sintetizar a tese e o dispositivo da sentença, citando a norma jurídica que fundamentou tal decisão>*
> *<Data da decisão MM/AAAA>*"

Quanto ao conteúdo, o artigo 16 da Nova Convenção determina que a ementa contenha o "*entendimento sobre o tema litigioso*", com "*elementos mínimos e sintéticos*". Por sua vez, o modelo de ementa aprovado pelo Conselho de Administração da CCEE (acima transcrito) exige que a ementa traga palavras-chave de seus temas, sintetize as teses e entendimentos alcançados, cite a norma jurídica que fundamentou a decisão, e informe o mês e o ano de proferimento da decisão.

Ainda, a cláusula 16 da Nova Convenção determina que as ementas não podem conter "*dados pessoais e comerciais das respectivas partes*", o que está de acordo com a cláusula de confidencialidade prevista na convenção (cláusula 18[13]), deixando

---

11 Outrossim, nota-se que, embora o *caput* da cláusula 16 da Nova Convenção utilize o termo "ementário", o seu parágrafo único ainda menciona a palavra "*extrato*".

12 Referido modelo consta no documento denominado: "Procedimento de Arbitragem – Módulo 1 – Homologação e Credenciamento de Câmaras Arbitrais" (Disponível em <https://www.ccee.org.br/en/arbitragem>. Acesso em 25.03.2024).

13 "CLÁUSULA 18. As PARTES e quaisquer outros envolvidos em um determinado procedimento arbitral, inclusive os árbitros, testemunhas e membros da Câmara Arbitral, deverão abster-se de comunicar, revelar ou disponibilizar a terceiros, no todo ou em parte, os documentos, dados e informações a que tiverem acesso em razão de tal procedimento arbitral, salvo se houver autorização escrita, prévia e expressa de todas as PARTES envolvidas.

Parágrafo 1º. Não serão consideradas informações confidenciais aquelas que qualquer uma das PARTES possa comprovar serem de domínio público. As informações serão consideradas de domínio público se tiverem sido obtidas de outra fonte que não através do procedimento arbitral em questão e desde que não seja violado acordo de confidencialidade a que estiverem vinculadas as PARTES.

Parágrafo 2º. Não obstante o acima exposto, referidas informações confidenciais poderão ser divulgadas por exigência das leis aplicáveis ou por ordem, decreto, regulamento ou norma governamental ou, ainda, conforme exigido por qualquer intimação legal ou outro procedimento atinente a processos judiciais, administrativos ou arbitrais, sendo que, em qualquer caso, a revelação aqui tratada estará limitada, tão-somente, às informações que sejam expressa e legalmente exigíveis, nos precisos termos da lei, devendo a parte receptora da informação ser comunicada a respeito da natureza confidencial de qualquer informação que vier a revelar."

claro, mais uma vez, que a publicidade almejada com a divulgação das ementas não é total, devendo ser preservado o interesse das partes pelo sigilo de suas informações pessoais e sensíveis.

E esse foi justamente um dos objetivos que a CCEE buscava alcançar com a alteração da convenção arbitral: aumentar a publicidade das decisões, mas respeitando o sigilo almejado pelas partes[14].

No que toca à pessoa responsável pela redação da ementa, a dúvida persiste, pois a Nova Convenção não esclareceu se a redação deve ser incumbência da instituição arbitral, do tribunal arbitral ou das próprias partes.

Quanto ao prazo para a divulgação das ementas, a Nova Convenção estendeu o antigo prazo de 5 (cinco) dias para 15 (quinze) dias, e especificou que a contagem desse prazo se inicia a partir da "*data na qual forem disponibilizadas às partes a decisão arbitral definitiva*"[15].

No que toca à abrangência da divulgação, a Antiga Convenção previa a divulgação das "*sentenças arbitrais*", sem, contudo, esclarecer se as sentenças parciais deveriam ser publicadas. A Nova Convenção tampouco menciona expressamente as sentenças parciais, mas a redação se tornou mais abrangente, já que a cláusula 16 passou a determinar a divulgação de "*todas as sentenças*"[16].

Diante do exposto, é possível concluir que a Nova Convenção aumentou o nível de publicidade das sentenças arbitrais e trouxe mais segurança quanto ao formato e ao conteúdo das ementas a serem divulgadas. Contudo, algumas dúvidas ainda persistem, as quais serão endereçadas no capítulo 3 deste artigo:

(i) Quem será responsável pela elaboração da ementa? As instituições arbitrais podem compartilhar essa tarefa com o tribunal arbitral ou com as próprias partes?[17]

(ii) As instituições arbitrais podem divulgar informações e dados além daqueles previstos na Nova Convenção e no modelo de ementa aprovado pela CCEE (tais como o local da arbitragem, o direito aplicável, se o julgamento foi proferido por árbitro único ou tribunal arbitral, o nome dos árbitros, dentre outros)?[18]

---

14 "*32. A CCEE resumiu as alterações promovidas na Convenção Arbitral nos seguintes termos: (...) (vii) Divulgação de jurisprudência (ementas): a divulgação aos agentes da CCEE dos extratos das sentenças arbitrais já ocorre (cláusula 19), porém não há repositório público de ementas para facilitar os estudos e conhecimentos das teses adotadas pelos Tribunais Arbitrais. Desse modo, foi inserido um dispositivo que obriga as Câmaras Arbitrais a criarem esse repositório público de ementas, **respeitando-se as questões de confidencialidade** (cláusula 16).*;" (Nota Técnica n.º 91/2022 – SRM-SMA/ANEEL, de 21/7/2022, p. 10, grifos nossos).

15 O significado dessa expressão é discutido no capítulo 3.3 deste artigo.

16 O alcance dessa mudança é tratado no capítulo 3.1 deste artigo.

17 Ver capítulo 3.2, segunda parte.

18 Ver nota de rodapé 40, capítulo 3.2, primeira parte, e capítulo 3.4.

(iii) A divulgação da ementa deverá ser feita no prazo de 15 dias da prolação da sentença ou da prolação da decisão de pedidos de esclarecimentos? Caso se entenda pela primeira hipótese, caberá a modificação da ementa se a futura decisão de pedidos de esclarecimentos modificar a sentença arbitral?[19]

(iv) A divulgação das ementas deverá se dar no prazo de 15 dias da prolação de cada decisão, ou somente após a prolação da última decisão definitiva, isto é, após o encerramento do procedimento arbitral?[20]

(v) É necessária a divulgação da ementa de sentenças parciais?[21]

2. ANÁLISE DAS PRÁTICAS DAS INSTITUIÇÕES ARBITRAIS

Antes de responder às dúvidas lançadas no capítulo 1, importante conhecer e refletir sobre as principais iniciativas adotadas pelas instituições arbitrais homologadas pela CCEE. Tendo esse objetivo, empreendemos pesquisa de campo, mediante submissão de questionário contendo 9 (nove) perguntas às 8 (oito) instituições atualmente homologadas pela CCEE[22], a saber: *(i)* Câmara de Mediação e Arbitragem da Fundação Getúlio Vargas ("Câmara FGV"); *(ii)* Câmara de Mediação e Arbitragem Empresarial – Brasil ("CAMARB"); *(iii)* Centro Brasileiro de Mediação e Arbitragem ("CBMA"); *(iv)* Câmara de Conciliação, Mediação e Arbitragem CIESP/FIESP ("Câmara CIESP/FIESP"); *(v)* Centro de Arbitragem e Mediação da Câmara de Comércio Brasil-Canadá ("CAM-CCBC"); *(vi)* Conselho Arbitral do Estado de São Paulo ("CAESP"); *(vii)* Corte Internacional de Arbitragem da Câmara de Comércio Internacional ("CCI"); e *(viii)* Câmara de Mediação e Arbitragem da Associação Comercial do Paraná ("ARBITAC").

As perguntas foram as seguintes:

Pergunta n.º 1: Quando tenciona disponibilizar o Banco de Jurisprudência?

Pergunta n.º 2: Pretende ir além das informações mínimas exigidas pela cláusula 16, parágrafo único, da Convenção da CCEE?

Pergunta n.º 3: Em específico, pretende indicar: (1) nome da(o)(s) árbitra(o)(s); (2) número de árbitra(o)(s); (3) sentença ter sido unânime ou por maioria; e/ou (4) existência e/ou conteúdo de eventual voto divergente?

19 Ver capítulo 3.3.

20 Ver capítulo 3.3, em especial a nota de rodapé 43.

21 Ver capítulo 3.1.

22 Conforme divulgado pela CCEE em seu sítio eletrônico: <https://www.ccee.org.br/en/arbitragem>. Acesso em 15.03.2024.

Pergunta n.º 4: A ementa de eventuais sentenças parciais será disponibilizada logo após ser proferida? Ou apenas após a prolação da sentença final?

Pergunta n.º 5: Na hipótese de decisão sobre pedidos de esclarecimentos impactar o conteúdo da sentença, haverá ajuste na ementa?

Pergunta n.º 6: A responsabilidade de elaboração da ementa será da(o)(s) árbitra(o)(s), ou a própria instituição a elaborará?

Pergunta n.º 7: Caso a(o)(s) árbitra(o)(s), haverá algum mecanismo institucional de controle do prazo de apresentação e da adequação da ementa aos requisitos da CCEE (em particular, cláusulas 16, parágrafo único, e 18, e anexo I do Módulo 1)?

Pergunta n.º 8: Será facultado às partes apresentar solicitação de alteração à ementa? Se positivo, de forma prévia à publicação ou posteriormente?

Pergunta n.º 9: Estaria aberta à consolidação do Banco de Jurisprudência em uma única plataforma, seja por iniciativa da CCEE ou em parceria com as demais instituições credenciadas?

A íntegra das respostas das câmaras arbitrais ao referido questionário está contida no Anexo 2 deste artigo.

Em relação à pergunta n.º 1, a CAMARB e a Câmara CIESP/FIESP já possuem banco de jurisprudência em seus respectivos sítios eletrônicos[23]. Porém, ainda não há ementas divulgadas, já que ainda não houve sentença prolatada em procedimento arbitral que decorra da Nova Convenção. As demais câmaras arbitrais (ARBITAC, CAESP, CAM-CCBC, Câmara FGV, CBMA e CCI) informaram que disponibilizarão seus respectivos bancos de jurisprudência após a prolação da primeira sentença em procedimento arbitral derivado da Nova Convenção.

No que tange à pergunta n.º 2, a Câmara FGV, a Câmara CIESP/FIESP, a CAESP, o CBMA e a CCI responderam que não pretendem divulgar informações adicionais além daquelas exigidas pela cláusula 16, parágrafo único, da Nova Convenção.

O CAM-CCBC também respondeu na negativa, adicionando que a ementa conterá as informações destacadas no modelo disponibilizado pela CCEE[24]. Ainda, destacou que, salvo objeção das partes, poderá publicar as sentenças arbitrais e outras decisões proferidas no curso do procedimento, sem mencionar as partes ou os dados que permitam identificar as partes ou o caso, nos termos da art. 39.2 do Regulamento de Arbitragem do CAM-CCBC[25].

---

23 Disponíveis, respectivamente, em: <https://camarb.com.br/banco-de-jurisprudencia-procedimentos-ccee/>; e <https://www.camaradearbitragemsp.com.br/pt/arbitragem/banco-de-jurisprudencia.html>. Acesso em 15.03.2024.

24 Ver nota de rodapé 15.

25 Disponível em <https://ccbc.org.br/cam-ccbc-centro-arbitragem-mediacao/resolucao-de-disputas/arbitragem/regulamento-de-arbitragem-2022/>. Acesso em 15.03.2024.

Por outro lado, a ARBITAC e a CAMARB esclareceram que informações adicionais poderão ser eventualmente divulgadas, desde que haja autorização dos árbitros, advogados e partes envolvidos na arbitragem. Ainda nesse sentido, a CAMARB destacou que, não havendo oposição das partes, a composição do tribunal arbitral também poderá ser divulgada, sem prejuízo da preservação da confidencialidade das informações que permitam a identificação do caso, nos termos da Resolução Administrativa n.º 22/2022[26], que prevê a divulgação da composição dos tribunais arbitrais constituídos nos procedimentos administrados por tal instituição.

Na pergunta n.º 3, a Câmara FGV, a Câmara CIESP/FIESP, a CAESP, a ARBITAC, o CBMA, o CAM-CCBC e a CCI comunicaram que, a princípio, não pretendem divulgar as referidas informações (nome da(o)(s) árbitra(o)(s), número de árbitra(o)(s), o fato de a sentença ter sido unânime ou por maioria e/ou a existência e/ou o conteúdo de eventual voto divergente). Contudo, a ARBITAC e o CBMA destacaram que algumas dessas informações poderão ser eventualmente divulgadas, caso haja concordância dos árbitros e das partes envolvidas no caso. A CAMARB informou que seguirá o modelo disponibilizado pela CCEE no que tange ao conteúdo da ementa[27], e que seguirá a Resolução Administrativa n.º 22/2022 no que se refere aos árbitros.

Em resposta à pergunta n.º 4, a Câmara FGV, a CAESP e o CBMA informaram que somente divulgarão as ementas das sentenças parciais após o proferimento da sentença final. O CAM-CCBC afirmou que somente disponibilizará a ementa após a prolação da "*decisão arbitral definitiva*", a qual poderá conter informações a respeito de eventuais sentenças parciais, se entendendo do contexto que só publicará a ementa de sentenças arbitrais finais. Por outro lado, a ARBITAC, a Câmara CIESP/FIESP e a CAMARB comunicaram que as sentenças parciais terão ementas próprias, que serão divulgadas no curso da arbitragem. Já a CCI informou que a questão será endereçada à CCEE no momento oportuno.

Em relação à pergunta n.º 5, com exceção da Câmara CIESP/FIESP, que informou que a questão deverá ser decidida pelos árbitros, as demais instituições arbitrais indicaram que, se a decisão sobre pedidos de esclarecimentos impactar o conteúdo da sentença, a ementa deverá ser ajustada. A ARBITAC destacou ainda que, caso a ementa da sentença já tenha sido publicada, a decisão sobre pedidos de esclarecimentos terá ementa própria e apartada.

No que tange à responsabilidade pela elaboração da ementa, questão objeto da pergunta n.º 6, viu-se que não há um posicionamento unânime das instituições arbitrais. Enquanto, por um lado, a ARBITAC, a Câmara CIESP/FIESP, o

26 Disponível em <https://camarb.com.br/en/arbitration/administrative-resolutions/administrative-resolution-no-22-22/>. Acesso em 15.03.2024.

27 Ver nota de rodapé 15.

CAM-CCBC, a CCI[28] e a CAMARB responderam que tal responsabilidade será dos árbitros, por outro lado, a CAESP e o CBMA informaram que a ementa será elaborada pela própria instituição arbitral. A Câmara FGV disse ainda estar estudando esse ponto.

O CAM-CCBC registrou também que os árbitros serão informados da responsabilidade pela elaboração da ementa quando do envio da notificação para atuar como árbitro.

Em complemento à pergunta n.º 6, questionou-se às instituições arbitrais, por meio da pergunta n.º 7, se, na hipótese de a responsabilidade pela elaboração da ementa ser dos árbitros, haverá algum mecanismo institucional de controle de prazo e verificação da adequação do conteúdo da ementa aos requisitos previstos na Nova Convenção. Todas as instituições arbitrais nas quais a ementa deverá ser elaborada pelos árbitros (ARBITAC, Câmara CIESP/FIESP, CAM-CCBC, CCI e CAMARB) responderam de forma positiva.

Ainda sobre tal questão, a ARBITAC, o CAM-CCBC e a CCI destacaram que a ementa deverá ser apresentada pelos árbitros quando do protocolo da sentença[29], para revisão pela instituição antes da publicação. A ARBITAC complementou que verificará o cumprimento dos requisitos previstos na Nova Convenção e, se identificada qualquer irregularidade, concederá prazo exíguo para adequação.

Já que no que tange a pergunta n.º 8, a Câmara FGV, a ARBITAC, o CAM-CCBC, a CAMARB[30] e o CBMA informaram que as partes poderão, em momento prévio à publicação, solicitar alterações ao texto da ementa. O pedido de alteração será analisado e decidido pelos árbitros, exceto no caso do CBMA, que elaborará a ementa e a submeterá para análise e aprovação das partes antes da publicação.

A Câmara CIESP/FIESP comunicou que, considerando que os árbitros serão os responsáveis pela elaboração da ementa, estes deverão decidir se desejam facultar ou não às partes a participação no processo e, em caso positivo, em qual momento. Já a CCI indicou que endereçará a questão à CCEE no momento oportuno.

Por fim, em atenção à pergunta n.º 9, todas as instituições arbitrais informaram que estariam abertas à consolidação dos seus respectivos Bancos de Jurisprudência em uma única plataforma, seja por iniciativa da própria CCEE ou em

---

28 Segundo a CCI, os árbitros serão convidados a elaborar a ementa da sentença, nos termos do item 33(b) da *Note on the Functioning of the Brazilian Office of the Secretariat of the Court* (SCIAB Note) (Disponível em <https://iccwbo.org/dispute-resolution/dispute-resolution-services/icc-international-court-of-arbitration/>. Acesso em 15.03.2024).

29 No caso da CCI, tal obrigação foi fundamentada nos parágrafos 152 e 153 da Nota às Partes e aos Tribunais Arbitrais sobre a Condução da Arbitragem conforme o Regulamento de Arbitragem da ICC (Disponível em < https://iccwbo.org/wp-content/uploads/sites/3/2021/03/icc-note-to-parties-and-arbitral-tribunals-on-the-conduct-of-arbitration-portuguese-2021.pdf>. Acesso em 15.03.2024).

30 Segundo a CAMARB, eventuais pedidos de ajustes às ementas deverão ser apresentados pelas partes no prazo de 15 (quinze) dias anteriores à publicação da ementa no site.

parceria com as demais instituições. A única exceção foi a Câmara FGV, que ressalvou precisar a questão ser validada pela Presidência da Fundação Getúlio Vargas e seu setor de *compliance*.

3. DÚVIDAS E POSSÍVEIS CONTRIBUIÇÕES

Sumarizadas as diferenças entre a Antiga e a Nova Convenção e vislumbrado como as instituições arbitrais homologadas pretendem cumprir suas obrigações de disponibilização do ementário, esse capítulo analisará algumas dúvidas e questões que remanescem, adotando postura propositiva dos encaminhamentos a tomar.

3.1. Decisões que demandam divulgação de ementa

A primeira dúvida que permeia a Nova Convenção diz respeito às decisões que demandam a preparação e divulgação de ementa. O *caput* da cláusula 16 da Nova Convenção estipula que o ementário conterá "*todas as sentenças proferidas em decorrência desta CONVENÇÃO*". Logo antes, afirma que as ementas deverão ser disponibilizadas em até 15 dias da data de disponibilização da "*decisão arbitral definitiva*".

Conquanto esteja claro que apenas sentenças estão abrangidas na obrigação de divulgação, a utilização do vocábulo "*definitiva*" pode ser interpretada como limitando a necessidade de divulgação às sentenças arbitrais finais, excluindo as parciais.

Entendemos que esse entendimento seria equivocado.

Primeiro, pois, estando conjugada com a estipulação do prazo de publicação da ementa, a expressão "*definitiva*" denota apenas que o termo *a quo* desse prazo para a disponibilização das ementas corre de quando a sentença não pode mais ser modificada[31]. E, tal qual as sentenças finais, as parciais também são definitivas naquilo que decidem[32].

---

31 O tema é retomado no capítulo 3.3, que trata do prazo e do momento de divulgação.

32 Nesse sentido, "*An arbitral award can be defined as a final decision by the arbitrators on all or part of the disputed submitted to them, whether it concerns the merits of the dispute, jurisdiction, or a procedural issue leading to the end of proceedings. (...) an award may be partial.*" (GAILLARD, Emmanuel; SAVAGE, John. *Fouchard Gaillard Goldman on International Commercial Arbitration*, 1999, itens 1353 e 1357). **E, também,** "*inequívoco é o fato de que, com o advento da decisão sentencial, tem-se a última manifestação jurisdicional acerca de uma determinada questão. Por isso, o adjetivo provisório jamais poderá acompanhar a palavra sentença.*" **(AYOUB, Luiz Roberto; PELLEGRINO, Antônio Pedro. "A sentença parcial",** *in* **11(44)** *Revista da EMERJ*, **2008, p. 93).**

Segundo, porque esse entendimento privaria de significado as palavras que antecedem a menção a "*sentenças*" na cláusula 16, *i.e.*, "*todas as*". Essa redação adotada pela Nova Convenção[33] milita favoravelmente à inclusão das sentenças parciais na obrigação de divulgação.

Em suma, nosso entendimento é que tanto as sentenças arbitrais finais quanto as parciais demandam a elaboração e a divulgação de ementa. E, para esse fim, cabe aos árbitros definirem se determinada decisão tem natureza de sentença.

3.2. Elaboração da ementa: conteúdo e responsabilidade

Como antes exposto[34], a Nova Convenção estipula requisitos mínimos para as ementas, exigindo que explicitem o "*entendimento sobre o tema litigioso, contendo elementos mínimos e sintéticos, omitindo dados pessoais e comerciais das respectivas partes*". Por sua vez, o Conselho de Administração da CCEE traçou modelo a ser seguido pelas instituições arbitrais homologadas, abrangendo o número da sentença[35], sua data, palavras-chave indicando seus temas centrais, e, em poucas linhas, síntese da tese e do dispositivo da sentença, citando a norma jurídica que fundamentou a decisão.

Conquanto o modelo melhor explicite o conteúdo da ementa, ainda é conciso e pouco específico. Daí resulta risco de considerável disparidade entre a qualidade e o nível de profundidade das ementas.

O problema se agrava considerando a existência de múltiplas instituições arbitrais homologadas, com distintas práticas. A título de exemplo, compulsando os dados de nossa pesquisa de campo, 2 instituições indicaram que a elaboração de ementa será de sua responsabilidade, enquanto outras 5 afirmaram que caberá aos árbitros. Dentre essas 5, todas exercerão algum controle quanto à adequação da ementa aos requisitos da CCEE. Também 5 instituições indicaram que as partes terão a faculdade de solicitar ajustes à minuta de ementa. A combinação destes posicionamentos revela considerável fragmentação nos procedimentos internos dos quais derivarão as ementas.

---

33 A Antiga Convenção apenas mencionava "*os extratos de sentenças*" em sua cláusula 16 e "*o extrato da sentença arbitral*" na cláusula 19.

34 Ver capítulo 1.

35 Presume-se ser numeração sequencial, desvinculada do número do procedimento arbitral, apenas para fins de futura identificação de cada ementa no banco de dados. É o entendimento da Câmara CIESP/FIESP, que, apesar de ainda não ter ementa divulgada, já indicou que serão numeradas sequencialmente (ver <https://www.camaradearbitragemsp.com.br/pt/arbitragem/banco-de-jurisprudencia.html>. Acesso em 24.03.2024).

Frente a esse cenário[36], propomos duas medidas para mitigar o risco de excessiva e prejudicial heterogeneidade das ementas.

A primeira é a adoção de modelo que, respeitando as exigências da CCEE[37], traga maior detalhamento e padronização daquilo que se espera de instituições e árbitros na formulação das ementas.

Sem pretensões de encerrar o debate, trazemos no Anexo 1 a este artigo proposta de modelo, com exemplo ilustrativo. O objetivo foi melhor esquematizar a forma de seu preenchimento, garantindo que elementos que permitam a comparação entre ementas sejam mais comumente observados. Nessa empreitada, e no cabível, a proposta se inspirou nas Diretrizes para a Elaboração de Ementas disponibilizadas pelo Conselho Nacional de Justiça, adaptando-as às particularidades de procedimento confidencial.

Já a segunda medida é o estabelecimento de procedimento para a produção dessas ementas que congregue de forma apropriada os diferentes interessados em sua produção, *i.e.*, árbitros, instituições e partes.

Nesse ponto, pode-se argumentar que delegar essa tarefa às instituições arbitrais tem o efeito positivo de produzir ementas padronizadas, assegurando a uniformidade entre as publicações. Também que evitaria risco de incidentes relacionados ao cumprimento de prazos por árbitros e partes.

Considerando, contudo, que a Nova Convenção exige um resumo da sentença – o que demanda trabalho interpretativo do responsável por elaborar a ementa (em oposição à transcrição de excertos, opção que é adotada por outras instituições[38], mas que não foi a escolhida pela CCEE) –, entendemos que a melhor opção é delegar aos árbitros a função primária de elaboração da minuta de ementa. Afinal,

---

36 O qual, aliás, não é exclusivo a ementários arbitrais, como bem pontuado na apresentação e na introdução das Diretrizes para a Elaboração de Ementas disponibilizadas pelo Conselho Nacional de Justiça: "*Com efeito, existem mais de 90 tribunais no Brasil e disparidades na construção de ementas não só entre as diferentes Cortes, mas, também, entre os julgadores. Esse contexto dificulta, sobremaneira, o acesso adequado à jurisprudência e sua compreensão pelos cidadãos e, especialmente, pelos próprios operadores do Direito.* (...) *Medidas em prol da padronização das ementas podem ser benéficas para o aprimoramento do desempenho das funções jurisdicionais e para a consolidação do conhecimento sobre uma das principais fontes atuais do Direito brasileiro: a jurisprudência.*" (CONSELHO NACIONAL DE JUSTIÇA. *Diretrizes para a elaboração de ementas*, 2021. Disponível em <https://www.cnj.jus.br/wp-content/uploads/2021/09/diretrizes-elaboracao-ementas-uerj-reg-cnj-v15122021.pdf>. Acesso em 20.03.2024).

37 Nesse sentido, entendemos que as ementas cujo art. 16 da Nova Convenção demanda divulgação devem seguir as balizas traçadas pela CCEE no próprio art. 16 e no Anexo 1 do Módulo 1 – Homologação e Credenciamento de Câmaras Arbitrais (Disponível em <https://www.ccee.org.br/en/arbitragem>. Acesso em 25.03.2024), razão pela qual o modelo aqui proposto apenas melhor clarifica como deve ser redigida a ementa, sem incluir outros tipos de dados além daqueles exigidos pela CCEE.

38 Sobre o tema: HADDAD, Ana Olivia Antunes. *Transparência no Processo Arbitral.* Almedina: São Paulo, 2021, pp. 133-138.

são eles que efetivamente decidem a disputa e, assim, melhor entendem e mais facilmente resumem as conclusões alcançadas.

Essa conclusão é reforçada quando se considera o curto espaço de tempo entre o recebimento da sentença e a disponibilização da ementa, que dificulta sobremaneira o exercício dessa função pelas instituições arbitrais.

Mas certamente as instituições têm papel de relevo nessa empreitada, tanto previamente quanto após a entrega da minuta de ementa pelos árbitros.

No momento prévio, entendemos que a melhor prática é que as instituições *(i)* deixem claro aos árbitros desde o início do procedimento que, dentre suas funções, está a elaboração da minuta de ementa; *(ii)* disponibilizem modelo de ementa para incentivar a uniformidade e a completude nas publicações, enviando o modelo aos árbitros tanto no princípio do procedimento quanto ao início do prazo para prolação da sentença, rememorando-os de sua obrigação; e *(iii)* exijam a entrega da minuta da ementa juntamente com a sentença, de modo a viabilizar tempo suficiente para o controle de adequação.

Recebida a minuta de ementa, entendemos que, como já indicado por múltiplas instituições em nossa pesquisa de campo, cabe a elas exercer controle prévio de completude, adequação e padronização, revisando e interagindo com os árbitros para a implementação de eventuais ajustes.

Também lhes cabe assegurar que as etapas e prazos necessários à disponibilização em tempo da ementa sejam cumpridos tanto por árbitros quanto por partes.

Por fim, e conquanto seja tema que desperte maiores debates, entendemos salutar que as partes também participem deste processo, formulando eventuais propostas de ajustes à minuta de ementa. Julgamos que estão particularmente bem posicionadas para identificar eventuais elementos da ementa que possam permitir a identificação do litígio pelos demais agentes do mercado. Mas ressalva-se que a definição da redação final da ementa deve caber sempre a árbitros e instituições, que poderão indeferir as propostas que considerarem indevidas.

Concluindo esse capítulo, apresentamos um modelo de fluxograma que ilustra as etapas do que pode ser o processo de elaboração da ementa:

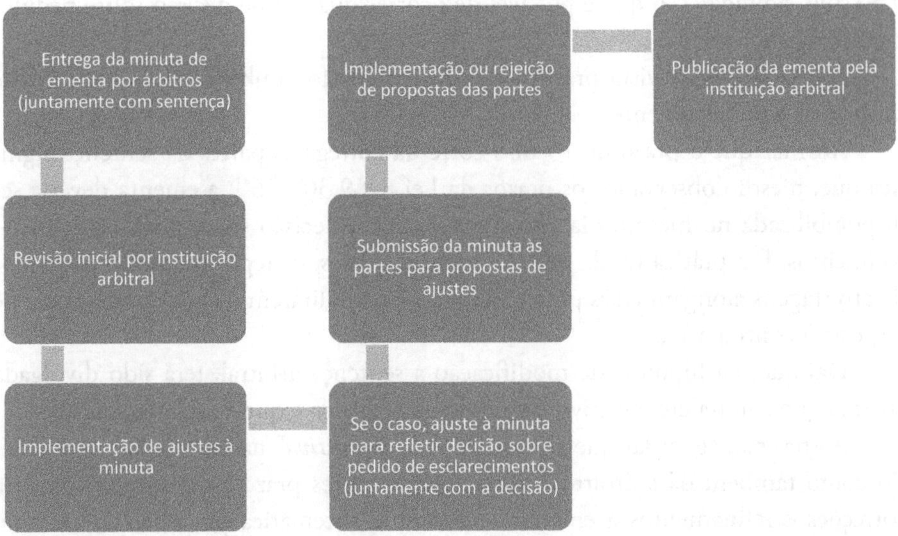

3.3. Prazo de divulgação

A cláusula 16 da Nova Convenção estipula que a ementa deverá ser divulgada "*no prazo de até 15 (quinze) dias após a data na qual forem disponibilizadas às PARTES a decisão arbitral definitiva*". A redação não é de todo clara quanto ao termo *a quo* do prazo, sendo plausível concluir que contaria do momento de entrega da sentença – seja parcial ou final – às partes.

Inobstante, propomos que a interpretação mais adequada – tanto do ponto de vista teórico quanto prático – é que, ao aludir a "*decisão arbitral definitiva*", o dispositivo desloca o termo *a quo* para o momento do transcurso *in albis* do prazo de pedidos de esclarecimentos ou, se apresentados, da entrega às partes da decisão quanto aos pedidos de esclarecimentos.

Sob o viés teórico, essa compreensão se sustenta no fato de a Nova Convenção optar por expressão diferenciada quando trata do prazo de 15 dias. Ao invés de utilizar o vocábulo "*sentença*" – como o faz logo na sequência da cláusula 16 e em múltiplos outros dispositivos –, optou por "*decisão arbitral definitiva*", que é mais amplo e engloba decisões sobre pedidos de esclarecimentos, seja qual for seu conteúdo.

Também deriva do fato de a sentença arbitral tornar-se verdadeiramente "*definitiva*" quando não mais apta a ser modificada (ou, no vocabulário da Lei n.º

9.307/96, aditada[39]), o que é possível de ocorrer quando de decisão sobre pedidos de esclarecimentos[40].

Sob o ponto de vista prático, essa interpretação também evita uma série de problemas e inconvenientes.

Afirmar que o prazo de 15 dias corre da entrega às partes da sentença significa que, mesmo observados os prazos da Lei n.º 9.307/96[41], a ementa deveria ser disponibilizada no mesmo dia em que entregue a decisão sobre pedidos de esclarecimentos. E a prática revela que, no mais das vezes, os regulamentos e os termos de arbitragens alongam esses prazos, além de possibilitarem a abertura de prazo de resposta à contraparte.

Daí que, na hipótese de modificação à sentença arbitral, terá sido divulgada ementa que não reflete o efetivo conteúdo da sentença e que demandará ajuste[42].

Ao reverso, aguardar que a sentença seja "*definitiva*" não só previne esse cenário como também dá a árbitros, instituições e partes prazo para que procedam a correções e refinamentos à ementa – conforme sistemática proposta no capítulo 3.2 – sem que sua atenção seja dividida com a consideração de eventuais pedidos de esclarecimentos.

3.4. Divulgação de informações adicionais

A obrigação de divulgação de ementários trazida pela Nova Convenção insere-se em quadro mais amplo de incremento da transparência na arbitragem. Ao longo das últimas décadas, diversas instituições adotaram medidas visando garantir que determinadas informações dos procedimentos sob sua administração pudessem ser divulgadas. Isso inclui a publicação anonimizada de decisões, a divulgação de decisões proferidas em incidentes de impugnação de árbitros, a listagem dos árbitros nela atuantes, a compilação de dados estatísticos dos procedimentos administrados pelas instituições, entre outras medidas. E, como se verá adiante, diversas das instituições homologadas pela CCEE possuem iniciativas da espécie.

---

39 "Art. 30. Parágrafo único. O árbitro ou o tribunal arbitral decidirá no prazo de 10 (dez) dias ou em prazo acordado com as partes, aditará a sentença arbitral e notificará as partes na forma do art. 29."

40 Essa leitura igualmente clarifica que a publicação da ementa de sentenças parciais não deve aguardar a conclusão de todo o procedimento, sendo o termo *a quo* do prazo de 15 dias quando a própria sentença parcial se tornar "*definitiva*", ou seja, quando do transcurso *in albis* do prazo para pedidos de esclarecimentos ou quando da disponibilização às partes da decisão sobre pedidos de esclarecimentos.

41 Cf. o art. 30, salvo acordo em sentido diverso, os pedidos de esclarecimentos devem ser apresentados em até 5 dias da notificação da sentença arbitral e deverão ser decididos em até 10 dias, totalizando 15 dias.

42 A questão não escapou à atenção das instituições arbitrais, tendo todas as 8 homologadas confirmado essa possibilidade de ajuste à ementa, seja em seu próprio texto ou em apartado.

Destarte, poder-se-ia indagar se a Nova Convenção substitui ou limita essas outras iniciativas. Com efeito, a par de indicar o que deve conter a ementa, sua cláusula 16 impõe a omissão de "*dados pessoais e comerciais das respectivas partes*" e sua cláusula 18 traz disposições concernentes à confidencialidade que se estendem aos "*documentos, dados e informações a que* [dentre outros, '*membros da Câmara Arbitral*'] *tiverem acesso em razão de tal procedimento arbitral*".

Entendemos que, sujeito a alguns cuidados, a resposta é negativa.

Primeiro, pois a obrigação trazida pela Nova Convenção não exclui – seja expressa ou tacitamente – a possibilidade de outras iniciativas de transparência serem instituídas. Ao reverso, é possível argumentar que sua razão de ser – "*facilitar os estudos e conhecimentos das teses adotadas pelos Tribunais Arbitrais*"[43] – indica receptividade a medidas que convirjam para o mesmo propósito.

Segundo, porque, via de regra, essas outras iniciativas também adotam cuidados de anonimização das decisões ou ementas, omitindo dados e informações que poderiam levar à identificação das pessoas envolvidas no procedimento.

A título de exemplo, *(i)* a CCI anonimiza e aguarda ao menos dois anos para publicar sentenças, dando ainda a possibilidade de as partes objetaram a publicação[44]; *(ii)* o CBMA publica sentenças e decisões de forma não identificada[45]; *(iii)* a CAESP anonimizou todos os dados em ementário lançado em 2024[46]; *(iii)* o CAM-CCBC[47], a CAMARB[48] e a CCI[49] divulgam a composição dos tribunais arbitrais sem identificação das partes ou do número do procedimento; e *(iv)* os regulamentos de diversas instituições arbitrais homologadas mencionam a anonimização de sentenças publicadas[50].

Terceiro, porque a cláusula de confidencialidade prevista na Nova Convenção autoriza a divulgação de informações dos procedimentos arbitrais sob a sua égide, desde que haja "*autorização escrita, prévia e expressa da(s) outra(s) parte(s)*

---

43 Cf. processo ANEEL n.º 48500.003672/2002-61, vol. 3, carta CT-CCEE05644/2021, registrada sob o n.º 48513.030027/2021-00-3, p. 2.

44 Cf. Nota às Partes e aos Tribunais Arbitrais sobre a Condução da Arbitragem conforme o Regulamento de Arbitragem CCI, itens 58-61. Disponível em <https://iccwbo.org/wp-content/uploads/sites/3/2021/03/icc-note-to-parties-and-arbitral-tribunals-on-the-conduct-of-arbitration-portuguese-2021.pdf>. Acesso em 24.03.2024.

45 Disponível em <https://cbma.com.br/cbma/jurisprudencia-arbitral-do-cbma/>. Acesso em 24.03.2024.

46 Ver aba "Ementas" em <https://caesp.org.br/>. Acesso em 24.03.2024.

47 Disponível em <https://ccbc.org.br/cam-ccbc-centro-arbitragem-mediacao/resolucao-de-disputas/arbitragem/tribunais-arbitrais/>. Acesso em 24.03.2024.

48 Disponível em <https://camarb.com.br/divulgacao-dos-tribunais-arbitrais/>. Acesso em 24.03.2024.

49 Disponível em <https://iccwbo.org/dispute-resolution/dispute-resolution-services/arbitration/arbitrators/>. Acesso em 24.03.2024.

50 *E.g.*, art. 39(2) do Regulamento de 2022 do CAM-CCBC, art. 56, §2º, do Regulamento de 2021 da ARBITAC, art. 13.2 do Regulamento de 2019 da CAMARB, e art. 20.4 do Regulamento de 2013 da Câmara CIESP/FIESP.

envolvida(s)" (cláusula 18). Assim, desde que com o consentimento de partes e árbitros[51], as instituições poderão continuar a promover as suas próprias iniciativas de transparência, além da divulgação de ementas exigida pela Nova Convenção.

Dito isso, não se deve perder de vista que os procedimentos abarcados pela Nova Convenção guardam particularidades que, em alguma medida, podem impactar essas outras iniciativas. Somado o caráter setorial destes procedimentos com a possibilidade trazida pela cláusula 14 de divulgação da existência da disputa à coletividade de agentes da CCEE, há risco ampliado de identificação da decisão ou ementa com base nos detalhes trazidos. Sendo assim, recomenda-se cuidado redobrado na anonimização.

3.5. Unificação da plataforma

A última contribuição do presente artigo diz respeito ao local de divulgação dos ementários. Conforme a cláusula 16 da Nova Convenção, as instituições arbitrais homologadas deverão "*disponibilizar em seus respectivos sítios eletrônicos o ementário*".

Isso significa que, a princípio, o número de diferentes ementários será igual ao número de instituições arbitrais homologadas. Ou seja, já nesse momento inicial teríamos 8 bases de dados diferentes nas quais buscar ementas, com possibilidade de incremento no futuro, caso haja a homologação de outras instituições arbitrais pela CCEE.

Sendo a intenção manifestada para a publicação destes ementários "*facilitar os estudos e conhecimentos das teses adotadas pelos Tribunais Arbitrais*"[52], essa pulverização é problemática. Como já salientado por André Edelstein, "*a solução peca sob o ponto de vista prático, por não consolidar o repositório em uma única plataforma, impondo a necessidade de consulta a cada uma das plataformas*"[53].

---

51 É passível de questionamento se as previsões contidas nos regulamentos das instituições arbitrais sobre as suas iniciativas de transparência denotam um consentimento suficiente para permitir a sua incidência em procedimentos regidos pela Nova Convenção ou se, ao contrário, é necessário – além da previsão regulamentar – colher o consentimento prévio e expresso de partes e árbitros. A nosso ver, as previsões contidas nos regulamentos da instituição são suficientes para os fins da cláusula 18 da Nova Convenção, uma vez que, ao escolher determinada instituição arbitral para administrar o seu procedimento, e ao aceitar figurar como árbitro em uma arbitragem administrada por aquela instituição, partes e árbitros automaticamente aderem e consentem com as suas regras, por força do art. 21 da Lei de Arbitragem.

52 Cf. processo ANEEL n.º 48500.003672/2002-61, vol. 3, carta CT-CCEE05644/2021, registrada sob o n.º 48513.030027/2021-00-3, p. 2.

53 EDELSTEIN, André. "Breves notas sobre as principais inovações da nova Convenção Arbitral da CCEE nas arbitragens de comercialização de energia", 77 *Revista Brasileira de Arbitragem*, 2023, p. 125.

Contudo, a pesquisa de campo realizada indica abertura para aprimoramento desta situação. Com efeito, dentre as 8 instituições homologadas, nenhuma objetou a "*consolidação do Banco de Jurisprudência em uma única plataforma*", e 7 expressamente consignaram estar abertas a iniciativas da espécie[54].

Destarte, há espaço para coordenação entre as instituições homologadas para garantir a divulgação das ementas em plataforma única, seja em substituição ou em complemento às publicações individuais.

Nesse esforço, entendemos que o Comitê Brasileiro de Arbitragem e o Conselho Nacional das Instituições de Mediação e Arbitragem poderiam ocupar posições de destaque, eis que congregam justamente aqueles diretamente impactados e interessados na medida.

Atingido sucesso, essa iniciativa garantiria não só maior praticidade na consulta do estado da arte das decisões arbitrais em conflitos relacionados à CCEE, como traria ainda o benéfico efeito indireto de incentivar maior padronização das ementas, em complemento aos esforços empreendidos no capítulo 3.2 deste artigo. Afinal, divulgadas lado a lado as ementas advindas de diferentes instituições arbitrais, suas diferenças e seu nível de adequação saltariam aos olhos.

CONCLUSÕES

Concluída a análise proposta, entendemos que a Nova Convenção inovou positivamente com a formação de repositório público dos entendimentos havidos em procedimentos dela derivados. Ainda que adotem caráter orientativo, acreditamos que as ementas incrementarão a previsibilidade do mercado de comercialização de energia elétrica, além de contribuírem para o aprimoramento dos contratos e da tomada de decisões pelos agentes[55].

---

54 A Câmara FGV respondeu que "[a] *questão precisaria ser validada pela Presidência da Fundação Getúlio Vargas e por nosso setor de compliance*". Conquanto não seja resposta expressamente afirmativa, também não interpretamos como objeção à iniciativa.

55 Nessa linha, o parecer preparado por Carvalho, Machado e Timm Advogados e submetido à análise da ANEEL quando da apreciação da nova Convenção bem destaca que "*A formação de um repertório de decisões tem caráter orientativo que, sob uma óptica de Law and Economics, pode representar incentivos adequados aos agentes. De fato, um repertório de precedentes persuasivos tem o condão de desestimular pretensões frívolas dos agentes, ao mesmo tempo em que gera uma influência positiva sobre novos árbitros, que se sentirão motivados a adequar suas decisões a um conjunto previsível de posições sobre questões fáticas e jurídicas similares.*" (TIMM, Luciano Benetti; GUEDES, Henrique Lenon Farias. Parecer jurídico anexado ao processo ANEEL n.º 48500.003672/2002-61, vol. 3, carta CT-CCEE05644/2021, registrada sob o n.º 48513.030027/2021-00-3, anexo 03, pp. 3-4).

Conquanto dúvidas remanesçam e aprimoramentos sejam sempre possíveis, a interpretação adequada da Nova Convenção e a cooperação entre CCEE[56], instituições arbitrais e outros interessados são aptas a endereçá-los. As sugestões nesse artigo lançadas principiam os debates, mas certamente não os encerram, razão pela qual convidamos todos a contribuir nessa construção.

Por fim, registramos nosso agradecimento às instituições arbitrais que graciosamente responderam à nossa pesquisa de campo, e aos demais integrantes do Grupo de Estudos em Arbitragem e Setor Elétrico do Comitê Brasileiro de Arbitragem que participaram das discussões que conduziram a esse artigo.

REFERÊNCIAS

ANDRADE, Gustavo Fernandes de. "Algumas reflexões sobre as arbitragens e as regras da Câmara de Comercialização de Energia – CCEE", 67 *Revista de Direito da Procuradoria Geral do Rio de Janeiro*, 2013.

AYOUB, Luiz Roberto; PELLEGRINO, Antônio Pedro. "A sentença parcial", *in* 11(44) *Revista da EMERJ*, 2008.

CONSELHO NACIONAL DE JUSTIÇA. *Diretrizes para a elaboração de ementas*, 2021. Disponível em <https://www.cnj.jus.br/wp-content/uploads/2021/09/diretrizes-elaboracao-ementas-uerj-reg-cnj-v15122021.pdf>. Acesso em 20.03.2024.

EDELSTEIN, André. "Breves notas sobre as principais inovações da nova Convenção Arbitral da CCEE nas arbitragens de comercialização de energia", 77 *Revista Brasileira de Arbitragem*, 2023.

GAILLARD, Emmanuel; SAVAGE, John. *Fouchard Gaillard Goldman on International Commercial Arbitration*, 1999.

GIUSTI, Gilberto; ARAÚJO, Vicente Coelho; OLIVA JUNIOR, José Roberto; VENOSA, Bruno Pellegrini; SILVA, Laís de Oliveira e; PAULINO, Luisa. Parecer jurídico anexado ao processo ANEEL n.º 48500.003672/2002-61, vol. 3, carta CT-CCEE05644/2021, registrada sob o n.º 48513.030027/2021-00-3, anexo 02.

56 Nesse sentido, concordamos com a avaliação feita por Pinheiro Neto Advogados em parecer jurídico apresentado em suporte à aprovação da Nova Convenção pela ANEEL, no sentido de que é "*importante celebrar e manter acordos específicos com as instituições arbitrais credenciadas, nos moldes já efetuados pela CCEE, de modo a se garantir a divulgação das sentenças arbitrais sob os padrões esperados pela CCEE e seus agentes.*" (GIUSTI, Gilberto; ARAÚJO, Vicente Coelho; OLIVA JUNIOR, José Roberto; VENOSA, Bruno Pellegrini; SILVA, Laís de Oliveira e; PAULINO, Luisa. Parecer jurídico anexado ao processo ANEEL n.º 48500.003672/2002-61, vol. 3, carta CT-CCEE05644/2021, registrada sob o n.º 48513.030027/2021-00-3, anexo 02, pp. 14-15).

GRION, Renato Stephan. "Disputes in the Brazilian electricity market", *in International Arbitration in Latin America: energy and natural resources disputes*, 2021.

HADDAD, Ana Olivia Antunes. *Transparência no Processo Arbitral*. Almedina: São Paulo, 2021.

TIMM, Luciano Benetti; GUEDES, Henrique Lenon Farias. Parecer jurídico anexado ao processo ANEEL n.º 48500.003672/2002-61, vol. 3, carta CT-C-CEE05644/2021, registrada sob o n.º 48513.030027/2021-00-3, anexo 03.

ANEXO 1: MODELO PROPOSITIVO DE EMENTA

Instruções gerais de redação

- Utilizar português simples, evitando adjetivos, advérbios, metáforas, hipérboles, superlativos, neologismos e palavras em outros idiomas.
- Manter frases concisas, preferencialmente em ordem direta.
- Não empregar sinonímia com propósito estilístico, preferindo a mesma palavra para expressar ideia repetida.
- Adotar vocabulário padronizado para referência a institutos jurídicos e legislação, tanto no cabeçalho quanto no dispositivo, sugerindo-se a utilização do glossário disponibilizado pela ANEEL (https://www.gov.br/aneel/pt-br/centrais-de-conteudos/glossario) e do tesauro do Superior Tribunal de Justiça (https://scon.stj.jus.br/SCON/thesaurus/).

<table>
<tr><th>Número da ementa</th><th>Data da sentença</th></tr>
<tr><td>[a ser preenchido pela instituição arbitral, com numeração sequencial de acordo com a data de publicação da ementa, no seguinte formato: SIGLA DA INSTITUIÇÃO n.º #]</td><td>[a ser preenchida pela(o) árbitra(o), com mês e ano da sentença, e não de eventual decisão sobre pedido de esclarecimentos]</td></tr>
<tr><th colspan="2">Cabeçalho (palavras-chave)</th></tr>
<tr><td colspan="2">[a ser preenchido pela(o) árbitra(o), composto apenas por palavras e expressões (e não sentenças completas) que reflitam a natureza da disputa e o conteúdo da sentença. Iniciar cada tema com descritor, seguido de subdescritor(es) que o qualifique(m)]</td></tr>
<tr><th colspan="2">Dispositivo</th></tr>
<tr><td colspan="2">[a ser preenchido pela(o) árbitra(o), composto por enunciados completos em frases curtas e concisas. Resumir cada questão fundamental decidida (tema), refletindo (i) os fatos mais relevantes; (ii) o entendimento do julgador; e (iii) as premissas teóricas que o fundamentaram, indicando a norma jurídica aplicável, se o caso. Ordenar por temas, em parágrafos numerados sequencialmente. Concluir com resumo do dispositivo]</td></tr>
</table>

Exemplo:[57]

<table>
<tr><th>Número da ementa</th><th>Data da sentença</th></tr>
<tr><td>CÂMARA n.º 2</td><td>11/2023</td></tr>
<tr><th colspan="2">Cabeçalho (palavras-chave)</th></tr>
<tr><td colspan="2">Contrato de compra e venda de energia elétrica. Não assinatura. Execução. Validade. Cláusula take or pay. Pandemia de COVID-19. Força maior. Não configuração. Preço de Liquidação das Diferenças (PLD). Descolamento entre submercados. Caso fortuito. Não configuração.</td></tr>
<tr><th colspan="2">Dispositivo</th></tr>
<tr><td colspan="2">1. A execução do contrato de compra e venda de energia elétrica por ambas as partes, com registro da operação perante a CCEE e sem objeção anterior à ausência de sua assinatura, resulta na validade de seus termos, em atenção ao art. 107 do Código Civil.
2. Em contrato de longa duração para a compra e venda de energia elétrica, o fechamento por dois meses da unidade fabril em decorrência da pandemia de COVID-19 não torna a prestação excessivamente onerosa à luz da duração total do contrato. Portanto, não preenche os requisitos para a configuração de onerosidade excessiva previstos no art. 478 do Código Civil.
3. O descolamento do Preço de Liquidação das Diferenças (PLD) entre submercados não preenche os requisitos do art. 393 do Código Civil para a configuração de caso fortuito, sendo risco ordinário em contratos de longa duração para a compra e venda de energia elétrica.
4. Ação julgada procedente, para condenar a requerida ao pagamento dos valores estipulados contratualmente.</td></tr>
</table>

57 Ressalta-se que o exemplo não se baseia em qualquer caso concreto.

ANEXO 2: RESPOSTAS DAS INSTITUIÇÕES ARBITRAIS À PESQUISA DE CAMPO

	Câmara FGV	ARBITAC	Câmara CIESP/FIESP	CAESP
1. Quando tenciona disponibilizar o Banco de Jurisprudência?	Assim que tivermos a primeira sentença prolatada em procedimento cujo compromisso arbitral decorra da nova Convenção da CCEE.	A disponibilização do Banco de Jurisprudência será iniciada após a prolação de sentença parcial ou final no primeiro caso derivado da Convenção de Arbitragem da Câmara de Comercialização de Energia Elétrica (CCEE). Em havendo pedido de esclarecimentos, os árbitros, advogados e partes envolvidas serão previamente consultados a respeito do momento de publicação da ementa (se antes ou depois da decisão sobre os esclarecimentos).	N/A	Tão logo tenhamos o primeiro caso.
	CAM-CCBC	**CAMARB**	**CBMA**	**CCI**
	Até o momento, o CAM-CCBC não recebeu nenhum procedimento arbitral com base na Convenção de Arbitragem da CCEE e, portanto, não há previsão para disponibilização desse Banco de Jurisprudência. Assim que for prolatada a primeira sentença com base na Convenção de Arbitragem da CCEE, o CAM-CCBC tem o prazo de 90 dias para disponibilizar o Banco de Jurisprudência, nos termos do item 4, VI do Módulo 1 de "Homologação e Credenciamento de Câmaras Arbitrais".	O Banco de Jurisprudência da CAMARB, dos procedimentos da CCEE, poderá ser acessado através do *link*: https://camarb.com.br/banco-de-jurisprudencia-procedimentos-ccee/, que estará disponível no site para consulta pública após a prolação da sentença arbitral do primeiro procedimento, conforme Cláusula 16 da RH 3.173 da ANEEL.	Considerando que não tivemos nenhum caso CCEE até agora, entendemos que não precisamos disponibilizar o ementário, por ora. Portanto, vamos disponibilizar o banco tão logo tenhamos sentenças a serem disponibilizadas.	Após prolação de sentença arbitral em algum caso envolvendo a Convenção da CCEE.

	Câmara FGV	**ARBITAC**	**Câmara CIESP/FIESP**	**CAESP**
2. Pretende ir além das informações mínimas exigidas pela cláusula 16, parágrafo único, da Convenção da CCEE?	Pretendemos respeitar a autonomia da vontade das partes na forma prevista na Convenção da CCEE, salvo se houver alguma alteração do Regulamento sobre o tema, hipótese em que apenas as arbitragens posteriores à mudança do Regulamento estarão sujeitas às suas previsões.	A Instituição poderá fornecer informações adicionais, respeitando os limites de confidencialidade de cada procedimento e desde que haja prévia e expressa autorização dos árbitros, advogados e partes envolvidas no caso.	O projeto inicial é divulgar no Banco de Jurisprudência CCEE somente os dados solicitados pela entidade. Existem outros projetos da Câmara referentes à divulgação da composição dos Tribunais Arbitrais e extratos de sentenças de forma geral, não se restringindo aos casos da CCEE.	Não.
	CAM-CCBC	**CAMARB**	**CBMA**	**CCI**
	Não. O Banco de Jurisprudência do CAM-CCBC contará com as informações indicadas no Anexo I do Módulo 1 de "Homologação e Credenciamento de Câmaras Arbitrais". Cabe destacar que a publicação de sentenças seguirá o quanto previsto no artigo 39.2 do Regulamento de Arbitragem de 2022, segundo o qual dispõe: "Salvo objeção das partes, o CAM-CCBC poderá publicar a sentença e outras decisões proferidas nos procedimentos, sem mencionar as partes ou dados que permitam identificar as partes ou o caso".	A CAMARB disponibilizará as informações previstas no parágrafo único da Cláusula 16 da RH 3.173/23 da ANEEL, podendo ainda divulgar outros dados nas hipóteses abaixo: Caso as partes não apresentem discordâncias, conforme o disposto na Resolução Administrativa nº 22/22, a CAMARB publica a divulgação dos Tribunais Arbitrais dos procedimentos solicitados a partir de 11 de novembro de 2022, como segue: i. número fictício não correspondente à numeração atribuída internamente ao procedimento arbitral; ii. nome completo do(a) árbitro(a); iii. nacionalidade do(a) árbitro(a); iv. se o(a) árbitro(a) foi nome	Não, o CBMA seguirá rigorosamente os critérios fixados pela Convenção.	Não.

	Câmara FGV	ARBITAC	Câmara CIESP/FIESP	CAESP
		ado(a) por uma das partes, pelas partes em conjunto, pelos coárbitros(as), pela Diretoria da CAMARB ou por meio de outra hipótese não prevista nesta Resolução; v. posição que o(a) árbitro(a) assume no Tribunal Arbitral (presidente/coárbitro/árbitro único); vi. nome do(a) secretário(a) administrativo do Tribunal Arbitral, se houver; vii. data da assinatura do Termo de Arbitragem; viii. situação do procedimento arbitral (ativo, suspenso ou encerrado). As demais informações só poderão ser divulgadas com a indicação e permissão das Partes e do Tribunal Arbitral/Árbitro (a) Único(a), constituído no âmbito do procedimento arbitral.		

	Câmara FGV	ARBITAC	Câmara CIESP/FIESP	CAESP
3. Em específico, pretende indicar: (1) nome da(o)(s) árbitra(o)(s); (2) número de árbitra(o)(s); (3) sentença ter sido unânime ou por maioria; e/ou (4) existência e/ou conteúdo de eventual voto divergente?	Pergunta abarcada pela resposta anterior.	A Instituição compreende que estas informações podem ser incluídas no extrato, desde que haja prévia e expressa autorização dos árbitros, advogados e partes envolvidas no caso.	No momento ainda não tivemos casos da CCEE. O projeto inicial é divulgar no Banco de Jurisprudência CCEE somente os dados solicitados pela entidade. Existem outros projetos da Câmara referentes à divulgação da composição dos Tribunais Arbitrais e extratos de sentenças de forma geral, não se restringindo aos casos da CCEE.	Não indicaremos nomes dos árbitros, apenas dados fundamentais da sentença.
	CAM-CCBC	**CAMARB**	**CBMA**	**CCI**
	(1) Não; (2) Não; (3) Não; (4) Não. O Banco de Jurisprudência do CAM-CCBC contará com as informações indicadas no Anexo I do Módulo 1 de "Homologação e Credenciamento de Câmaras Arbitrais"..	No que se refere a(o)(s) árbitra(o)(s), além das informações previstas na Resolução Administrativa nº 22/22, identificadas nos itens (1) e (2) da resposta anterior, a CAMARB divulgará o número de árbitros(as) com a menção "Árbitro(a) Único(a)" ou "Tribunal Arbitral". Quanto à sentença, conforme Anexo I – Homologação e Credenciamento de Câmaras Arbitrais – CCEE, será divulgado o número da sentença, o tema central da sentença/palavras-chave, bem como a síntese da tese e dispositivo da sentença, citando a norma jurídica que fundamentou tal decisão e a data da decisão.	Pretendemos disponibilizar essas informações, desde que haja concordância dos árbitros (sobre seus nomes) e das partes (sobre conteúdo do voto divergente).	Salvo orientação expressa da CCEE, a resposta é negativa para todos os pontos.

	Câmara FGV	ARBITAC	Câmara CIESP/FIESP	CAESP
4. A ementa de eventuais sentenças parciais será disponibilizada logo após ser proferida? Ou apenas após a prolação da sentença final?	Após o proferimento da sentença final.	A ementa de sentenças parciais será disponibilizada após a prolação da respectiva decisão. Em havendo pedido de esclarecimentos, os árbitros, advogados e partes envolvidas serão previamente consultados a respeito do momento de publicação da ementa (se antes ou depois da decisão sobre os esclarecimentos)	De acordo com o caput da Cláusula 16, supracitada, a publicação deve ocorrer no prazo de até 15 (quinze) dias após a data na qual forem disponibilizadas às PARTES a decisão arbitral definitiva. Ou seja, se a sentença parcial for proferida, ela deverá ser publicada em até 15 dias da divulgação às Partes.	Somente após a sentença final.
	CAM-CCBC	**CAMARB**	**CBMA**	**CCI**
	Somente será disponibilizada a ementa após a prolação da decisão arbitral definitiva, com inclusão de informações relevantes do processo, tal como se houve a prolação de sentença parcial e, se positivo, com elementos mínimos e sintéticos sobre o conteúdo da sentença parcial, de acordo com a Cláusula 16 Convenção de Arbitragem da CCEE.	As ementas das sentenças parciais também serão divulgadas no prazo de 15 (quinze) dias após ciência das partes, conforme prazo aplicado à sentença final, previsto na Cláusula 16 da RH 3.173/23 da ANEEL.	Apenas após o proferimento da sentença final.	Questão a ser endereçada à CCEE no momento oportuno.

	Câmara FGV	ARBITAC	Câmara CIESP/FIESP	CAESP
5. Na hipótese de decisão sobre pedidos de esclarecimentos impactar o conteúdo da sentença, haverá ajuste na ementa?	Sim, haverá.	Em complementação às respostas anteriores (item 1 e 2), caso a ementa da sentença já tenha sido publicada, a decisão sobre pedidos de esclarecimentos terá ementa própria e apartada.	É provável que sim, mas isso será decidido pelo Tribunal Arbitral, responsável pela elaboração desta ementa.	Sim.
	CAM-CCBC	**CAMARB**	**CBMA**	**CCI**
	Sim.	Haverá ajuste na ementa, seguindo o processo de revisão da CAMARB.	Sim.	Entendemos que sim.

	Câmara FGV	ARBITAC	Câmara CIESP/FIESP	CAESP
6. A responsabilidade de elaboração da ementa será da(o)(s) árbitra(o)(s), ou a própria instituição a elaborará?	Estamos estudando este ponto.	A ementa será elaborada pelo Tribunal Arbitral.	Do Tribunal Arbitral.	Será de responsabilidade da instituição.
	CAM-CCBC	**CAMARB**	**CBMA**	**CCI**
	A princípio, dos árbitros. O CAM-CCBC desenhou o procedimento interno para que os árbitros sejam avisados dessa responsabilidade na notificação para atuar como árbitro.	A Ementa será elaborada pelo(s) árbitro(s), com posterior revisão pela CAMARB.	O CBMA elaborará a ementa.	Conforme item 33(b) da Nota sobre o Funcionamento da SCIAB, convidaremos os tribunais arbitrais a elaborar a ementa.

	Câmara FGV	ARBITAC	Câmara CIESP/FIESP	CAESP
7. Caso a(o)(s) árbitra(o)(s), haverá algum mecanismo institucional de controle do prazo de apresentação e da adequação da ementa aos requisitos da CCEE (em particular, cláusulas 16, § único, e 18, e anexo I do Módulo 1)?	Sim.	A Instituição solicitará ao Tribunal Arbitral que apresente a ementa da sentença quando do protocolo da decisão. A Secretaria da Câmara ficará responsável por verificar o cumprimento dos requisitos exigidos pela CCEE e, identificadas quaisquer irregularidades, concederá exíguo prazo suplementar para adequação.	Sim, a Secretaria monitorará o prazo e a adequação do conteúdo.	Sim.
	CAM-CCBC	**CAMARB**	**CBMA**	**CCI**
	A princípio, o Tribunal Arbitral deverá apresentar a ementa em conjunto com a decisão arbitral definitiva. Após, o CAM-CCBC revisará a ementa para fins de padronização das informações exigidas pela CCEE e inclusão em sítio eletrônico da instituição.	A CAMARB notificará o Tribunal Arbitral/Árbitro(a) Único(a) e revisará a versão final da ementa, apontando eventuais correções e/ou complementações para fins de adequação aos requisitos previstos pela CCEE.	N/A	A ementa deverá ser submetida junto com a sentença conforme a prática geral da CCI indicada nos parágrafos 152 e 153 da Nota às Partes e Tribunais Arbitrais sobre a Condução da Arbitragem conforme o Regulamento de Arbitragem CCI. A Secretaria fará a análise da ementa antes da publicação.

	Câmara FGV	ARBITAC	Câmara CIESP/FIESP	CAESP
8. Será facultado às partes apresentar solicitação de alteração à ementa? Se positivo, de forma prévia à publicação ou posteriormente?	A princípio sim, em momento prévio, mas a palavra final sobre a redação adequada será do Tribunal Arbitral.	Em prazo próprio e anterior à publicação, as partes poderão solicitar eventual ajuste da ementa, desde que o pedido seja devidamente fundamentado. O requerimento será submetido ao contraditório e ulterior decisão do Tribunal Arbitral.	Como a prerrogativa de elaboração do conteúdo será do Tribunal Arbitral, caberá aos membros decidirem se desejam facultar a participação da Partes e em qual momento.	Não.
	CAM-CCBC	**CAMARB**	**CBMA**	**CCI**
	A ementa será enviada às partes previamente à publicação. Após, a Secretaria concederá prazo para apresentação de eventual pedido de alteração à ementa, o qual será analisado e deliberado pelo Tribunal Arbitral.	Será facultado às partes a possibilidade de solicitação de alteração à ementa de forma prévia à sua publicação, no prazo de 15 (quinze) dias anteriores à publicação no site, ficando a análise das referidas alterações a cargo da CAMARB e Tribunal Arbitral/Árbitro(a) Único(a).	Sim. O CBMA encaminhará a ementa para análise e aprovação das partes antes da publicação.	Questão a ser endereçada à CCEE no momento oportuno.

	Câmara FGV	ARBITAC	Câmara CIESP/FIESP	CAESP
9. Estaria aberta à consolidação do Banco de Jurisprudência em uma única plataforma, seja por iniciativa da CCEE ou em parceria com as demais instituições credenciadas?	A questão precisaria ser validada pela Presidência da Fundação Getúlio Vargas e por nosso setor de compliance.	Sim.	A princípio sim, não vemos nenhum óbice.	Sim.
	CAM-CCBC	**CAMARB**	**CBMA**	**CCI**
	Sim.	Sim.	Sim.	A princípio sim.

8. MULTA PELO NÃO CUMPRIMENTO DA SENTENÇA ARBITRAL PROFERIDA NOS TERMOS DA CONVENÇÃO DE ARBITRAGEM DA CCEE: CRITÉRIOS, MOMENTO E FORMA PARA SUA IMPOSIÇÃO

João Paulo Hecker da Silva
Mateus Pires Zottarelli

I. INTRODUÇÃO

Recentemente, para além dos tradicionais meios judiciais, têm ganhado destaque os métodos privados de solução de controvérsias no setor de energia. Esses métodos, como bem se sabe, visam proporcionar às partes envolvidas maior eficiência e celeridade na resolução de disputas, o que é fundamental para manter a continuidade e fomentar o desenvolvimento da atividade comercial nesse setor.

A discussão sobre conflitos relacionados à energia elétrica torna-se ainda mais relevante quando consideramos o surgimento de disputas decorrentes do processo de comercialização, especialmente em razão dos diversos agentes, contratos variados e uma enorme circulação de riquezas. Para se ter uma ideia desse volume, de acordo com os dados fornecidos pela própria Câmara de Comercialização de Energia Elétrica ("CCEE"), atualmente existem mais de 15 (quinze) mil agentes firmando contratos de comercialização de energia, das mais variadas complexidades[1].

Nesse vasto cenário, a Lei Federal n. 10.848/04[2] e o Decreto n. 5.177/04[3], visando à resolução de divergências relativas à comercialização de energia elétrica entre os agentes integrantes CCEE, estabeleceram que as regras para a resolução das eventuais divergências entre os agentes integrantes da CCEE deverão ser estabelecidas na convenção de comercialização e em seu estatuto social. Estes, por sua vez, deverão tratar do mecanismo adequado e da convenção de arbitragem, se o caso, nos termos da Lei da Arbitragem[4].

Nessa linha, com o objetivo de fortalecer e atualizar as normativas relacionadas à aplicação da arbitragem no setor de energia, a Agência Nacional de Energia Elétrica (ANEEL) buscou revisar a convenção arbitral que regulava os conflitos resultantes da comercialização de energia elétrica entre os agentes da CCEE, assim como os litígios envolvendo a própria entidade.

Especificamente, em 14.02.2023, por meio da 4ª Reunião Pública Ordinária da Diretoria de 2023 ("4º RPO"), a Diretoria da ANEEL, por unanimidade, homologou a convenção arbitral aprovada na 68ª Assembleia Geral Extraordinária ("AGE")[5], para o fim específico de integrá-la na convenção de comercialização de

---

1 De acordo com o Balanço de 2023 da CCEE, o número de Agentes associados à CCEE vem crescendo significativamente desde 2016, alcançando em 2023 a marca de 15.352 cadastros, um crescimento de 13,4% em relação a 2022 (o que representa aumento de 1.814 cadastros). Em relação ao número de Usinas, observou-se um crescimento contínuo das unidades totais, alcançando a marca de 2.873 usinas (https://www.ccee.org.br/en/dados-e-analises/estudos-especiais). Acesso em 07.04.2024.

2 *"Art. 4º - Fica autorizada a criação da Câmara de Comercialização de Energia Elétrica - CCEE, pessoa jurídica de direito privado, sem fins lucrativos, sob autorização do Poder Concedente e regulação e fiscalização pela Agência Nacional de Energia Elétrica - ANEEL, com a finalidade de viabilizar a comercialização de energia elétrica de que trata esta Lei. § 5º As regras para a resolução das eventuais divergências entre os agentes integrantes da CCEE serão estabelecidas na convenção de comercialização e em seu estatuto social, que deverão tratar do mecanismo e da convenção de arbitragem, nos termos da lei 9.307, de 23 de setembro de 1996."*.

3 *"Art. 3º - A convenção de comercialização referida no § 1º do art. 1º do decreto no 5.163, de 30 de julho de 2004, deverá tratar das seguintes disposições, dentre outras: (..) IV - convenção arbitral."*.

4 É interessante anotar que há uma estipulação de cláusula escalonada nas regras da CCEE, em que se obriga a instituição de mediação de forma prévia ao procedimento arbitral (Art. 45, da Resolução Normativa ANEEL 957 de 7/12/21: "*Fica obrigada a Câmara de Arbitragem a instituir processo de mediação com o objetivo de promover, no âmbito privado e de forma prévia ao procedimento arbitral, uma solução amigável de Conflitos*").

5 Em 03.11.2021, a CCEE encaminhou à ANEEL a convenção arbitral aprovada na 68ª AGE. Após, em julho de 2022, a Superintendência de Regulação Econômica e Estudos do Mercado (SRM) e a Superintendência de Mediação Administrativa, Ouvidoria Setorial e Participação Pública (SMA) da ANEEL emitiriam, conjuntamente, a Nota Técnica nº 91/2022–SRM-SMA/ANEEL analisando a convenção arbitral e opinando pela possiblidade de homologação, pela Diretoria Colegiada da ANEEL, da convenção arbitral aprovada na 68ª AGE.

energia elétrica, que passa a ser obrigatória a todos os agentes da CCEE e à própria CCEE, conforme o disposto no art. 44 da Resolução Normativa nº 957/20217.

Dentre os pontos de destaque da nova convenção, concede-se, aqui, maior destaque à Cláusula 17, que estabelece *"multa a ser fixada no Termo de Arbitragem ou documento equivalente, sem prejuízo do exercício das medidas cabíveis para execução da sentença arbitral e de outras penalidades aplicáveis"*. Ou seja, está prevista na Convenção uma multa em caso de descumprimento das decisões arbitrais proferidas sob sua égide[6].

Sobretudo, é possível observar que a multa nela prevista se assemelha, em muitos aspectos, às astreintes do direito civil, cuja função, como se sabe, é pressionar o devedor a cumprir a obrigação de fazer determinada pela sentença arbitral, sob pena de arcar com sanções pecuniárias proporcionais à sua resistência.

Tais sanções, além de reforçar a necessidade de cumprimento das sentenças, também as confere maior segurança ao credor e à credibilidade do sistema arbitral, já que contribui diretamente para o adimplemento das obrigações estabelecidas.

Diante desse breve panorama, este artigo se propõe a analisar em profundidade a relevância da Nova Convenção Arbitral da CCEE, com foco especial na nova redação data ao tema da multa, agora instituída na Cláusula 17, e em sua contribuição para a consolidação da arbitragem como mecanismo de resolução de conflitos no setor energético brasileiro.

Para tanto, se faz necessário, antes de tudo, uma análise dos efeitos da multa coercitiva no âmbito direito brasileiro e, sobretudo, na arbitragem, para que se compreenda os desafios e as oportunidades apresentados na convenção de arbitragem da CCEE.

II. PANORAMA DAS ASTREINTES NO DIRETO BRASILEIRO

a. As astreintes no Código de Processo Civil

No contexto do Direito Processual Civil brasileiro, as multas coercitivas são uma importante ferramenta que tem por objetivo basilar garantir a efetividade

---

6 *"CLÁUSULA 17. As PARTES ficam obrigadas a cumprir a sentença arbitral, tal como proferida, na forma e nos prazos consignados. Parágrafo 1º. Na hipótese de descumprimento da sentença arbitral, caberá aplicação de multa a ser fixada no Termo de Arbitragem ou documento equivalente, sem prejuízo do exercício das medidas cabíveis para execução da sentença arbitral e de outras penalidades aplicáveis. Parágrafo 2º. A multa de que trata o parágrafo anterior será de, no mínimo, 0,1% (um décimo por cento) ao dia sobre o valor da condenação, que incidirá a partir da data da configuração da inexecução da sentença e estará limitada ao valor da condenação"*.

prática e a celeridade na prestação jurisdicional, de forma a deixar onerosa a recalcitrância do então devedor em desobedecer ao comando sentencial submetido[7].

As multas coercitivas, também popularmente conhecidas como "astreintes", não têm como finalidade obrigar o devedor a pagar o valor da multa cominada, mas, sim, obrigá-lo a cumprir, integralmente, a obrigação da forma específica[8]. Acima de tudo, elas visam garantir o cumprimento da obrigação em si, ao invés de apenas punir financeiramente o devedor.

O Código de Processo Civil (CPC), por meio do artigo 537, estabelece a possibilidade de imposição de multa de caráter pecuniária, especialmente quando o devedor não cumprir a obrigação no prazo fixado pelo juiz ou quando se deve assegurar a execução da tutela específica ou resultado prático equivalente[9].

Estabeleceu-se, nesse contexto, a possibilidade de juiz modificar o valor ou a periodicidade da multa, de ofício ou a requerimento expresso de uma das partes, na hipótese **(i)** da multa ter se tornando insuficiente ou excessiva; ou **(ii)** do devedor ter demonstrado cumprimento parcial da obrigação ou justa causa para o descumprimento[10].

Para além disso, o legislador definiu que **(i)** a decisão que fixa a multa é passível de cumprimento provisório – que, porém, só poderá ser levantada após o trânsito em julgado da sentença favorável à parte exequente[11]; e **(ii)** a multa deverá ser contabilizada do momento de descumprimento da decisão, incidindo até o momento de adimplemento do quanto decidido[12].

A literalidade do dispositivo legal aliada à intepretação doutrinária sobre o tema, revela que as astreintes têm, então, natureza processual, finalidade coercitiva

---

7 "*A função das astreintes é justamente no sentido de superar a recalcitrância do devedor em cumprir a obrigação de fazer ou de não fazer que lhe foi imposta, incidindo esse ônus a partir da ciência do obrigado e da sua negativa de adimplir a obrigação voluntariamente.*" (STJ, REsp n.º 1.474.665/RS, relator Ministro Benedito Gonçalves, Primeira Seção, julgado em 26/4/2017, DJe de 22/6/2017).

8 "*A multa deve ser compreendida como uma das diversas técnicas executivas com viés coercitivo que tem como finalidade convencer o executado de que a melhor acatar a decisão do magistrado, performando (espero que o prezado leitor aprecie o neologismo) como lhe é determinado, seja para fins (preferencialmente) de obtenção da tutela específica ou, quando menos, para obtenção do resultado prático equivalente.*". (BUENO, Cassio Scarpinella. Manual de direito processual civil: volume único / Cassio Scarpinella Bueno. - 4. ed. São Paulo: Saraiva Educação 2018, p. 545).

9 "*Art. 537. A multa independe de requerimento da parte e poderá ser aplicada na fase de conhecimento, em tutela provisória ou na sentença, ou na fase de execução, desde que seja suficiente e compatível com a obrigação e que se determine prazo razoável para cumprimento do preceito.*".

10 "*Art. 537. § 1º O juiz poderá, de ofício ou a requerimento, modificar o valor ou a periodicidade da multa vincenda ou excluí-la, caso verifique que: I - se tornou insuficiente ou excessiva; II - o obrigado demonstrou cumprimento parcial superveniente da obrigação ou justa causa para o descumprimento.*".

11 "*Art. 537. § 3º A decisão que fixa a multa é passível de cumprimento provisório, devendo ser depositada em juízo, permitido o levantamento do valor após o trânsito em julgado da sentença favorável à parte.*".

12 "*Art. 537.* § 4º A multa será devida desde o dia em que se configurar o descumprimento da decisão e incidirá enquanto não for cumprida a decisão que a tiver cominado.".

e caráter acessório[13]. *Processual*, porque constituem multa de ordem processual imposta para a hipótese de descumprimento de obrigação de fazer ou de não fazer determinadas pelo juízo competente; *coercitiva*, porque tem por objetivo garantir a efetividade da tutela jurisdicional; e *acessória*, porque se trata de medida aparte ao mandamento judicial.

O aspecto acessório da multa fica ainda mais evidente quando se torna inviável o cumprimento da obrigação principal ou quando a própria obrigação se torna inexequível devido a eventos supervenientes. Nesses casos, a aplicação da multa deixa de ser pertinente e, portanto, há sua extinção independentemente de declaração expressa por parte do juiz[14].

Diferentemente do que muito se ventila, todavia, as astreintes não possuem caráter indenizatório ou punitivo. Em verdade, ela não corresponde estritamente ao dano apurado, como as sanções indenizatórias; e se não limita (ou, em tese, não deve se limitar) ao valor da obrigação principal, como ocorre com a cláusula penal, cuja natureza é punitiva e não poderá exceder ao valor da condenação[15].

Não por outro motivo, inclusive, que o CPC estabeleceu que as astreintes podem ser cumuladas, inclusive, com indenizações a título de perdas e danos[16] e multa por litigância de má-fé[17], sem que haja a ocorrência de *bis in idem*.

No que diz respeito aos critérios para a fixação do valor das astreintes, conquanto não haja uma limitação delimitada pela literalidade da lei, o CPC estabelece que este deve ser suficiente para compelir o devedor a cumprir a obrigação, sem, no entanto, representar um enriquecimento sem causa para o credor.

---

13 DIDIER JR., Fredie Curso de direito processual civil: execução / Fredie Didier Jr., Leonardo Carneiro da Cunha, Paula Sarno Braga, Rafael Alexandria de Oliveira - 7. ed. rev., ampl. e atual. Salvador: Ed. Jus Podivm, 2017, p. 606

14 "*Com efeito, a importância de realçar-se o caráter acessório das astreintes está diretamente ligada cumprimento aos efeitos que alterações no status da obrigação principal ou na possibilidade de seu podem provocar na eficácia da decisão que as fixa bem como na incidência e exigibilidade das mesmas*". (AMARAL Guilherme Rizzo. As astreintes e processo civil brasileiro: multa do artigo 461 e outras. Porto Alegre: Livraria do Advogado Editora, 2004, p. 65).

15 "*A multa não é indenizatória, nem é punitiva. Por isso mesmo, o seu valor pode cumular-se à indenização por perdas e danos (art. 500, CPC) e a multa por litigância de má-fé (art. 536, § 3°, CPC), sem que haja bis in idem. 'Também por isso, em princípio, ela não tem teto, não tem limite, não tem valor pré-limitado. Se fosse indenizatória, deveria corresponder ao dano apurado; se fosse punitiva, estaria limitada ao valor da obrigação principal, como ocorre com a clausula penal (art. 412 do Código Civil).*" (DIDIER JR., Fredie Curso de direito processual civil: execução / Fredie Didier Jr., Leonardo Carneiro da Cunha, Paula Sarno Braga, Rafael Alexandria de Oliveira - 7. ed. rev., ampl. e atual. Salvador: Ed. Jus Podivm, 2017, p. 606.). Nesse sentido: "*Art. 412. O valor da cominação imposta na cláusula penal não pode exceder o da obrigação principal.*".

16 "*Art. 500. A indenização por perdas e danos dar-se-á sem prejuízo da multa fixada periodicamente para compelir o réu ao cumprimento específico da obrigação.*".

17 "*Art. 536. § 3º O executado incidirá nas penas de litigância de má-fé quando injustificadamente descumprir a ordem judicial, sem prejuízo de sua responsabilização por crime de desobediência.*".

O valor da multa, então, deve ser consideravelmente elevado, orientada a quantificação pelos princípios da razoabilidade e da proporcionalidade, de tal forma que seja mantida sua força coercitiva a compelir o devedor ao cumprimento da obrigação definida por meio da sentença. Assim, é de se esperar que o juiz leve em consideração a capacidade econômica das partes, a natureza e a gravidade da obrigação, bem como o tempo decorrido desde a fixação da multa[18].

Caso não seja observado, pelo juiz, tais elementos para aferição do valor correspondente à multa coercitiva, corre-se o risco de torná-la ineficaz, fugindo completamente do intuito pela qual foi criada. Isso, porque a fixação de multa em valores ínfimos não se prestará à finalidade de intimidar o devedor a dar cumprimento à ordem judicial. Por outro lado, o estabelecimento das astreintes em valores exorbitantes e acima do razoável, também não alcançará, por óbvio, seu objetivo basilar de fazer com que o devedor cumpra com sua obrigação[19].

Por esse motivo, vale dizer, que o legislador possibilitou, como visto, a redução (ou, se o caso, a majoração) do montante atribuído à multa, especialmente nos casos em que o valor ou a periodicidade a ela atribuída, tenham sido fixadas de forma desproporcional ou que as circunstâncias do caso concreto revelem certa dificuldade de o devedor dar cumprimento à decisão e à multa estabelecida[20].

É nessa linha, inclusive, a interpretação do Superior Tribunal de Justiça (STJ), que destaca que **(i)** a multa coercitiva deve ser fixada seguindo certos parâmetros, tais como o valor da obrigação, tempo para cumprimento e capacidade econômica do devedor[21]; e **(ii)** o valor total fixado a título de astreinte *"somente poderá ser objeto*

---

18 "[...] *o valor da multa não é definido por lei, podendo variar de acordo com as circunstâncias do caso concreto. Deverá, de acordo com sua função, corresponder a uma quantia "suficiente para constranger", em face das posses do devedor e a expressão econômica da obrigação. Há de evitar-se abuso, obviamente, que possa transformar o meio legítimo de constrangimento executivo em fonte de locupletamento indevido ou enriquecimento sem causa* [...]". (THEODORO JÚNIOR, Humberto. Processo de Execução e Cumprimento da Sentença. 24 ed. São Paulo: Liv. e Ed. Universitária de Direito, 2007, p.222.).

19 THEODORO JÚNIOR, Humberto. Curso de Direito Processual Civil, Volume 3, Humberto Theodoro Júnior – 52ª ed. – Rio de Janeiro: Forense, 2019, p. 188.).

20 Nesse sentido: DIDIER JR., Fredie Curso de direito processual civil: execução / Fredie Didier Jr., Leonardo Carneiro da Cunha, Paula Sarno Braga, Rafael Alexandria de Oliveira - 7. ed. rev., ampl. e atual. Salvador: Ed. Jus Podivm, 2017, p. 614.

21 *"O arbitramento da multa coercitiva e a definição de sua exigibilidade, bem como eventuais alterações do seu valor e/ou periodicidade, exige do magistrado, sempre dependendo das circunstâncias do caso concreto, ter como norte alguns parâmetros: i) valor da obrigação e importância do bem jurídico tutelado; ii) tempo para cumprimento (prazo razoável e periodicidade); iii) capacidade econômica e de resistência do devedor; iv) possibilidade de adoção de outros meios pelo magistrado e dever do credor de mitigar o próprio prejuízo (duty to mitigate de loss)."* (STJ, AgInt no AgRg no AREsp n. 738.682/RJ, relatora Ministra Maria Isabel Gallotti, relator para acórdão Ministro Luis Felipe Salomão, Quarta Turma, julgado em 17/11/2016, DJe de 14/12/2016.)

de redução se fixada a multa diária em valor desproporcional e não razoável à própria prestação que ela objetiva compelir o devedor a cumprir"[22].

Na prática, as astreintes têm sido amplamente utilizadas como uma ferramenta eficaz para assegurar o cumprimento das obrigações judiciais, especialmente em casos nos quais o devedor demonstra resistência em acatar a decisão judicial. Esse cenário, no entanto, acaba adquirindo outras nuances em se tratando de decisões arbitrais, sobretudo em razão do poder coercitivo (não) atribuído aos membros do tribunal arbitral.

b. Fixação de astreintes no contexto da arbitragem

A Lei de Arbitragem estabelece de maneira inequívoca que o árbitro detém autoridade como julgador de fato e de direito. Isso significa, em poucas palavras, que as decisões por ele proferidas, seja por meio de árbitro único ou emanadas por um tribunal arbitral, serão vinculativas às partes envolvidas no procedimento[23].

Ao designar um árbitro e optar pela via arbitral, as partes almejam uma resolução final e vinculativa da controvérsia, buscando uma sentença equiparável, em sua natureza, às decisões proferidas pelo Poder Judiciário. Não à toa, como forma de prestígio ao instituto, a sentença arbitral já é considerada um título executivo judicial desde o Código de Processo Civil de 1973, prescindindo de homologação pelo juiz de direito ou, mesmo, pelo juiz federal.

Tal equiparação, no entanto, não é absoluta. É importante lembrar, aqui, que o árbitro tem sua atuação delimitada tanto pela convenção de arbitragem quanto pelo termo de arbitragem e, dada suas particularidades, não pode se afirmar que as atribuições de um juiz sejam idênticas às de um árbitro.

Especialmente, apesar de ser juiz de fato e de direito e, assim, deter jurisdição e legitimidade por meio da legislação e das próprias partes, o árbitro não tem poder coercitivo direto e não pode impor restrições ao patrimônio do devedor, como a

---

22 "*Consoante o entendimento da Segunda Seção, é admitida a redução do valor da astreinte quando a sua fixação ocorrer em valor muito superior ao discutido na ação judicial em que foi imposta, a fim de evitar possível enriquecimento sem causa. Todavia, se a apuração da razoabilidade e da proporcionalidade se faz entre o simples cotejo do valor da obrigação principal com o valor total fixado a título de astreinte, inquestionável que a redução do valor da última, pelo simples fato de ser muito superior à primeira, prestigiará a conduta de recalcitrância do devedor em cumprir as decisões judiciais, além do que estimulará os recursos com esse fim a esta Corte Superior, para a diminuição do valor devido, em total desprestígio da atividade jurisdicional das instâncias ordinárias, que devem ser as responsáveis pela definição da questão, e da própria efetividade da prestação jurisdicional.*" (STJ, REsp n. 1.475.157/SC, relator Ministro Marco Aurélio Bellizze, Terceira Turma, julgado em 18/9/2014, DJe de 6/10/2014.).

23 "*Art. 18. O árbitro é juiz de fato e de direito, e a sentença que proferir não fica sujeita a recurso ou a homologação pelo Poder Judiciário.*".

penhora, e nem excussão forçada de seus bens. O árbitro, a bem da verdade, não possui o poder de executar decisões ou impor diretamente suas sentenças.

Essa atribuição, então, fica reservada ao Poder Judiciário, que é o responsável pela execução forçada do direito reconhecido na sentença arbitral, bem como para a efetivação de outras medidas semelhantes[24].

Isso significa que o direito que assiste ao credor somente pode ser exercido mediante provocação do Judiciário, que ficará, então, encarregado de efetuar todos os atos de natureza expropriatória, seja por meio do procedimento de cumprimento de sentença arbitral, com base no artigo 515, VII, do CPC[25], seja mediante a emissão de carta arbitral, que serve, igualmente, como instrumento para o árbitro determinar a execução de medidas cautelares e/ou coercitivas por meio do Judiciário[26].

Tal posição, acabou se consolidando nos tribunais superiores, tendo sido exarada pelo Superior Tribunal de Justiça (STJ) por meio da Edição nº 122 da Jurisprudência em Teses, quando se delimitou, expressamente, que o "*árbitro não possui poder coercitivo direto, sendo-lhe vedada a prática de atos executivos, cabendo ao Poder Judiciário a execução forçada do direito reconhecido na sentença arbitral*"[27].

Em decorrência disso, e aliada à ideia de que ainda não há dispositivo legal permitindo, de maneira expressa, a aplicação de astreintes pelo juízo arbitral, parte da doutrina entende pela impossibilidade de o tribunal arbitral impor multas coercitivas às suas decisões, especialmente nos casos de efetivação da tutela urgente.

Essa parcela doutrinária destaca, sobretudo, a ausência do poder de coerção do árbitro para justificar a necessidade de o juiz togado cominar a multa processual coercitiva, fixar seu valor e prazo, bem como definir a aplicação das medidas atípicas necessárias à concretização da tutela[28].

---

24 Nessa linha está o Informativo n.º 637 do STJ, que se sustenta, por sua vez, por meio do REsp 1.733.685-SP, de relatoria do Ministro Raul Araújo, julgado em 06/11/2018, DJe 12/11/2018.

25 *"Art. 515. São títulos executivos judiciais, cujo cumprimento dar-se-á de acordo com os artigos previstos neste Título: (...) VII - a sentença arbitral."*.

26 O artigo 22-C da Lei de Arbitragem estabelece que: *"O árbitro ou o tribunal arbitral poderá expedir carta arbitral para que o órgão jurisdicional nacional pratique ou determine o cumprimento, na área de sua competência territorial, de ato solicitado pelo árbitro."*.

27 STJ, Jurisprudência em Teses, disponibilizada em 05.04.2019.

28 *"Por outro lado, compete ao juiz, e não ao árbitro, deliberar a respeito das providências atinentes à efetivação da tutela urgente. Será o juiz quem cominará a multa processual coercitiva (CPC/2015, art. 537),[9] fixará seu valor e prazo e definirá a aplicação das medidas atípicas (CPC/2015, art. 297) necessárias à concretização da tutela de urgência predefinida pelo tribunal arbitral. (...) Mas falta ao árbitro imperium (2.1, acima). O desatendimento da sua decisão não caracterizará, em si mesmo, crime de desobediência. Conquanto o árbitro seja equiparado a funcionário público, para os efeitos da legislação penal (Lei 9.307/1996, art. 17), falta-lhe poder de coerção (art. 22, §§ 2.º e 4.º), de modo que seus pronunciamentos não constituem ordens estatais". (TALAMINI, Eduardo. Arbitragem e a tutela provisória no código de processo civil de 2015. Revista de Arbitragem e Mediação, v. 46, 2015, p. 287-313).*

Por outro lado, ainda que falte aos árbitros o poder coercitivo próprio dos juízes togados, a maior parte da doutrina caminha no sentido de que não há qualquer impedimento para o árbitro determinar o cumprimento de determinadas obrigações e, assim, fixar multas coercitivas como instrumento acessório do cumprimento das suas decisões, sejam parciais ou, mesmo, sentenças[29].

Esse posicionamento, vale dizer, foi registrado pelo Conselho da Justiça Federal por meio do Enunciado 108 da II Jornada de Prevenção e Solução Extrajudicial de Litígios do Centro de Estudos Judiciários, quando se estabeleceu que o "*Tribunal Arbitral tem poderes para decretar a multa coercitiva (astreintes)*"[30].

Assim, de maneira concisa, embora haja uma corrente minoritária que argumente contra a legitimidade de o tribunal arbitral estabelecer astreintes e outras penalidades coercitivas em suas decisões, é importante que se tenha em mente que tanto a maioria da doutrina quanto a jurisprudência reconhecem esse poder, considerando a natureza jurisdicional da arbitragem.

O que gera maior discordância, por sua vez, é possibilidade de o Poder Judiciário revisar o seu cabimento, valor ou periodicidade no momento de cumprimento da carta arbitral ou na fase de execução da sentença arbitral.

A esse respeito, uma primeira parcela da doutrina e da jurisprudência entende pela jurisdição exclusiva do tribunal arbitral para fixar as astreintes, sendo defeso ao Poder Judiciário interferir em quaisquer de seus elementos[31]-[32].

Essa parcela – minoritária, diga-se - se agarra, sobretudo, na limitação do Poder Judiciário intervir no mérito das decisões arbitrais e encontra guarida, também, no Enunciado nº 27 do Fórum Permanente de Processualistas Civis, em que se estipula que "[n]*ão compete ao juízo estatal revisar o mérito da medida ou decisão arbitral cuja efetivação se requer por meio da carta arbitral*".

---

29 "*Nada impede que o árbitro determine o cumprimento de determinadas obrigações e, inclusive, que fixe multa periódica para a hipótese de descumprimento. Porém, a coerção efetiva somente virá com a ordem judicial, proferida pelo órgão jurisdicional estatal* [...]" (AMARAL, Guilherme Rizzo. As Astreintes e o Processo Civil Brasileiro – Multa do artigo 461 do CPC e outra. 2. ed. Porto Alegre: Livraria do Advogado, 2010, p. 277).

30 Esse posicionamento também é registrado no âmbito internacional por meio Princípios do UNIDROIT relativos aos Contratos Comerciais Internacionais, que prevê em seu Artigo 7.2.4(1) que: "*o tribunal que ordena uma parte a adimplir também pode determinar que esta pague uma penalidade caso não cumpra a ordem.*".

31 "[...] *mesmo quando eventualmente necessária a intervenção do Poder Judiciário, esta será prestada em forma de cooperação, sem imiscuir-se no mérito da medida eventualmente adotada*". (ANDRIGHI, Nacy. O árbitro de emergência e a tutela de urgência: perspectivas à luz do direito processual brasileiro. In: YARSHELL, Flávio Luiz; PEREIRA, Guilherme Setoguti J. (Coords.). Processo societário: adaptado ao Novo CPC – Lei 13.105/2015. São Paulo: Quartier Latin, 2015. v. 2. p. 583).

32 TJSP. Agravo de Instrumento 2138395-11.2018.8.26.0000, Rel. Des. Ricardo Negrão, 2ª Câmara Reservada ao Direito Empresarial, j. 25.02.2019,

Uma segunda parte da doutrina, majoritária, defende ser possível a sua revisão pelo Poder Judiciário, a qualquer tempo, já que as astreintes não se submetem aos efeitos da coisa julgada (mesmo que tenham sido fixadas pelo juízo arbitral). Esse entendimento, aliás, busca apoio na interpretação consolidada do STJ, que concluiu, por meio do Tema Repetitivo nº 706, que a "*decisão que comina astreintes não preclui, não fazendo tampouco coisa julgada*" [33].

Para além disso, essa segunda visão encontra bases na premissa de que o Poder Judiciário é o detentor do *imperium* e, portanto, competente originariamente para determinar e/ou modificar as medidas coercitivas destinadas à execução da obrigação[34].

Com efeito, independentemente da interpretação que se leve em consideração, é incontestável que nenhum dos entendimentos mencionados está totalmente livre de críticas. Como é comum em quase toda interpretação, ambas apresentam falhas e, por vezes, ineficiências, que ao longo do tempo acabam por se escancarar diante de novas discussões.

Em todo caso, para a finalidade aqui proposta, é essencial considerar ambas as perspectivas antes de analisar minuciosamente a Cláusula 17 da convenção de arbitragem da CCEE, a qual prevê imposição de multa coercitiva em caso de descumprimento das decisões arbitrais. Isso, porque, como se verá a seguir, existem certas particularidades que a diferenciam das astreintes comumente utilizadas.

III. CLÁUSULA 17 DA CONVENÇÃO DE ARBITRAGEM DA CCEE

Conforme incialmente adiantado, a Cláusula 17 da convenção de arbitragem da CCEE estabelece que as partes envolvidas no procedimento devem cumprir a sentença arbitral, tal como proferida, na forma e nos prazos consignados.

Caso isso não ocorra, os parágrafos 1º e 2º da Cláusula 17 estabelecem, respectivamente, que **(i)** caberá aplicação de multa a ser fixada no Termo de Arbitragem ou documento equivalente, sem prejuízo do exercício das medidas cabíveis para execução da sentença arbitral e de outras penalidades aplicáveis; e **(ii)** a multa será de, no mínimo, 0,1% (um décimo por cento) ao dia sobre o valor da condenação, que incidirá a partir da data da configuração da inexecução da sentença e estará limitada ao valor da condenação.

---

33 STJ, Tema Repetitivo nº 706: "A decisão que comina astreintes não preclui, não fazendo tampouco coisa julgada."

34 SUASSUNA, Marcela Melichar; GUIMARÃES, Larissa Figueiredo Cerceau. *A fixação de astreintes pelo Tribunal Arbitral e a possibilidade de revisão pelo Poder Judiciário: uma análise de decisões no âmbito dos tribunais estaduais brasileiros.* Revista de Arbitragem e Mediação. vol. 74. ano 19. p. 41-59. São Paulo: Ed. RT, jul./set. 2022.

A literalidade da cláusula, em consonância com as observações feitas nos capítulos anteriores sobre as astreintes, suscita várias reflexões, especialmente no que diz respeito à natureza da multa estipulada, aos critérios empregados para sua determinação e avaliação, bem como à maneira pela qual é aplicada.

a. Da natureza da multa

À primeira análise da redação da Cláusula 17, emerge a hipótese de que sua natureza se assemelha, em certa medida, à das astreintes, dada sua inerente finalidade coercitiva e seu nítido caráter acessório. No entanto, uma investigação mais detalhada revela certas – e marcantes – diferenças com relação à sua natureza.

As astreintes, como se viu, têm natureza processual, finalidade coercitiva e caráter acessório. A multa prevista pela Cláusula 17, apesar de semelhante às astreintes com relação à finalidade coercitiva e ao aspecto acessório, não tem caráter exclusivamente processual, podendo assumir, também, caráter contratual.

Isso se dá, porque, ao estabelecer a possibilidade de fixação no Termo de Arbitragem ou documento equivalente, a convenção da CCEE possibilita que a multa adquira caráter contratual, uma vez que estará sujeita a autonomia privada das partes contratantes e, assim, terá seu montante estabelecido pelas próprias partes[35]. Nesse caso, serão as partes que estabelecerão, por meio de sua autonomia, o valor a ser cominado.

Sua natureza contratual, contudo, não impede que o árbitro ou, na ausência de determinação, o juiz da execução da sentença arbitral, determine a aplicação de multas coercitivas, sob o viés de astreintes. Nessa hipótese, a multa que outrora seria de caráter contratual, passa a ter natureza processual, assim como as demais astreintes determinadas por tribunais arbitrais ou juízes togados.

Especificamente, na hipótese de as partes contratantes não estabelecerem qualquer tipo de multa no âmbito do "*Termo de Arbitragem ou documento equivalente*", poderá o tribunal arbitral cominar as astreintes, observando as limitações estabelecidas no regulamento. Com efeito, nada impede que o árbitro, a partir da autonomia que lhe foi atribuída, determine o cumprimento de determinadas obrigações e, assim, fixe multa periódica para a hipótese de descumprimento.

Da mesma forma, caso não tenha sido fixada astreinte alguma pelo juízo arbitral, nada impede também que, no cumprimento da decisão, o juiz togado competente fixe a multa auxiliar ao cumprimento do mandamento. Isso, diga-se, se deve

35 Aqui, claro, observando-se o critério do §2º da Cláusula 17, que estabelece que a multa deve ser, no mínimo, de 0,1% (um décimo por cento) ao dia sobre o valor da condenação, incidindo a partir da data da configuração da inexecução da sentença, e deverá se limitar ao valor da condenação.

ao poder geral de efetivação atribuída aos juízes estatais[36] e, mais uma vez, ao fato de que o Poder Judiciário é o detentor do *imperium* e, nesse caso, competente para determinar as medidas coercitivas destinadas à execução da obrigação.

Não o bastante, para além de sua natureza coercitiva, é importante destacar o caráter punitivo assumido pela multa estipulada pela Cláusula 17, assemelhando-se às cláusulas penais previstas no Código Civil.

Isso se dá, particularmente, porque o limite de multa estabelecido ao final do parágrafo 2º da Cláusula 17, que deve corresponder no máximo ao valor da condenação, parte da mesma premissa que a utilizada na cláusula penal prevista no Código Civil, reconhecida por sua natureza punitiva e que, do mesmo modo, não pode exceder o da obrigação principal[37].

Em outras palavras, então, diferentemente das astreintes, que não têm em princípio teto nem limite previamente estabelecido, a multa coercitiva prevista pelo regulamento da CCEE para o descumprimento de decisões arbitrais tem como limite o valor da condenação – o que nos leva a crer, portanto, que não se trata, apenas, de uma medida de caráter exclusivamente coercitivo, mas, também, punitivo.

b. Dos critérios para fixação da multa

Como visto no âmbito da astreintes, o valor cominado deve ser estabelecido de forma suficiente para compelir o devedor a cumprir a obrigação, sem, no entanto, representar um enriquecimento sem causa ao credor, especialmente considerando que não há uma limitação delimitada pela literalidade da lei.

O valor das astreintes, vale dizer, deve pautar-se nos postulados da proporcionalidade, razoabilidade e proibição de excesso, sem colocar de lado o princípio da eficiência. Isso, acima de tudo, para impedir que haja abuso de direito[38] e, assim, não tornar o cumprimento da decisão excepcionalmente oneroso à parte devedora.

---

36 "*O poder-dever de dar efetividade aos direitos tem a dimensão que resulta dos recentes progressos científicos do direito processual civil, indicadores de que uma tutela jurisdicional sem efetividade não é, na realidade, tutela alguma. Decidir e não impor a decisão é exercer só em parte o poder estatal e, na prática, significa deixar as coisas como estão e oferecer ao titular do direito somente uma inócua afirmação de que tem razão. (...) não só no processo ou fase executiva o juiz tem poderes-deveres destinados a efetivar a tutela. O moderno processo civil brasileiro investe-o de extraordinários poderes de coerção, a serem exercidos com o objetivo de pressionar o obrigado para que cumpra.*" (DINAMARCO, Candido Rangel. Instituições de Direito Processual Civil, Malheiros, São Paulo, 2009, 6ª Edição, Volume II, p. 238-239)

37 Conforme dispõe o artigo 412 do Código Civil: "[O] *valor da cominação imposta na cláusula penal não pode exceder o da obrigação principal.*".

38 "*Art. 187. Também comete ato ilícito o titular de um direito que, ao exercê-lo, excede manifestamente os limites impostos pelo seu fim econômico ou social, pela boa-fé ou pelos bons costumes*".

O racional por trás da multa prevista pela Cláusula 17 do regulamento da CCEE é exatamente o mesmo. O valor cominado a título de multa não deve ser alto o bastante para gerar o enriquecimento da parte ganhadora, mas, por outro lado, não deve "proteger" o devedor que procede com menosprezo à justiça e com total pouco caso às suas obrigações. É necessário que se chegue em um denominador comum, de modo que nenhuma das partes seja fortemente impactada, seja positiva ou negativamente.

Em se tratando do regulamento, conquanto haja um valor mínimo de condenação (*i.e.*, 0,1% ao dia sobre o valor da condenação) e um limite para aplicação (limitado ao valor da obrigação), o valor cominado a título de multa deve ser enquadrado de tal forma que cumpra sua função principal: forçar o cumprimento pelo devedor do mandamento previsto na decisão e, assim, servir de instrumento à efetivação da tutela jurisdicional.

Diante disso, é razoável esperar que as partes, o árbitro ou, até mesmo o juiz competente leve em consideração alguns fatores, como a capacidade econômica das partes envolvidas – sobretudo do devedor, se já houver decisão -, a natureza e a gravidade da obrigação, bem como o período transcorrido desde a imposição da multa.

Se, mesmo abaixo do limite estabelecido pelo regulamento, o valor da condenação somado à multa se tornar excessivamente alto, é razoável, então, que a parte credora adote medidas, contratuais, para se chegar a um consenso com a parte devedora adversa e, assim, ter a obrigação cumprida da forma estabelecida na decisão. Do contrário, a coerção supostamente resultante da multa prevista no termo de arbitragem pode tornar-se inócua e sem qualquer efeito prático ao credor[39].

Da mesma maneira, caso tenha sido fixada pelos árbitros ou pelo juiz togado competente pelo cumprimento de sentença, a multa poderá ser, ainda assim, alterada. O raciocínio, aqui, é exatamente o mesmo externalizado acima e, em maior ou menor escala, deve se valer da premissa estabelecida pelo art. 537, §1º, inc. I do CPC, que possibilita ao juiz (ou, nesse caso, ao árbitro) modificar o valor anteriormente cominado, se for verificado que ela se tornou insuficiente ou excessiva[40].

A esse respeito, e considerando que os valores dos litígios envolvendo o setor elétrico são na maior parte das vezes extremamente altos, é especialmente importante

39 "*Tendo em vista esse escopo da multa diária que se dará a fixação de seu valor. A lei faz referência a "suficiência" e "compatibilidade" da multa com a obrigação (art. 461, 4º). Não se trata de pura e simples limitação do valor da multa ao da obrigação – o que só faria sentido se aquela tivesse caráter indenizatório. Haverá de estabelecer-se montante tal que concretamente influa no comportamento do demandado – o que, diante das circunstâncias do caso (a situação econômica do réu, outros valores não patrimoniais eventualmente envolvidos etc.), pode resultar em quantum que supere aquele que se atribui ao bem jurídico visado.*" (VIANA, Juvêncio Vasconcelos. Revista dialética de direito processual civil. N. 3. São Paulo. Junho2003. p. 41).

40 "*Art. 537. (...) § 1º O juiz poderá, de ofício ou a requerimento, modificar o valor ou a periodicidade da multa vincenda ou excluí-la, caso verifique que: I - se tornou insuficiente ou excessiva;*".

que o valor arbitrado a título de multa coercitiva seja muito bem definido. Afinal, até mesmo o percentual mínimo estabelecido pelo regulamento (*i.e.*, 0,1% ao dia sobre o valor da condenação) pode representar, ao cabo, um montante consideravelmente elevado - e excessivo - a ser cobrado da parte devedora.

c. Do momento para aplicação e execução da multa

A literalidade do parágrafo 2º da Cláusula 17 da convenção nos evidencia que a multa coercitiva deverá incidir a partir da data da configuração da inexecução da sentença. A mera leitura da cláusula não fornece, contudo, o prazo a ser concedido para o adimplemento voluntário da obrigação nem o momento adequado para execução do montante cominado, após o descumprimento da ordem jurisdicional.

O CPC, como visto, estabelece de forma semelhante ao regulamento da CCEE ao definir que "a *multa será devida desde o dia em que se configurar o descumprimento da decisão e incidirá enquanto não for cumprida a decisão que a tiver cominado*"[41].

O descumprimento, nesse contexto, seja em conformidade com as disposições da convenção da CCEE ou de acordo com o CPC, somente se configurará após o esgotamento do prazo previamente estabelecido para o cumprimento voluntário. Esse, então, é o momento de incidência exato da multa estabelecida, que deverá perdurar até a efetivação integral, pelo devedor, da obrigação assentada – podendo, vale lembrar, ser diminuída pelas partes, se contratual, ou pelo árbitro ou juiz, se estabelecida por via jurisdicional, caso se verifique insuficiência ou excessividade.

Em outras palavras, o direito do credor à multa não decorre da simples condenação ao cumprimento da obrigação principal, mas sim de um evento posterior - o descumprimento da prestação à qual foi condenado - que constitui o elemento essencial desse direito (o direito à multa)[42].

Assim, o que se deve se estabelecer é o prazo concedido para o adimplemento voluntário da obrigação, para que se saiba, depois, o momento de descumprimento e a incidência da multa. A definição deste prazo – e é importante que isso fique claro - deve ser arbitrada de forma extremamente cautelosa, sobretudo em atenção às possibilidades materiais e jurídicas de cumprimento da ordem jurisdicional.

Assim como o valor cominado, se o prazo para cumprimento voluntário se der de forma desproporcional, a consequência lógica é de que não haja o cumprimento da decisão e que a multa não cumpra com sua função jurisdicional.

41 *"Art. 537. § 4º A multa será devida desde o dia em que se configurar o descumprimento da decisão e incidirá enquanto não for cumprida a decisão que a tiver cominado."*.

42 PESSOA, Fábio Guidi Tabosa. Novo CPC: reflexões em torno da imposição e cobrança de multas. Revista do Advogado, n. 126, AASP, 2015, p. 73.

Aqui, independentemente de ser estipulado pelas partes no acordo de arbitragem, pelo árbitro na decisão arbitral, ou pelo juiz no processo de cumprimento de sentença, é fundamental que o prazo seja factível. Do contrário, pode ser que haja a não incidência da multa, já que – como visto - ela possui caráter acessório e incide apenas e tão somente se houver possibilidade material e jurídica de cumprimento.

Dessa forma, o prazo para o cumprimento voluntário da decisão arbitral ou judicial, especialmente no caso do cumprimento de sentença, deve funcionar como uma salvaguarda para o devedor, garantindo-lhe que, durante esse período, não serão tomadas quaisquer medidas executivas por parte do credor.

Se, então, se constatar que houve o descumprimento por parte do devedor, notadamente após o esgotamento do prazo concedido, poderá o credor exigir pelo procedimento do cumprimento de sentença que se reconheça a obrigação de pagar quantia[43]. Isso, porque, como se viu, o árbitro não tem poderes coercitivos e, assim, não tem "força" para determinar o pagamento da multa outrora estabelecida[44].

Nesse caso, vale dizer, é possível antecipar, apenas e tão somente, os atos concretos de cobrança do valor da multa eventualmente acumulada. O levantamento do valor, porém, somente será possível após trânsito em julgado da sentença arbitral ou da decisão judicial proferida por ocasião do processo de cumprimento de sentença da decisão referente à obrigação principal.

Em se tratando de sentença arbitral, o trânsito em julgado se dará após os 90 (noventa) dias da ciência da sentença arbitral, já que, nesse prazo, ocorre a decadência do direito de o devedor postular sua nulidade por meio de ação de nulidade, nos termos da Lei de Arbitragem[45].

---

43 O artigo 523 do CPC dispõe que "*No caso de condenação em quantia certa, ou já fixada em liquidação, e no caso de decisão sobre parcela incontroversa, o cumprimento definitivo da sentença far-se-á a requerimento do exequente, sendo o executado intimado para pagar o débito, no prazo de 15 (quinze) dias, acrescido de custas, se houver.*".

44 A esse respeito, é importante mencionar que será possível ao devedor deflagrar pedido de cumprimento provisório para exigir a multa cominada, mesmo que ainda não se saiba o quanto o devedor terá que pagar quando do adimplemento integral da obrigação principal. (art. 537. $3° CPC).

45 "*Art. 33. A parte interessada poderá pleitear ao órgão do Poder Judiciário competente a declaração de nulidade da sentença arbitral, nos casos previstos nesta Lei.* § 1o A demanda para a declaração de nulidade da sentença arbitral, parcial ou final, seguirá as regras do procedimento comum, previstas na Lei no 5.869, de 11 de janeiro de 1973 (Código de Processo Civil), e deverá ser proposta no prazo de até 90 (noventa) dias após o recebimento da notificação da respectiva sentença, parcial ou final, ou da decisão do pedido de esclarecimentos. ".

CONCLUSÕES

A multa coercitiva prevista na Cláusula 17 da convenção da CCEE reforça a adequação da arbitragem como meio de resolução de conflitos às disputas no âmbito do setor elétrico porque constitui instrumento eficaz e válido de coerção ao cumprimento espontâneo das decisões arbitrais.

Considerando a natureza jurisdicional da arbitragem, bem como a natureza jurídica híbrida da multa, qual seja, processual e de origem contratual, consideramos haver plena legitimidade para que o tribunal arbitral estabeleça genericamente astreintes e outras penalidades coercitivas em suas decisões, principalmente diante da previsão da Cláusula 17 da convenção da CCEE.

Como dito, caso as partes não estabeleçam qualquer tipo de multa no âmbito do "*Termo de Arbitragem ou documento equivalente*", ainda assim poderá o tribunal arbitral cominar as astreintes, observando as limitações estabelecidas no regulamento. Por outro lado, caso não tenha sido fixada astreinte alguma pelo juízo arbitral, nada impede também que, no cumprimento da decisão, o juiz togado competente fixe a multa auxiliar ao cumprimento do mandamento, sempre nos limites do que foi definido na convenção das partes ou pela letra da Cláusula 17 da convenção da CCEE.

Em qualquer das hipóteses, a multa deve ser arbitrada de forma extremamente cautelosa, além de atender aos princípios da razoabilidade e proporcionalidade. E isso ocorrerá somente se houver ampla sinergia com o caso concreto e a situação de fato, a fim de que a fundamentação que justifica sua aplicação seja condizente com a natureza e a gravidade da obrigação.